聚焦三农:农业与农村经济发展系列研

城市圈土地资源优化配置研究

——基于武汉"两型社会"建设目标

董 捷 著

科学出版社

北 京

内 容 简 介

本书从地理学、区域科学、土地科学、环境资源学和信息科学等多学科的角度对城市圈土地资源优化配置进行理论分析。从经济、资源、环境和社会等方面入手，结合城市圈形成机理，探寻武汉城市圈土地利用系统的演变机制。通过对武汉城市圈土地利用状况的分析，探讨武汉城市圈土地利用与经济发展、生态环境之间的互动关系。从"两型社会"建设的目标出发，构建武汉城市圈土地资源数量结构优化配置模型，探讨武汉城市圈土地资源空间优化配置问题，并进一步提出武汉城市圈土地资源优化配置的相关政策建议。

本书可供土地科学、区域科学、资源与环境科学等领域的科研人员和管理者参考，也可供高等学校相关专业的师生阅读。

图书在版编目(CIP)数据

城市圈土地资源优化配置研究：基于"两型社会"目标 / 董捷著.
—北京：科学出版社，2012（2017.3 重印）
（聚焦三农：农业与农村经济发展系列研究）（典藏版）
ISBN 978-7-03-033025-3

Ⅰ.①城… Ⅱ.①董… Ⅲ.①城市－土地资源－资源配置－研究－武汉市
Ⅳ.①F299.276.31

中国版本图书馆 CIP 数据核字（2011）第 260092 号

丛书策划：林　剑

责任编辑：林　剑／责任校对：宋玲玲
责任印制：钱玉芬／封面设计：王　浩

科学出版社 出版
北京东黄城根北街 16 号
邮政编码：100717
http://www.sciencep.com

北京京华虎彩印刷有限公司 印刷
科学出版社发行　各地新华书店经销

*

2012 年 1 月第 一 版　开本：B5（720×1000）
2012 年 1 月第一次印刷　印张：13 1/8
2017 年 3 月印　刷　字数：256 000
定价：88.00 元
（如有印装质量问题，我社负责调换）

总　序

农业是国民经济中最重要的产业部门，其经济管理问题错综复杂。农业经济管理学科肩负着研究农业经济管理发展规律并寻求解决方略的责任和使命，在众多的学科中具有相对独立而特殊的作用和地位。

华中农业大学农业经济管理学科是国家重点学科，挂靠在华中农业大学经济管理学院和土地管理学院。长期以来，学科点坚持以学科建设为龙头，以人才培养为根本，以科学研究和服务于农业经济发展为己任，紧紧围绕农民、农业和农村发展中出现的重点、热点和难点问题开展理论与实践研究，21 世纪以来，先后承担完成国家自然科学基金项目 23 项，国家哲学社会科学基金项目 23 项，产出了一大批优秀的研究成果，获得省部级以上优秀科研成果奖励 35 项，丰富了我国农业经济理论，并为农业和农村经济发展作出了贡献。

近年来，学科点加大了资源整合力度，进一步凝练了学科方向，集中围绕"农业经济理论与政策"、"农产品贸易与营销"、"土地资源与经济"和"农业产业与农村发展"等研究领域开展了系统和深入的研究，尤其是将农业经济理论与农民、农业和农村实际紧密联系，开展跨学科交叉研究。依托挂靠在经济管理学院和土地管理学院的国家现代农业柑橘产业技术体系产业经济功能研究室、国家现代农业油菜产业技术体系产业经济功能研究室、国家现代农业大宗蔬菜产业技术体系产业经济功能研究室和国家现代农业食用菌产业技术体系产业经济功能研究室等四个国家现代农业产业技术体系产业经济功能研究室，形成了较为稳定的产业经济研究团队和研究特色。

为了更好地总结和展示我们在农业经济管理领域的研究成果，出版了这套农业经济管理国家重点学科《农业与农村经济发展系列研究》丛书。丛书当中既包含宏观经济政策分析的研究，也包含产业、企业、市场和区域等微观层面的研究。其中，一部分是国家自然科学基金和国家哲学社会科学基金项目的结题成果，一部分是区域经济或产业经济发展的研究报告，还有一部分是青年学者的理论探索，每一本著作都倾注了作者的心血。

本丛书的出版，一是希望能为本学科的发展奉献一份绵薄之力；二是希望求教于农业经济管理学科同行，以使本学科的研究更加规范；三是对作者辛勤工作的肯定，同时也是对关心和支持本学科发展的各级领导和同行的感谢。

李崇光

2010 年 4 月

序

　　如果时下有人要咨询，中国区域科学研究与地方政府都感兴趣的问题域是什么？答案或许只有一个：城市圈发展与土地资源利用。诺贝尔经济学奖获得者斯蒂格利茨曾断言，21 世纪影响世界最大的两件事之一便是中国的城市化过程。城市化过程将不断改变区域空间组织结构，并形成一种被人们称之为"城市圈"的城市密集地区。随着城市圈空间规模的不断扩展，如何优化配置土地资源将是一个具有挑战意义的研究课题。

　　城市圈作为一种新型城市化发展道路，已成为我国城市化进程中的战略选择。改革开放 30 多年的快速发展，使我国东部地区的沪宁杭、津京唐、珠江三角洲等一大批城市圈迅猛崛起。特别是进入 21 世纪以来，我国中部地区以武汉为代表的中部城市圈（群）也逐渐成形。2007 年岁末，武汉"1 + 8"城市圈、长株潭城市圈被国家批准为"两型社会"（资源节约型社会和环境友好型社会）建设综合改革配套实验区，这意味着中部地区城市圈已进入发展的快车道，日益成为我国城市圈发展的重要一极。

　　土地资源作为一种不可再生的自然资源，是一切人类活动的载体，对区域，特别是城市圈社会经济结构、发展方式和资源配置效率具有深刻的影响，城市圈的经济结构、社会结构和生态结构必定会通过相应的土地利用空间结构和布局得到反映。土地利用优化配置是实现土地资源合理利用及区域可持续发展的重要途径和手段，对于城市圈的快速协调发展起着十分重要的作用。土地利用优化配置主要包括合理的用地结构和空间布局，通过土地资源优化配置以寻求和选择土地资源利用的最佳目标和途径，发挥土地资源的优势，达到土地利用综合效益的最大化。如何合理配置城市圈内共有的土地资源，优化土地利用空间结构和布局，充分发挥土地利用潜力和聚集效应，保持土地生态系统平衡，促进区域经济快速发展和环境逐步和谐，是区域经济一体化的关键所在。

　　武汉城市圈作为中部地区最具活力和发展潜力的优势地带之一，是国家中部崛起战略中明确提出的重点发展区域。同时武汉城市圈也是国家老工业基地区，正处于工业化中期阶段，面临着诸多资源与环境问题，特别是土地供需矛盾日益加剧，土地利用效率低下，建设用地显著增加，资源环境消耗较大，城市圈土地利用空间布局的不合理等问题日益突出，这将直接带来生态、经济和环境效益的损失，对"两型社会"的建设形成极大的阻力。在"两型社会"建设的大背景下，武汉城市圈面临着发展社会经济和保护生态环境的双重任务和压力。因此高效合理利用城市圈各类土地资源、优化土地利用空间结构和布局，从而协调各地区、各行业的用地要求，保证城市圈社会经济的全面、协调、可持续发展，是"两型社会"建设的重中之重。

本书以城市圈这一整体区域为研究对象，以资源节约和环境保护为目标，探讨城市圈土地资源优化配置的理论体系、理论模型及政策支撑体系，并对被国务院批准为"两型社会"建设综合改革配套实验区的武汉城市圈进行实证研究，这是一个崭新的课题，对于我国城市圈土地资源优化配置的理论研究将起到十分积极的作用。党的十七大报告明确提出加快转变经济发展方式，推动产业结构优化升级，传统城市经济发展是以大量的土地投入为前提的，该研究对于转变传统城市及城市圈经济发展方式，形成节约资源和保护生态环境的产业结构，走新型工业化道路，实现城市圈又好又快发展的目标有一定的指导意义。我国城市化已进入快速发展阶段，土地扩张、工业用地比重偏高是这一阶段的主要特征，本书的研究对于推进城市化有序合理发展有一定的实践意义。

综观全书，作者视野宽广，论证全面，特色鲜明，有如下几点值得赞许：

第一，扩展的研究视角。突破单体城（镇）市的土地研究范围，从城市圈视角出发，探讨城市圈土地资源优化配置的问题。大区域土地资源配置研究将拓宽其研究范围，必将成为土地资源配置过程中一个新的研究尺度。

第二，深透的理论分析。城市圈土地资源优化配置问题是一个复杂的跨学科问题。本书重点构建了"多维理论分析框架"，综合资源、经济、环境和社会等多种因素对城市圈土地资源的优化配置问题进行理论分析。探讨了城市圈及土地利用系统形成机理以及"两型社会"目标下城市圈土地资源、经济发展和生态环境的内在联系。

第三，科学的模型构建。构建多种模型分别探讨城市圈土地资源演变机制、土地利用效率评价、土地资源数量结构优化以及空间结构优化等问题，通过系统的定量研讨，使研究结果更加科学可信。

第四，明晰的研究导向。从理论分析、定量研究到政策支撑，紧紧围绕"两型社会"的建设目标来探讨土地资源优化配置问题，并使两者有机结合。

曾菊新

2011 年 7 月

目　　录

0
导　论

0.1　研究背景与意义

0.1.1　研究背景

土地是人类社会生存和发展不可替代的物质基础和空间载体，是人类一切社会经济活动的支撑和基础。中国是一个具有悠久土地开发历史的国家，土地开发利用给我们带来了社会的繁荣和进步。但人口的急剧增长、人类活动的日益活跃，使得土地面临着前所未有的压力，中国已经是世界上人均土地资源最紧缺的国家之一，土地利用面临着世界上少有的严峻形势，加上中国正处于工业化和城市化的加速发展阶段，对土地的高需求是经济发展和人民生活质量提高的必然结果。与此同时，在土地利用过程中还存在着土地资源浪费、超强度使用，不合理、低效益使用的现象，土地生态环境在不断恶化。土地资源经济供给有限性与土地需求无限性的矛盾格外突出，已经成为中国社会经济发展的瓶颈。因此，如何合理配置和有效利用土地资源，统筹安排各行各业用地，优化土地利用结构并实现土地的可持续利用，将成为土地利用学科需要解决的课题。

进入21世纪以来，城市区域化和区域城市化正逐渐成为区域发展的主导方向，城市圈作为一种新型城市化发展之路，已成为中国城市化进程中的战略选择。党的十七大报告指出，中国要走特色城镇化道路，按照统筹城乡、布局合理、节约土地、功能完善、以大带小的原则，促进大中小城市和小城镇的协调发展。以增强综合承载能力为发展重点，以特大城市为依托，形成辐射作用大的城市圈，培育新的经济增长极。中国已经形成沪宁杭、津京唐、珠江三角洲地区及辽中地区等城市圈框架，而2007年岁末，武汉"1+8"城市圈、长株潭城市圈被国家批准为"两型社会"（资源节约型社会和环境友好型社会）

建设综合改革配套实验区，这意味着中部地区城市圈也逐渐成形，城市圈已经成为中国重要的经济增长单元。

土地资源是城市发展的载体，城市圈的经济结构、社会结构和生态结构必定会通过相应的土地利用空间结构和布局得到反映。人类对土地资源进行开发和利用的同时，也在改变着区域土地利用格局，且影响的深度和广度存在强烈的区域差异性。在这个过程中，城市的外延式和内涵式发展在各大、中、小城市中表现不一，导致土地利用空间结构所呈现出来的空间形态也不尽相同。同时，随着区域社会经济发展和产业结构的调整，也会出现土地利用空间结构与之不相适应的情况，从而突显出一系列问题。如何合理配置城市圈内共有的土地资源，优化土地利用空间结构和布局，充分发挥土地利用潜力和聚集效应，保持土地生态系统平衡，促进区域经济快速发展和环境逐步和谐，是区域经济一体化的关键所在。

武汉城市圈（武汉市、鄂州市、黄冈市、黄石市、咸宁市、仙桃市、潜江市、天门市、孝感市）作为中部地区最具活力和发展潜力的优势地带之一，是国家中部崛起战略中明确提出的重点发展区域。而"两型社会"实验区的设立将武汉城市圈建设提升到国家战略层面。在"两型社会"建设的大背景下，武汉城市圈面临着发展社会经济和保护生态环境的双重任务。土地资源作为一种不可再生的自然资源，是一切人类活动的载体，对区域社会经济结构、发展方式和资源配置效率具有深刻的影响。土地资源的特性决定了土地资源的合理利用和布局是"两型社会"建设的核心。基于土地资源有限性和不可移动的现实，高效合理的利用各类土地资源、优化土地利用空间结构和布局，从而协调各地区、各行业的用地要求，保证城市圈社会经济的全面、协调、可持续发展，是"两型社会"建设中的重中之重。

因此，在这样的大背景下，从"两型社会"的视角入手，探讨城市圈土地资源优化配置的理论方法，研究武汉城市圈土地利用结构优化和布局问题就显得尤为重要。

0.1.2 研究意义

土地利用系统是一个具有一定结构、功能和自我调节机制的复杂系统，而城市圈区域性和复杂性的特点，使城市圈土地利用更具有复杂性和特殊性。武汉城市圈作为国家老工业基地和中部地区主要城市群，正处于工业化中期阶段，未来几十年将是武汉城市圈经济社会发展的黄金时期。受区域环境和城市化进程中所累积的社会经济、自然环境等因素的影响，其土地利用空间结构已发生了显著的变化，表现在土地供需矛盾日益加剧，土地利用效率低下，建设用地显著增加，资源环境消耗较大，城市新区建设步伐加快等诸多方面。城市圈土地利用空间布局的不合理将带来生态、经济和环境效益的损失，造成资源的浪费及生态功能的低下，对"两型社会"的建设形成极大的阻力。

土地利用优化配置是实现土地资源合理利用和区域可持续发展的重要途径和手段，本书以城市圈这样一个整体区域为研究对象，以资源节约和环境保护为目标，并以武汉城市圈作为实证对象，通过探讨城市圈土地资源优化配置的方案来达到加强土地科学管理的目的，这是一个崭新的课题，其研究意义如下。

1）有利于促进城市圈土地资源集约有效利用。合理的用地结构和空间布局，就是寻求和选择土地资源利用的最佳目标和途径，以发挥土地资源的优势，达到土地利用综合效益的最大化。开展土地利用空间结构和布局的优化研究有利于促进土地资源利用的集约高效，满足经济社会发展对于土地资源的需求，保证生态环境的可持续发展。

2）有利于转变传统城市经济发展方式。中国城市化已进入快速发展阶段，城市建设用地扩张、工业用地比重偏高是这一阶段的主要特征，从"两型社会"视角探讨城市圈土地资源优化配置，形成节约资源和保护生态环境的土地利用结构和与之相适应的产业结构，走新型工业化道路，对于转变传统城市圈经济发展方式，实现城市圈又好又快发展的目标有一定的指导意义。

3）有效促进城市圈生产力布局和产业结构调整。生产力布局是产业在一定地域空间上的分布和组合，合理的生产力布局不仅有利于发挥各地区的优势，合理配置生产要素，还有利于促进区域分工及加强合作，提高各个地区资源利用的综合效益和经济效益，实现各地区社会经济的协调发展。通过对城市圈土地资源的分析评价，实现土地利用结构的优化，为生产力的合理布局和地域组合优化提供动力，同时，有助于产业结构的调整和优化升级，促进整个城市圈社会经济的协调、持续、快速发展。

4）有利于推动"资源节约型和环境友好型"社会建设。土地资源优化配置实质上是经济社会发展、自然生态资源保护以及土地开发利用、空间布局的综合协调过程。针对武汉城市圈的土地资源优化配置是实现"资源节约型和环境友好型社会"建设目标的必然要求。根据中国"两型社会"的发展要求，以节约资源和环境保护为目标，探讨城市圈土地资源优化配置的理论和方法，同时将生态环境理念融入土地资源配置，为促进资源节约型和环境友好型社会建设奠定基础，也为"两型社会"的理论研究探索一些新的思路。

5）为全国城市圈土地资源优化配置提供理论参考。武汉城市圈作为中部地区最具有代表性的城市群，对武汉城市圈土地利用优化布局进行研究，可对中国中部地区城市群土地利用结构优化和布局理论进行补充与完善，为中部地区城市群的土地利用优化配置提供对比参考，也为研究其他城市圈（群、带、链）的土地利用问题提供有益借鉴和参考。

0.2　城市圈土地资源优化配置研究进展

0.2.1　国内外有关城市圈的研究

0.2.1.1　国外有关城市圈的研究

英国学者霍华德最先从城市群体的角度来研究城市。现代意义上的城市群研究开拓者当属法国地理学者戈德曼，他在考察北美城市化后发表《大都市带：东北海岸的城市化》，探讨其空间生长模式，并由此开辟了城市地理学的一个崭新的研究领域。这一概念提出后，在北美引起较大的反响并逐渐波及欧洲。20世纪60年代中期以后，随着西方大城市的自然扩展蔓生带来了一系列区域性的复杂问题。在亚洲国家中，日本对城市圈的研究是比较早、成果比较丰富的，1960年，日本行政管理厅继"标准城市地区"后提出了"大都市圈"，并规定除了外围地区到中心市5%的通勤率以外，城市圈的中心市人口规模须在10万以上，而"大都市圈"则要求中心市为中央指定城市（相当于中国的直辖市）或人口规模在100万以上，并且邻近区域有人口规模在50万人以上的城市（陈益宜，1983）。

0.2.1.2　国内有关城市圈的研究

中国对城市圈的研究始于20世纪80年代初，丁洪俊和宁越敏（1983）在《城市地理概论》中引入戈德曼大都市带理论后，国内对于城市圈（群）的理论与实证研究渐渐开展起来。在政府、企业和一些民间组织资助下，许多学者试图从区域角度寻求对其动力机制的解释，为此进行了多个城市密集地区的研究（史育龙等，2009）。周一星（1988）提出都市连绵区概念，并进一步归纳了都市连绵区形成的5个必要条件：具有两个以上人口超过百万的特大城市作为发展极；有对外口岸；发展极和口岸之间有便利的交通干线作为发展走廊；交通走廊及其两侧人口稠密，有较多的中小城市；经济发达，城乡间有紧密的经济联系（周一星，1991）。进入21世纪，张京祥（2000）以城市群体空间演化基本机理构建了由城镇组织体系、城乡关联体系、网络联通体系和空间配置体系构成的城市群体空间运行系统，并探讨了城市群体空间发展组织调控模式。《中国城市年度报告 2005》指出，以区域经济的概念制定城市群、城市圈、城市带发展战略是城市中长期规划的三个战略着眼点。李廉水（2006）对城市圈的特征进行了研究，他们认为，城市圈的主要特征有：城市群内的各城市之间在自然条件、历史发展、经济结构、社会文化等某一个或几个方面有着密切联系；至少有一个中心城市，并且中心城市对群体内其他城市有较强的经济、文化扩散和聚集效应；城市圈内各城市有着较高的城市化发展水平，城市等级体系合理；圈内有发达的基础设施网络，且产业结构互补，具备不断创新和向高级化演进的能力。顾朝林等（2007）对世界城市化新趋势、国际性大都市、大都市带等方面展开深入研究。薛凤旋和杨春（1995）从城市化角度的研究表明，15 年来珠江三角洲地区的城市化过程形成的地域空间格局不同于出现在发达国家的大都市带。俞正声在中国共产党湖北省第八届委员会第八次全体会议上提出了建设武汉城市圈的构想，从而在学术界掀起研究热潮。

0.2.2　国内外土地资源配置的研究

纵观学术界关于土地资源配置的研究主要集中于土地利用结构优化配置和土地利用空间结构优化配置两个领域。

0.2.2.1　土地利用结构优化配置研究进展

（1）关于土地利用的研究

国外对土地利用的相关研究最早可追溯到 19 世纪前期杜能对德国南部地区的研究。1922 年，由索尔（C. Sauer）领导的美国密歇根州土地经济调查，开创了小区域土地利用综合考察的先例。英国于 1930 年成立了不列颠土地利用调查所，在斯坦普（L. D. Stamp）的主持下，1931~1939 年开展了全国土地利用调查，取得了包括全国调查总报告、各部分报告及土地利用专题图等一系列成果（丁泉，2008）。1946 年澳大利亚在全国领土的 1/3 以上区域完成了大、中比例尺的土地调查。随后，英国、加拿大、荷兰以及部分东欧国家，亚洲的日本、印度，拉丁美洲的墨西哥、巴西等国，先后开展了土地资源调查等研究（倪绍祥，1999）。自 20 世纪 70 年代开始，随着遥感等先进技术在资源调查中的广泛应用，再加上土地利用规划发展的需求，土地清查和土地评价逐渐成为研究的热点。

国内对土地利用的研究最早可追溯到汉代的《尔雅》，该书记叙了公元前 15 世纪商代的农、林、牧用地的布局，即"邑外谓之郊，郊外谓之牧，牧外谓之野，野外谓之林"。战国时期的《禹贡》，对周朝全国的土地类别及其利用差异有颇合近代科学观点的阐述（丁泉，2008）。新中国成立之前，以地理学家胡焕庸、任美锷和农学家张心一为代表的专家在国内最早开展了对土地利用的研究。胡焕庸在土地利用调查研究的基础上发表了《中国之农业区域》的研究成果；任美锷对四川的农业生产力水平进行了系统研究；张心一发表了《中国农业统计地图》研究成果。20 世纪 50 年代后期和 60 年代初期，中国广泛开展了对土地规划的研究，而到 80 年代以后，土地利用研究又与国土整治工作结合起来，在土地开发利用的基础上进一步提出了保护与治理并存的理念，并提出了以协调好人地关系矛盾为基本思想的土地利用研究理念（谭少华和倪绍祥，2006）。吴传钧在 1994 年主编的《中国土地利用》一书中系统、全面地论述了中国土地利用研究的理论与方法。

（2）关于土地利用结构与效率的研究

土地利用结构是各种土地利用类型在一定区域内所存在的质和量上的对比关系以及它们的组合所形成的一定格局或图式，包括数量结构和空间结构两方面（王万茂和韩桐魁，2002）。而土地利用结构优化则是针对区域土地利用结构存在的不合理性进行调整的过程。传统土地利用结构研究在竞租理论框架内进行调整研究，如杜能于 1826 年发表的《农业区位论》，韦伯于 1909 年发表的《工业区位论》，克里斯塔勒于 1933 年发表的《中心地理论》等。20 世纪 90 年代以来，随着可持续发展理念广泛地为人们所接受，可持续发展的土地利用结构优化研究成为学术界研究焦点（曲福田，2001；但承龙，2001）。随着土地利用和土地覆盖变化（LUCC）研究的深入（李秀彬，2002），复杂性科学理论的发展（杨开忠和谢燮，2002），土地利用结构研究方法不断革新。Pijanowski（2002）建立了 LTM 模拟系统，对影响土地利用的多个驱动因子进行集成分析。何春阳等（2005）、刘小平等（2006）分别运用基于系统动力学的元胞自动机模型和基于多智能体的元胞自动机模型（CA-MAS）对土地利用结构进行了空间模拟。进入 21 世纪以来，城市区域化和区域城市化成为区域发展的主导方向，城市圈作为一种新型城市化发展之路，已成为城市化进程中的战略选择，单体城市的演化也逐渐融入城市群之中（姚士谋等，2001）。因此，土地利用结构研究的尺度，在继续研究单独城镇（市）的同时，正尝试对城市圈（群、带、链）的土地利用结构进行研究。

近年来，国外学者采用一些数理方法对土地利用结构效率进行评价。Yeh（2002）研究了土地利用对区域经济增长的促进问题。Harrison（2000）从理论的角度对城市土地利用进行研究，以期通过优化土地资源的配置来提高土地利用效率。从总体上来讲，在西方的土地利用效率研究中，多数都是考察单个或少数因素的影响，而多因素的综合比较研究则较少。但是土地利用效率是一个复杂的系统，影响因素很多，因此单因素的解释都是不充分的。尽管如此，西方国家对土地利用效率的研究依然为中国研究土地利用效率问题奠定了基础，对中国土地利用的研究具有一定的借鉴价值。

在中国，许多学者在对土地利用效率进行研究时运用的方法和研究的角度均有所不同。董黎明（1994）提出要"进一步完善宏观调控体系，将土地开发引入正确的轨道；运用级差地租杠杆，提高城市土地使用效率"。杨开忠和谢燮（2002）采用 DEA 方法对中国直辖市和省会城市的投入、产出效率进行评价，得出东部地区城市的投入、产出效率要高于西部城市，城市的产出效率并非规模越大，效率就越高。方先知（2004）根据土地利用特点的不同研究其土地利用效率的不同，并针对分析的结果，提出了有效的土地利用测度指标。郑新奇和王筱明（2004）采用数据包络法（DEA）对城市土地利用结构效率进行分析，得出沿海城市的用地结构不如内陆城市，不同等级城市的用地结构不合理类型不同。王筱明和闫弘文（2005）以济南为例，运用 CCR 模型评价了其土地利用效率。王雨晴（2006）从社会、经济、生态三个方面着手，建立城市土地利用效益评价指标体系，构建土地利用效益的协调度评价模型，评价全国 14 个大城市的土地利用综合效益的变化趋势。佟香宁等（2006）建立了城市土地利用效益综合评价模型，对武汉市土地利用效益进行了评价。这些研究对土地结构效率测算、评价的方法进行了探讨，同时也提出了土地管理部门基于土地结构效率值进行决策的思路和方法。

（3）关于土地利用结构演变及演变驱动力分析的研究

学术界在对土地利用结构优化配置研究的基础上，对土地利用结构演变进行了重点研究。20 世纪 90 年代，随着全球变化研究的逐渐深化，着眼于土地动态的土地利用和覆被变化研究引起科学界的重视，分别被"全球地圈与生物圈计划"（IGBP）和全球环境变化人文计划（IHDP）列入核心研究课题。以 IGBP48 号报告和 IHDP10 号报告为代表，标志着 LUCC 计划及相关研究进入一个新的阶段，其主题为"从自然到人文，从全球到区域"。具体表现在 LUCC 计划的 3 个中心议题上：①对于土地利用动态，根据世界范围内的案例研究对土地利用变化过程以及土地管理进行分析和模拟，在东亚温带地区以及南部非洲等处的案例研究的基础上，探询土地利用的决策，将其和区域性、全球性的过程联系起来，并构建起持续性与脆弱性图景；②对于土地覆盖变化，是对 LUCC 进行直接观测和构建诊断模型，通过热带生态环境卫星观测以及南尤卡坦半岛地区土地利用与土地覆盖变化等研究案例，对土地覆盖变化、热点地区以及关键地区进行监测、进行像元的社会化以及从格局到过程的研究；

③对于区域与全球建模，则是依据以上两个中心议题研究所得，发展出综合性及预测性的区域与全球模型，通过国际应用系统分析研究所（IIASA）的LUCC计划以及瓦格宁根农业大学的土地利用变化及效应模型（CLUE）计划，发展起用于进行综合评价的框架与工具。通过以上3个中心议题的研究，力求在土地覆盖变化模式、土地利用变化过程、人类对LUCC反应、综合性的全球和区域模型以及有关土地表面、生物自然过程及其驱动力的数据库发展等方面取得进展（Lambin，1999）。

在研究土地利用结构变化的同时对土地利用结构变化的驱动力进行了研究，国内学者在这方面的成果较多。严金明（2001）在《中国土地利用规划》一书中指出，土地利用结构演变是内在因素和外在因素共同作用的结果，而曲福田（2001）则认为土地利用系统的结构是由自然生态因素、人们利用土地的技术水平和社会发展的经济水平共同决定的。史培军等（2002）在分析深圳市土地利用变化的驱动力时，指出交通条件、地形条件是土地利用现状改变的内在驱动力。陈百明等（2003）和樊杰等（2003）认为人类的价值取向等人文方面的因素对土地利用变化所起的作用在逐渐加强，对土地利用的社会经济驱动力研究不能仅局限于人口、政治、经济、技术等方面的统计资料，同时也应包括如民族传统、价值取向等人文方面的驱动力。朱会义等（2001）对环渤海地区土地利用的时空变化进行了分析，结果显示环渤海地区在10年内，土地利用发生了大幅度的变化，年变化速度达到0.85%。张裕凤和王凤玲（2004）提出土地利用结构包括土地利用的数量结构和土地利用的空间结构。董杰等（2006）基于山东省1987～2003年统计资料和土地详查与变更调查数据，研究发现山东省土地利用结构信息熵的变化经历了"增加－减少－缓慢增加"的变化过程，其中，自然因素、人口变化、经济因素和政策调控等是影响土地利用结构动态变化的主要驱动因子。汪雪格等（2007）运用洛伦茨曲线（Lorenz Curve）和基尼系数对吉林西部土地利用结构变化进行研究。丁泉（2008）在对临海市当前土地利用结构进行分析的基础上，分别从土地利用结构变化贡献率、时间序列上的熵变分析及土地利用集约度等角度探讨了临海市土地利用结构变化的规律和趋势，进而对该市土地利用结构进行预测和评价。国外学者关于土地利用结构的驱动力研究主要集中在人文驱动力方面。IHDP中指出土地利用变化的社会经济因素包括直接因素（如对土地产品的需求、对土地的投入、城市化程度和土地权属等因素）和间接因素（如经济增长、人口变化、技术发展和政治政策等因素）。Stem等（1992）认为影响土地利用变化的社会驱动力有人口变化、贫富状况、经济增长、政治和经济结构等几个部分。Turner认为，人类驱动力应包括人口、收入、技术、政治经济状况和文化（Turner et al.，1993）。Fischer（1998）指出，福利政策是引起土地利用变化的社会经济驱动力之一。

（4）土地利用与生态环境关系研究

关于"土地利用与生态环境的协调"的提出来源于人口、资源、环境与发展的协调发展要求。早在 19 世纪 30 年代国外就开始了对土地利用与生态环境关系的研究，尤其是 20 世纪以来，随着全球生态环境问题的日益严峻，关于区域土地利用与生态环境关系问题的研究逐渐受到国内外社会以及学术界的关注。

国外对于土地利用与生态环境影响评价的研究最早可以追溯到 20 世纪 20 年代，在 1921 年美国学者 Lee 发表的《从空中看到的地球表面》一文中，最早表述了人类活动和自然景观的关系。1931 年，美国研究院的 webber 在对美国大平原农业社会研究中，从农业发展的角度研究了土地利用类型和生态环境的相互作用，认为当地的土地利用类型是由当地干旱程度所决定的。但是由于当时的研究主要从经济学角度出发，忽视了人类活动以及政治、文化因素的影响，所以那个时期的研究主要集中在地貌环境和土地利用结构的变化状况、描述、制图以及分类等方面，缺乏土地利用结构对生态环境之间相互影响和作用的研究（史培军等，2000）。

到 20 世纪 70 年代，随着研究的深入，气候动态研究备受关注，以此为开端全球环境变化的研究成为热点。由于 LUCC 是引起全球环境变化的两大基本因素之一，因此对 LUCC 的研究引起了世界学者的极大关注。到 20 世纪 80 年代，关于土地利用对于生态环境影响的相关研究开始了跨越式的发展。1990 年英国开展的关于土地利用对环境影响的研究，主要是以目标为导向的过程向可持续发展为导向的规划转变，特别提出在土地利用总体规划中的环境影响评价（王拯等，2002）；英国利物浦大学 Thomas B. Fischer 出版了有关运输与土地利用规划中的战略环境影响评价的论著，也介绍了一些空间土地的利用规划政策（张妍和尚金城，2002）。1994 年，荷兰按照其《环境补充法案》的要求，逐步将项目环境影响评价的原则和方法运用到土地利用规划的空间布局上，并开展了土地利用总体规划战略环境影响评价的实证研究。与英国和荷兰相比，德国对于土地利用与环境关系的研究更为深入。1996 年，Bulin Gegur 和 Chuci 通过不可再生资源对可再生资源的消耗比例考虑可再生资源的增加有它的生态代价，并得出化肥、杀虫剂的使用对于土地生态环境的影响；1998 年，德国学术界按决策层次的高低将土地利用规划环境影响评价分为：土地利用变化环境影响评价、土地利用政策评价和土地利用项目环境影响评价；同期 Brandenbarg 在前人研究的基础上对土地利用前景规划进行了战略环境影响评价（Brandenbarg，1998）。

发展到 21 世纪，随着科技进步和计算机技术的快速发展，遥感（RS）、地理信息系统（GIS）等地理信息技术被广泛运用到土地利用与生态环境关系的研究中，使相关研究进入了一个新的发展阶段。2002 年召开的国际地理学联合会会议，进一步深化和拓展了土地利用变化研究的范围，并总结了当前土地利用变化研究的方向，主要有城市土地利用变化分析、农村与农业土地利用变化分析、土地利用变化动力学以及运用 RS/GIS 技术开展土地利用变化分析检测、评价与制图、土地利用变化与生态环境等方面（王长征和刘毅，2002；李巍等，2006）。

国内学术界对土地利用与生态环境关系的研究较国外开展得相对较晚，20 世纪以来，随着中国城市扩张，生态环境的恶化逐渐受到关注。中国学者对土地利用与生态环境关系的发展研究，主要侧重于 LUCC、土地利用结构和布局等对环境的影响等方面。关于土地覆盖变化对生态环境影响的研究，中国学者注重运用实例并采用 RS/GIS 手段对土地利用覆被的变化过程、驱动机制等问题进行探讨。王宏志等在用遥感影像判别土地利用类型的基础上，运用 GIS 空间分析工具，分析长江下游地区土地变化的空间特征和测算土地变化的综合指数，从而分析长江下游地区的生态环境效应（王宏志等，2002）；张晓萍等（2004）运用 RS/GIS 手段，从生态脆弱区的角度，讨论生态环境对不同土地利用类型的响应机制。

关于土地利用结构和布局对生态环境影响的研究，发展较为成熟的是土地利用规划中的环境评价。张研、尚金城以长春经济技术开发区土地利用总体规划为例，分析土地利用变化与环境质量的关系，从微观的角度探讨土地利用对生态环境的影响（张研和尚金城，2002）。刘勇等运用嫡技术和层次分析法，通过构建重庆市北暗区土地利用环境影响评价指标体系，定量地评价了土地利用方案（刘勇等，2005）。陈志凡等（2005）则将土地利用的环境影响评价分为现状评价、回顾性评价和预测性评价三种类型，分别对其评价原则、方法、程序等进行了研究，提出了进行土地利用功能分区补充方案的技术思路。

同时，不同学科背景学者还分别从土地结构变化和布局变化方面分析阐述了土地利用与生态环境之间的关系。关于土地结构变化与生态环境的关系研究，比较具有代表意义的研究是朱新华等《土地利用变化对生态系统服务价值的影响》，该文从经济学角度分析由于土地结构变化引起的生态服务价值的变化，并采用生态服务价值法，直观地反映了土地结构变化对生态服务价值的影响（朱新华等，2006）。

此外，还有一些学者从土地利用的内部结构分析与生态环境的关系。如童绍玉着重农用地对于生态环境的外部性研究，强调了农用地除了生产功能外，还具有很强的生态功能，将农用地作为一种生态用地，分析其为区域内生态环境带来的正外部性（童绍玉，2003）。刘杰等（2005）以建设用地为主要研究类型，利用统计分析、对比分析的方法分析了人为活动干扰给生态环境带来的影响，分析结果表明建设用地的扩张进一步强化了人类的生活、生产行为，且这些行为大都会对生态环境产生负面的影响。沈佩瑜（2005）则着重分析了交通用地对生态环境的影响，利用空间分析法指出公路这种交通用地的空间布局对生态环境造成的负面影响，这种人工廊道的增加对生态环境尤其对生物多样性造成了不利影响。

关于土地利用布局变化对生态环境的影响，当前的研究主要侧重于城市空间扩张以及土地布局变化对于生态景观的影响。陈晓军等（2003）以北京市房山区为例，分析了城市边缘区建设用地空间布局变化及其带来的区域生态环境效应，结论表明城市边缘区建设用地无序、快速扩展将对区域的生态环境造成较强的负面影响。宏安等（2006）则分析了西安地区城镇扩张与区域生态环境效应的关系，得出类似的结论，即建设用地在扩张的快速性和扩展布局的不合理性，都具有负的环境外部性。另外，一些研究人员从景观学的角度以景观生态学的理论和研究方法为支撑，结合 GIS 空间分析方法，对土地空间格局变化及其对生态环境的影响进行分析。较具代表性的研究有：王志强等的《吉林西部土地利用/覆被变化与湿地生态安全响应》、潘竟虎和刘菊玲的《基于遥感与 GIS 的江河源区土地利用动态变化研究》。王志强等（2009）分析了吉林省西部景观动态特征及其生态环境安全响应，指出景观破碎程度越高，区域内的生态环境安全性越差；潘竟虎和刘菊玲研究了黄河源区土地利用和景观格局变化及其生态环境效应，得出类似的结论，即土地在空间上的分散与破碎，都会对生态环境带来负面影响（潘竟虎和刘菊玲，2004）。

0.2.2.2　土地利用空间优化配置研究进展

土地利用空间布局理论研究最早主要集中在城市空间布局理论研究上，城市的扩展是以土地利用扩张为基础的，城市不同的功能分区会产生不同的土地利用类型分区。随着城市空间布局研究的不断发展和深入，土地利用空间布局的理论和方法的研究也取得了长足的进步。在城市与土地空间布局理论研究中，出现最早且影响最大的是区位理论。德国经济学家杜能从级差地租出发提出农作物品类围绕市场，呈环形带状分布的理想模式，即"杜能孤立国同心圆"，从而为区位理论的发展奠定了基础。随着区域经济学、空间几何学和景观生态学的相互渗透，关于土地利用空间布局的理论也逐步完善。法国经济学家佩鲁（E. Perroux）提出增长极核理论，该理论对于研究城市规划、城市空间扩展边界与土地利用规划和城镇建设用地空间布局具有重要指导意义。Mandelbrot（1975）在《分形：形态、机遇和维数》一书中提出了几何分形理论，为定量化研究土地利用空间结构提供了有力工具。美国景观生态学家 Forman（1986）提出将景观生态学格局优化理论融入土地利用空间格局过程中。德国生态学家 Haber 提出适宜于高密度人口地区的土地利用分异理论，该理论有助于推进中国土地利用中地类斑块和地域差异的空间分析和建模，为进一步完善区域土地利用优化布局与景观生态规划相衔接提供依据。

土地利用空间布局理论的不断发展和进步为优化土地利用空间结构和布局的研究方法提供了前进的思路。20 世纪 70 年代中期，国外学者将非线性规划和线性规划等控制理论作为分析工具开展了土地利用空间研究。Charnes 等（1975）最早将线性规划技术应用于土地利用规划研究领域，Dokmeci（1974）首次提出土地利用规划是多目标的，并将线性规划应用于土地资源的空间配置的研究。80 年代以后，Gilbert 等（1985）提出了用于场地选址的多目标土地空间配置模型，Diamond 和 Wright（1989）提出了基于不规则单元的土地获得的开发费用最小和配置区域内土地适宜性指数最大的空间配置模型。Chuvieco（1993）曾就土地利用中线性规划模型与 GIS 结合的理论和方法进行了探讨，在土地适宜性分析的基础上，实现土地资源的空间优化配置。Eastman 等（1995）等针对数学规划法难以处理数据量庞大的土地利用空间配置问题，提出了基于栅格的土地利用空间配置算法。Verburg 等（2002）提出了适用于区域尺度土地利用和覆被变化研究的 CLUE-S 模型，该模型兼顾了土地利用系统中的社会经济和生物物理驱动因子，并在空间上反映土地利用变化的过程和结果，具有很高的空间模拟可信度。

国内土地利用空间布局研究的理论体系主要是借鉴国外空间结构研究理论，并结合中国的实际情况和特点，加以综合运用。许多学者从不同的土地利用控制目标出发，对土地利用空间布局进行了相关理论研究。如陈燕莉（2008）进行了基于生态优先目标的市域空间发展战略研究，强调在进行城市空间布局时，考虑对自然演进的敏感地带和关键区域加以保护，城市的空间发展和布局尽量避开生态敏感区域。吴克宁等（2007）在研究河南驻马店城区扩展用地空间布局时，借助农用地分等成果，尽量避开高质量耕地，将等别低、质量差的一般耕地作为城区扩展用地。也有不少学者将线性规划和其他数学方法相结合进行土地利用空间布局研究。王汉花等（2008）运用生态位模型对土地资源数量结构进行优化进而将数量优化结果作为 CA 模拟的约束条件对空间布局进行模拟和优化，实现了土地资源数量结构与空间布局优化的统一。

现代非线性数学模型也被用来进行土地空间配置研究，如席一凡和杨茂盛（2001）以遗传算法结合层次分析法和模糊综合评价法，来解决城市土地资源的合理配置问题。王新生和姜友华（2004）发展了一种模拟退火算法用以辅助产生城市土地空间布局方案，构建了土地资源空间配置问题的数学模型。由于 GIS、元胞自动机（CA）等具有强大的空间分析、建模和运算能力，很多学者将其与数学模型结合进行土地利用空间布局研究。牛振国和李保国（2002）借助 GIS 技术在对主要生态水文过程进行模拟的基础上建立土地利用最小耗费表面模型，探求土地利用时空格局优化模式研究的技术途径。何春阳等（2007）、黎夏等（2008）分别利用 CA 模型对北京、东莞的城市土地空间扩张现象进行了研究。

还有很多研究更多地集中表现在土地利用分区方面。早期的土地利用分区主要以定性化分区为主，最具代表性的有黄秉维（1965）在《中国 1:100 万土地资源图》编制过程中提出了九大土地资源潜力区划分的思想。郭焕成（1987）在 20 世纪 60 年代初完成了《全国土地利用现状区划》，把全国划分成 4 个一级区、12 个二级区、54 个三级区、128 个四级区；赵其国（1989）详细论述了中国土地资源的数量、质量以及合理利用途径，并根据中国土地资源利用特点将全国分成了 8 个土地利用区。为了适应社会经济发展要求，分区指标综合化、方法定量化程度逐步加强，典型的分区方法有空间分析法（谢鸿光和庄大方，2000）、最小方差法（姚晓军等，2005）、Kohonen 神经网络（彭建和王军，2006）、空间聚类分析（吴胜军等，2007）等。由于"3S"技术具有空间数据采集、处理、分析等独特优势，可以提高区划效率及精确度，一直是区划研究的热点。张显峰和崔伟宏（1999）、党安荣等（2003）将"3S"集成技术分别应用到土地利用动态变化研究中，取得了显著研究成果。周生路等（2000）采用遥感解译地域分类和聚类分析地域归类方法，研究桂林市土地利用地域分区，并对两种方法进行了比较。

随着研究实践的发展，土地利用专项化分区逐步凸显，加强了分区的应用性，代表性的专项分区类型有土地生态分区（周志跃等，2004）、土地适宜性分区（韩少卿和杨兴礼，2007）、土地利用功能分区（张洁瑕等，2008），还有对三峡库区（涂建军和廖和平，2003）、农牧交错带（格日乐等，2004）、采煤沉陷区域（孔令国等，2005）、喀斯特地区（饶映雪和胡宝清，2008）等特殊区域土地利用分区，极大地提高了区划的针对性。

随着城市化进程的加速发展，城市群兴起和发展起来，区域范围内的土地利用供需矛盾日益加剧，基于区域尺度的土地利用空间布局问题得到众多学者的重视。陆大道等在深入研究"点—轴"理论和"增长极"理论的基础上，把"点—轴"开发模式提升到了新的高度，构建了中国沿海和长江流域相交的 T 字形空间框架。刘卫东（1999）把"集聚区"比做"点"，把"发展轴"看做轴，认为"点—轴"仍是未来国土空间配置的基本架构。薛东前（2002a）从城市群体结构、城市群空间、城市土地利用三个方面，研究了城市群演化的空间过程和动力机制，揭示了城市群演化与土地利用优化配置趋势，指出土地利用变化趋势与城市群演化方向具有同一性。宋小青和陈建宇（2007）提出城市群的发展有利于各个城市在生态、经济以及文化上的互补和交融，从系统上形成等级有序的效率体系，可将其作为土地利用变化研究的典型区域。

0.2.3 关于"两型社会"的研究

"两型社会"是一个崭新的命题，自 2005 年《中共中央关于制定国民经济和社会发展第十一个五年规划的建议》首次明确提出建设资源节约型社会和环境友好型社会战略任务以来，很多学者对"两型社会"课题的产生背景、理论基础、发展过程、内涵外延等进行了大量研究。

侯文阁（2006）总结了"两型社会"建设的理论和实践背景，指出"两型社会"是实现全面建设小康社会目标的必然选择。邓环和杨怀中（2007）、吴亚平（2008）将可持续发展观作为构建"两型社会"的基础，而资源节约型和环境友好型社会的理念实际上也体现了可持续发展的伦理观。刘茂松（2008）主张通过理论创新、制度创新、产业创新、技术创新和社会创新，来推进"两型社会"建设。刘传江和冯碧梅（2009）进一步深化了"两型社会"的内涵，指出"两型社会"不是一般意义上的节约和保护资源，而是坚持生产发展、生活富裕、生态良好的文明发展道路，实现经济发展与人口资源环境相协调、速度和结构质量效益相统一，使人民在良好的生态环境中生产生活，实现经济社会可持续发展。

关于"两型社会"的相关实证研究，部分学者针对国家批准的长株潭城市群以及武汉城市圈两个"两型社会"建设综合配套改革实验区进行了有益探索。李旭峰（2008）认为武汉城市圈"两型社会"实现良性互动的当务之急是功能的整合与资源的整合，并提出了"两型社会"建设背景下武汉城市圈的水土资源整合治理的措施和建议。刘新华（2009）指出武汉城市圈是在相对落后的背景下开展"两型社会"建设的，其成败的关键在创新，实现途径是集约发展。龚曙明和朱海玲（2009）按照系统综合评价的思路，构建了"两型社会"综合监测评价体系，对长株潭"两型社会"建设起步进行了实证综合评价研究。许联芳和谭勇（2009）提出了基于"资源节约型、环境友好型"的区域土地承载力概念，并在构建土地资源承载力综合评价指标体系的基础上，对长株潭城市群土地资源承载力进行了初步评价。

目前学术界对"两型社会"的理论研究多于实证研究，对当前"两型社会"建设的现状，以及区域建设"两型社会"的条件等的定量研究较少。学者们对"两型社会"建设理论实践的深入研究，特别是部分学者开创性地对"两型社会"进行定量分析，为我们进一步研究提供了重要思路和启示。

0.3 研究内容及研究方法

0.3.1 分析框架

全书研究框架如图 0-1 所示。

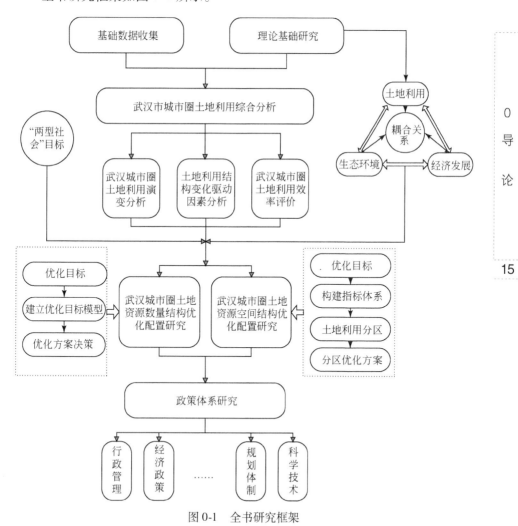

图 0-1　全书研究框架

0.3.2　研究内容

本书从地理学、区域科学、土地科学、环境资源学和信息科学等多学科的角度对城市圈土地资源优化配置进行理论分析，从经济、资源、环境和社会等方面入手，结合城市圈形成机理，探寻武汉城市圈土地利用系统的演变机制，结合武汉城市圈土地利用、经济发展、自然经济等状况，探讨武汉城市圈土地利用与经济发展、生态环境之间的互动关系，从"两型社会"建设的目标出发，构建"两型社会"目标下武汉城市圈土地资源数量结构优化配置模型，探讨武汉城市圈土地资源空间优化配置问题。最后提出武汉城市圈土地资源优化配置的相关政策建议。具体内容如下：

导论阐述了本书的研究背景、目的及意义，回顾了国内外关于土地资源优化配置、城市圈、"两型社会"等方面的研究文献，并对主要观点进行了评述，并在此基础上，构建了本书的研究框架和基本内容。

第1章从多学科的角度对城市圈土地资源优化配置进行理论分析，主要包括城市群、土地利用、"两型社会"等相关概念，以及区位理论、系统理论、比较优势理论、生态经济理论和可持续发展理论等相关理论，探讨了城市圈及土地利用系统形成机理以及"两型社会"下城市圈土地资源、经济发展和生态环境的内在联系。

第2章在分析武汉城市圈土地利用现状的基础上，采用信息熵和均衡度方法，探讨武汉城市圈土地利用时空演变过程，分析土地利用区域空间差异，包括信息熵值空间差异、土地利用综合动态度、土地利用程度指数及其变化、土地利用相对变化率，并运用土地利用区位指数分析城市圈土地利用区位特征。

第3章应用主成分分析法从定量角度探讨影响武汉城市圈土地利用结构演变的社会经济驱动因素。根据主成分分析方法的要求，以及武汉城市圈历年数据资料选取指标因子，借助 SPSS 13.0 统计分析软件筛选出影响武汉城市圈土地利用结构演变的主要驱动力，并对各个主要驱动力进行分析，揭示武汉城市圈土地利用结构演变的驱动因素。

第4章在分析效率评价对城市圈土地利用作用的基础上，运用数据包络分析法构建评价城市圈土地利用结构效率的模型并进行武汉城市圈土地利用结构效率评价，通过对武汉城市圈土地利用效率的比较和分析，找出低效率的原因，从而提出武汉城市圈土地利用中存在的问题。

第5章在阐述土地利用与生态环境协调发展相关理论的基础上，结合武汉城市圈土地利用与生态环境现状，构建土地利用与生态环境的评价指标体系，对武汉城市圈进行了静态和动态耦合分析，预测武汉城市圈土地利用和生态环境的耦合发展趋势，最后提出了适合武汉城市圈土地利用与生态环境协调发展的建议。

第6章从武汉城市圈"两型社会"建设的目标出发，结合武汉城市圈土地利用、经济发展、自然经济等基本状况，借助多目标动态规划模型，构建基于"两型社会"目标的武汉城市圈土地利用结构优化模型并将计算结果通过灰色关联择优，得到土地利用结构优化方案，最后对武汉城市圈土地利用结构的优化方案进行分析。

第7章在相关理论的指导下，运用综合比较、定性和定量相结合的方法，从景观、经济和生态等几个角度分析了武汉城市圈土地利用空间结构的现状特征，在此基础上探究"两型社会"建设进程中城市圈土地利用空间布局现存的问题。最后，在理论研究和现状分析的基础上，基于"两型社会"建设目标，构建体现资源节约和环境友好发展理念的指标体系，运用SOM神经网络对武汉城市圈进行土地利用分区，以实现土地利用空间布局的优化。

第8章根据前几部分的研究结果，从行政管理、经济政策、规划体制、科学技术等方面探讨武汉城市圈土地资源优化配置的政策支撑体系。

0.3.3 研究方法

0.3.3.1 实地调查和资料分析相结合

在利用大量的现有研究成果和文献资料的同时，结合实证研究，进行实地调研考察，收集丰富的第一手资料，在此基础上进行研究。

0.3.3.2 静态分析与动态分析相结合

本着发展的科学态度研究基于"两型社会"建设目标的武汉城市圈土地利用结构优化，既考虑静态的土地利用结构及相关影响因素，又考虑城市圈土地利用系统及经济发展因素等的动态发展趋势，以期实现研究价值的持续有用性。

0.3.3.3 土地利用演变分析方法

从时间和空间两个角度分析武汉城市圈土地利用结构的演变特征和规律。时间系列上是基于信息熵和均衡度的基本原理，应用信息熵模型分析武汉城市圈土地利用结构的动态变化过程，而空间角度上采用的是信息熵区域差异、土地利用综合动态度和土地利用相对变化率分析方法。

0.3.3.4 土地利用演变驱动力方法

应用主成分分析法从定量角度探讨影响武汉城市圈土地利用结构演变的社会经济驱动因素。根据主成分分析方法的要求以及武汉城市圈现有的数据资料选取指标因子，借助 SPSS13.0 统计分析软件筛选出影响武汉城市圈土地利用结构演变的主要驱动力，并对各个主要驱动力进行分析。

0.3.3.5 土地利用效率评价方法

以数据包络分析（DEA）方法中数据包络分析有效（C^2R）模型及其扩展模型为基础，构建城市圈土地结构效率模型，反映城市圈土地结构效率评价中的关键问题。利用 Matlab 软件对武汉城市圈中 9 个城市及武汉城市圈总体的土地结构效率进行测算，并结合土地结构变化情况分析武汉城市圈土地结构效率的现状、变化的规律特征以及土地结构调整的方向。

0.3.3.6 土地利用与生态环境耦合关系分析方法

1）因子分析法。找出影响土地利用和生态环境的主因子，根据主因子的因子载荷矩阵分析其因子成分，并根据因子得分系数矩阵计算出土地利用和生态环境各自的公因子得分，最后计算出土地利用和生态环境的综合评价指数。

2）耦合度及耦合发展度模型。根据耦合度及耦合发展度模型，运用因子分析法的结果计算出武汉城市圈 2008 年各市的土地利用和生态环境耦合度及耦合发展度，以及 2002~2008 年武汉城市圈整体土地利用与生态环境的耦合度及耦合发展度，并判别其各自的耦合发展类型。

3）灰色系统 GM（1,1）预测模型。运用灰色系统理论建立武汉城市圈土地利用和生态环境耦合发展的灰色系统预测模型，并对武汉城市圈未来 7 年的土地利用和生态环境状况进行预测，进而计算出其耦合度及耦合发展度并判别其耦合发展类型。

0.3.3.7 土地利用优化配置方法

引入系统动力学方法，采用多目标规划对武汉城市圈土地利用结构进行数量调整，并采用灰色关联对方案进行择优，以保证结果的科学性。在空间结构配置方面，引入人工神经网络模型方法，构建了武汉城市圈土地利用分区模型，利用其拓扑结构不变的性质，避免了传统聚类分区方法的缺陷及各层次权重带来的主观性。同时，本书采用随机抽取输入样本的训练方式，以增强网络的泛化能力，实现了技术方法的改进和创新。

0.3.3.8 地理信息系统（GIS）辅助技术

在对武汉城市圈土地利用空间结构进行布局时，采用区位熵等方法研究土地利用空间分布特征，同时引入 GIS 技术，发挥 GIS 的条件检索功能，用于辅助武汉城市圈土地利用结构的空间布局优化。

第 1 章
城市圈土地资源优化配置多维理论分析

1.1 相关概念

1.1.1 城市群

城市群的概念是伴随着城市发展实践过程，经过众多学者的总结而逐步形成的。1957 年，法国地理学家戈特曼提出了最初的城市群概念（megalopolis），他主要用总人口密度和人口规模两个指标来界定 Megalopolis，戈特曼将 Megalopolis 的总人口下限定为 2500 万人，而人口密度在 250 人/km² 以上，核心区域密度则更高。戈特曼提出的概念是模糊和笼统的，对城市群中心城市数量和规模，以及城市间的关联性并没有设定具体的标准。

从国内来说，20 世纪 80 年代初，宁越敏和丁洪俊（1983）将"巨大都市带"的观点引入戈德曼大都市带理论，国内学者渐渐对城市群开展了广泛的理论与实证研究，对城市群的内涵与特征也逐步形成较为一致的概念。国内学者对城市群形成的比较一致的意见可以概括为四个方面。首先，城市群是一个地域上的概念，"在特定地域范围内"（薛东前等，2000）、"在一定的地缘经济范围内"（周玲强，2000）、"若干基本单元构成的连续区域"（代合治，1998）。其次，城市群应该具有群体特征，"具有相当数量的不同类型、性质与等级规模的城市"（薛东前等，2000）、"由若干个性质和功能互补的城市所组成的城市网络群体"（周玲强，2000）。再次，城市群应该拥有中心城市，"以一个大城市或特大城市作为地区经济的核心"（薛东前等，2000）、"以中心城市为依托和核心"（周玲强，2000）。最后，城市群应拥有较高的城市化水平，"城市群区域应有较高的城市化发展水平"（代合治，1998）、"城市群的发展水平代表着一国现代化和城市化的发展水平"（周玲强，2000）。

本书结合国内外学者对于城市群的定义，并考虑到中国城市群发展的实际情况，认为城市群是指，在一定的地域范围内由数量相当的不同规模、等级和发育程度的城市组成，依托一定的自然环境条件，以一个或两个中心城市作为地区经济的核心，借助于现代化的交通运输网络，将城市个体通过高度发达的信息网络紧密相连，促进城市间联系与协作，共同构成一个综合集群体，这种集群体便可称之为城市群。

1.1.2　土地与土地资源

英国著名古典经济学家威廉配第曾说："劳动是财富之父，土地是财富之母。"人类很早就认识到土地的重要性，人类的生活起居都离不开土地，国家的建设和发展更离不开土地。随着人类生产的发展和科学技术水平的提高，人们对于土地的认识也在不断地深化。土地具有狭义和广义之分。狭义的土地仅指地球表面的陆地部分，而广义的土地则是一个空间的概念。有关学者将广义的土地定义为一个自然历史综合体，它包括地区特定的地域表面及其上下的生物圈的所有属性，它是由近地表的气候、地貌、土壤、地质、动植物，以及过去与现在的人类活动相互作用而形成的物质系统。

根据《辞海》的解释，"资源是资财的来源，一般指天然的财源"。马克思在论述资本主义剩余价值的产生时曾指出："劳动力和土地是形成财富的两个原始要素。"联合国环境规划署认为，自然资源是指在一定时间、地点条件下能够产生经济价值，以提高当前和将来福利的自然环境因素和条件。从这几个方面来看，土地资源可以理解为在一定的技术条件下，在可预见的未来内，能为人们所利用并能产生经济效益的那部分土地。

总的来说，土地与土地资源是两个概念，土地资源存在于土地的范围里面，两者相比较，土地资源从经济方面考虑得更多一些。

1.1.3　土地资源优化配置

土地资源配置的定义可以简单地理解为人类为了达到一定的社会、经济、生态效益，通过一定的技术方法，将区域内一定数量的人类所需要的并具有开发利用选择性的土地资源，并在时间上和空间上对各种土地用途进行安排与布局的过程。土地资源配置的目的一方面是保证土地资源在各种竞争性用途之间的合理分配，另一方面是为了有效地提高土地资源利用的效益。

而土地资源优化配置，是指政府为了维护公益利益，凭借其政治权利，直接管理或干预土地利用的行为，对区域内不同利益集团进行协调，对影响土地利用发展的各种因素进行控制，最终不断修正并实现土地利用目标的过程。可以看出，土地资源优化配置是从土地的不正确利用到可持续利用的进步，是一个动态的社会过程。土地配置包括两层含义，一是配置机制层面的内容，指土地配置的政策、制度设计等；二是土地资源利用在空间上的优化组合，即土地利用结构的空间优化，这主要是技术层面的内容（秦晶晶，2005）。对于任意一个地区而言，研究土地的优化配置都有重要的意义。

1.1.4　土地利用

目前学术界关于土地利用的概念主要有以下几种有代表性的观点：①土地利用是指人类对特定土地投入劳动力资本，以期从土地中得到某种欲望的满足（林英彦，1995）；②土地利用是人类通过与土地结合获得物质产品和服务的经济活动过程（毕宝德，2001）；③土地利用是由自然条件和人为干预所决定的土地功能（FAO，1985）；④土地利用是指在特定时间、空间和特定地点的一切已开发和空闲土地的表面状况（曼德尔，1987）。

作者认为土地利用指人类通过特定的行为，以土地作为劳动对象和手段，利用土地的特性来满足自身需要的过程。主要包括两方面的含义：①人类通过土地的质量特性开发利用土地，以满足人类生产生活需要；②人类利用土地，导致环境发生改变，从而满足人类生存的需要。由此可见，土地利用是人类与土地进行的物质、能量交换和价值、信息交流的过程。从系统论观点来看，土地利用的实质是土地自然生态子系统和土地社会经济子系统以人口子系统为纽带和接口耦合而成的土地生态经济系统（王万茂和张颖，2004）。

对于土地利用内涵的理解主要有以下几点：

1）土地利用首先是个技术问题。由于土地是空气、土壤、水、地形地貌等多种自然因素的综合体，其利用实际上就是对这些因素的利用。借助高科技能更好、更恰当的利用这些因素。

2）土地利用还是一个经济问题。土地作为一种最基本的生产要素进入生产，就要和其他生产要素一样，在利用中必须服从一定的经济规律，才能取得良好的经济效益。

3）土地利用是一个动态概念。土地利用的任务在人类发展的各个阶段都不同，它是一个不断满足人类需求的动态过程。

1.1.5　生态环境

人们对于生态环境的认识古已有之。在《辞海》中，"生态环境是指天然存在的自然物（不包括经人工加工后的原材料）"，如水资源、生物资源、土地资源、矿产资源、自然风光和空气等。在《中国大百科全书·环境科学卷》中将其定义为："生态环境是指客观存在的物质世界中同人类、人类社会发展相互影响的生态环境因素的组合，主要指大气、水、土壤、生物、矿产和阳光等。"联合国环境规划署（UNEP）认为，"生态环境是指一定条件下能产生经济价值，以提高人类当前和未来福利的生态环境因素的综合"。

本书主要研究生态环境在生态学上的意义。随着人们对生态环境认识的深化，生态学意义上的"生态环境"被赋予了更多内涵。生态环境有广义和狭义之分：广义的生态环境是指由各种自然要素构成的自然系统，是自然环境与自然资源系统的综合，具有环境与资源的双重属性，它既包括环境利用和保护的状态，也包括资源利用和保护的状态；而狭义的生态环境仅仅是指我们通常所讲的自然环境系统。

1.1.6 "两型社会"

2005 年 10 月 11 日，中国共产党第十六届中央委员会第五次全体会议通过的《中共中央关于制定国民经济和社会发展第十一个五年规划的建议》提出："要把节约资源作为基本国策，发展循环经济，保护生态环境，加快建设资源节约型、环境友好型社会，促进经济发展与人口、资源、环境相协调。"中央正式将建设资源节约型和环境友好型社会确定为国民经济与社会发展中长期规划的一项战略任务。

"两型社会"是"资源节约型、环境友好型社会"的简称，其核心内容就是以人与自然和谐相处为目标，以环境承载能力为基础，遵循自然规律，切实保护和合理利用各种自然资源，提高资源利用效率，以最少的资源消耗和环境代价取得最大的经济效益、社会效益和生态效益，使人类的生产和消费活动与自然生态系统协调，实现人与自然和谐相处。

1.1.7 土地利用空间结构

土地利用结构不仅存在时间和数量上的变化，同时还表现为空间上的变化。空间分布结构指系统内各种因素在空间中的整体分布，合理的空间分布结构是土地利用结构的最高形式及衡量标准（Ackerman，1999）。土地利用的空间结构反映了各种土地利用类型在地域范围内的配置及其比例关系，分析研究土地利用空间结构，能更清晰地反映土地利用与经济、社会、人口和自然的相关性，同时揭示出各种土地利用类型空间分布呈现出的集中与离散规律，进而反映出土地利用布局的合理性与区域差异性（黄裕峰等，2003）。

1.2 理论基础

1.2.1 可持续发展理论

可持续发展理论源于 1972 年斯德哥尔摩召开的以"只有一个地球"为主题的世界人类环境会议，该会议通过了庄严的《人类环境宣言》。1983 年联合国成立"世界环境与发展委员会"，并于 1983 年提出了较为全面、准确的可持续发展概念。1992 年在巴西里约热内卢召开的联合国环境与发展大会，有效地引导了可持续发展的观念从理论走向了行动。可持续发展理论一经提出，就引起了国际社会的普遍关注和重视，各国政府和各国际组织都把处理和协调自然—社会—经济的相互关系作为共同发展战略。

目前被广泛认可和采纳的定义是在 1987 年，由世界环境与发展委员会提出的，即可持续发展是指既要满足当代人的需要，又不对后代人满足其需要的能力构成危害的发展。它是以保护自然为基础，与资源和环境的承载力相协调的发展，不仅重视数量的增长，更追求质量的改善、效益的提高、能源的节约，是与社会进步相适应的发展。可持续发展是以经济、社会、环境、资源、生态的协调发展为目标，核心是人与自然、发展环境相协调，强调资源的永续高效利用。作为一个具有强大综合性和交叉性的研究领域，可持续法则涉及众多的学科，有不同重点的展开，其研究的热点之一就是土地的可持续利用。土地作为一种特殊的不可再生的稀缺资源，是人类生存和社会经济发展的物质载体。

土地可持续利用的思想最早于 1990 年在新德里组织的首次国际土地持续利用系统研讨会上正式提出。土地可持续利用是一种以保护土地生态环境为基础，能满足当代和未来人们的食品需求和社会经济协调、平衡发展的土地利用结构和利用措施。土地作为一种有限和位置固定的自然资源，人们利用时必须以可持续发展理论为指导，合理高效地利用（张波，2002）。中国学者从不同的角度和方法对土地可持续利用进行了研究，并提出中国可持续发展的含义和土地可持续利用的时空特点，通过协调区域土地利用类型的结构、比例、空间分布与当地自然特征和经济发展之间的关系，充分发挥土地资源的生产和生态功能，以实现社会、经济和生态的最佳综合效益（赵淑玲和吴澎，2005）。与传统土地利用方式相比，土地可持续利用更加强调土地利用的可持续性、土地利用的协调性和土地利用的公平性。

因此，在研究土地资源配置的问题时，不能单纯追求经济的增长，而是在保护生态环境的同时，将土地利用的社会、生态等效益都考虑到土地资源利用的评价过程中，将土地外延粗放型利用逐步转变为集约节约利用，实现土地永续利用的价值。

1.2.2　区位理论

区位是社会、经济等人类活动在空间上分布的位置，它包括自然地理区位、经济地理区位和交通地理区位（杨吾扬和梁进社，1997）。区位理论，又称区位论，是研究人类不同的社会经济活动如何在空间上分布的一系列理论的统称。具体地讲，是研究人类经济行为的空间区位选择及空间区位内经济活动优化组合的理论，并已成为经济地理学、区域科学和空间经济学不可或缺的组成部分。区位理论主要有：杜能的农业区位论、韦伯的工业区位论、克里斯塔勒的中心地理论和廖什的市场区位论等。

德国学者杜能最早提出并论述了区位理论，他基于农业土地利用的视角论述了对农业生产的区位选择问题，提出了著名的"杜能圈"模型，即在空间上以封闭的市场为中心，根据经营方式集约化程度的高低呈同心圆状来安排农业土地的布局。工业区位理论的诞生以1909年韦伯《论工业的区位》发表的为标志。韦伯首次提出了影响工业布局的"区位因素"（Locotion factors）：①一般区位因子与特殊区位因子；②地方区位因子与聚集、分散因子；③自然技术因子与社会文化因子。克里斯塔勒（W. Christaller）于20世纪30年代初提出了"中心地理论"，该理论提出了正六边形的中心地网络体系，认为以中心城市为中心来组织物质财富的生产与流通，并由相应的多极市场组成的网络体系，是最为有效的空间结构。廖什的市场区位论被认为是现代区位理论的新发展，他不仅从一般均衡的角度来考察整个工业的区位问题，又从局部均衡的角度考察一个工厂的区位问题。区位理论的宗旨是根据不同的土地利用特点来确定相应的区位，组织好区域土地利用空间结构，既使区域整体土地发挥出最大的经济效益、社会效益和生态效益，又使不同区位的土地发挥最大的潜力（赵言文，2007）。

从区位论的观点来看，区域土地具有明显的区位特征，土地区位条件不同，其在社会经济发展中的地位和作用就不同，土地的生产率和利用效率也会有明显的差异。因此，在组织土地利用，进行土地资源配置过程中，一般用区位理论作为指导，对各类型用地进行合理布局，探讨区域土地利用最佳用途和最优结构，从而达到合理利用土地的目的。

　　根据区位理论的观点，我们可以认为城市圈土地区位是自然地理位置、经济地理位置、交通地理位置在空间地域上的有机结合，并且对不同的用地产生不同的影响。同一类用地由于区位不同或不同类型用地在同样的区位，所产生的土地收益都会有较大差异。城市圈土地区位充分考虑区位因素及条件对土地利用的贡献，对城市圈空间结构的调整，土地布局的合理利用具有现实意义。因此，必须以区位理论为指导，按照各类土地利用特点以及周围其他因素来选择相应区位，保证土地资源得到合理利用，土地结构得到最优配置。

1.2.3　系统理论

　　系统科学是科学思维方式转变的产物。真正把系统思想作为一门科学的系统论的是美籍理论生物学家贝塔朗菲，他于1945年提出的"一般系统论"在1948年引起了学术界的重视，尤其是其于1968年发表的专著《一般系统理论——基础、发展和应用》是系统理论学科公认的理论基础著作。

　　系统理论认为，所谓系统是指由两个或两个以上的元素（要素）相互作用而形成的整体，而相互作用是系统存在的内在根据，构成系统全部特性的基础，它主要指非线性作用。系统理论反映的是具有一定联系的子要素间的相互影响、相互制约的内在作用关系。系统论的核心思想是系统的整体观念，每个系统都是由整体性、关联性、等级结构性、动态平衡性、时序性等组成的有机整体。系统内各要素相关联，构成了一个不可分割的整体，每个要素在整体中都处于一定的位置，起着各自特定的作用，系统的整体功能也是各要素在其孤立状态下所不具有的新特质。

　　土地本身就是一个复杂的自然—社会—生态系统，它是由气候、地貌、土壤、水文、岩石、植被等因素构成的，而且在人类长期的生产活动下与外界不断进行物质和能量的交换。该系统具有整体性、开放性、层次性和动态性等特点，其涉及的因素繁多复杂，这就决定了土地系统具有复杂多变、难以把握的特性。而系统理论的引入，为土地利用系统的深入研究提供了整体性的思维框架，我们应该用整体的、动态的眼光来审视我们的土地利用系统。运用系统理论与分析方法，用系统的观点去看待土地利用问题，可以对土地利用及其过程进行抽象和概括，可以为人们认识、判断和决策土地利用及其变化过程提供强有力的理论依据。

　　而在城市圈的土地资源配置问题中，由于涉及多个城市的多个行业及部门，土地配置的系统也就显得更为复杂。要想实现武汉城市圈土地资源的优化配置，要充分考虑各城市、各行业、各部门对各类土地的需求，并且要充分考虑子系统与整体系统、子系统与子系统之间的矛盾，根据总体协调的需要来选择解决方案，最终实现有限的土地资源在各地区、各产业及各个利益主体之间的协调分配，实现区域整体功能的增强和效率的提高。

1.2.4 地租理论

土地价格是资本化了的地租，因此研究城市圈的土地资源配置问题，就要充分考虑地租理论。在马克思地租理论中，地租是土地所有者通过出租其所拥有的土地，每年获得的定额收入。而一切地租都是剩余价值的转化形式，它的形成以土地所有权的存在为前提。而从地租形成的条件和原因看，马克思将地租分为绝对地租、级差地租和垄断地租。绝对地租是由于土地所有权的垄断，任何一块土地都必须支付的地租。而级差地租是那些利用生产条件较好的土地所产生的超额利润。垄断地租指因垄断了某些自然条件特别有利的土地，在该土地上能生产稀有的土特产品，这些产品能提供一个垄断价格，带来相当大的超额利润。绝对地租和级差地租是资本主义地租的普遍形式，而垄断地租则是个别条件下产生的资本主义地租的特殊形式。

新中国成立之后，逐步实现了土地社会主义公有制，建立起了一套现行的土地所有制和土地使用制，但是地租范畴实行的仍然是土地有偿使用的理论基础。地租是加强土地管理的重要经济杠杆，为制定土地价格、进行征地补偿等提供了基础。在土地资源配置过程中，同样要以地租理论为基础。

1.2.5 比较优势理论

比较优势理论是英国古典政治经济学家大卫·李嘉图提出的国际贸易理论。该理论认为，相对劳动成本的差别是决定两个国家能否进行自由贸易和专业化分工的基础。虽然一个国家有可能在两种产品的生产上都处于绝对劣势地位，但是两者的不利程度必然是不同的，有一种产品的绝对劣势相对来说总是要小一些，即具有相对比较优势。因此，该国就能够凭借这种相对比较优势来进行专业化生产，并且尽可能地扩大生产和出口，其结果可以使贸易双方都能从这种交换中获利，进而达到提高资源配置效率、提高各种产品产量和优化产业结构的效果。这就是所谓的"两利相权取其重，两害相权取其轻"。

比较优势理论的核心内容是各地区为了提高资源的配置效率，应大力发展具有比较优势的产业，放弃没有优势的产业。该理论也被广泛地应用于区域产业布局和分工的研究中。将比较优势理论运用到土地利用上来，则要按照区域间土地利用的比较优势来合理配置土地资源。"资源趋向效益，效益吸引资源"，在市场经济条件下，土地在不同产业间的配置服从效率标准。因此，只要不同地区、不同产业用地利用效率存在差异，就存在着比较优势，就有产业结构调整和土地利用效率提升的内在动力（顾湘等，2009）。发挥土地利用的比较优势，可以提高土地资源的空间配置效率，实现区域土地利用总福利的最大化（姜开宏等，2004）。

武汉城市圈在"两型社会"建设的大背景下，对如何利用比较优势的理论指导城市圈产业结构的优化调整和土地利用空间布局的合理化，发挥比较优势，实现资源节约，具有根本性的指导意义。

1.2.6　生态经济理论

生态经济学产生于 20 世纪 50 年代，是由生态学与经济学相互渗透、有机结合而形成的新兴交叉边缘学科，它从经济学角度，研究生态经济复合系统的结构功能及其演替规律，学科以生态经济系统及其运动规律为研究对象，旨在整合生态与经济系统，实现可持续发展的目的。生态经济学为研究生态环境和土地利用经济问题提供了有力的工具。

生态经济系统是生态经济学的一个基本范畴，由生态系统和社会经济系统耦合而成。生态经济系统是指由生态系统和经济系统通过技术中介以及人类劳动过程所构成的物质循环、能量转化、价值增值和信息传递的结构单元（赵军，2009）。

生态经济学认为：①生态系统内部存在着一个物质、能量不断积累和更新的负反馈顶级稳定机制。在顶级稳定状态下，系统内部物质能量积累的净增量大于等于零，越接近顶级稳定状态，生态系统物质能量的积累速度越慢，达到顶级稳定状态后，生态系统积累净增量为零；②经济系统内部存在一个经济无限发展的正反馈机制。随着人口的增加和经济的增长，人们的需求也在不断增长，且这种增长是无止境的，因此经济系统内部存在一个经济无限发展的正反馈机制；③生态与经济协调发展要求，生态系统内部的负反馈机制与经济系统内部的正反馈机制相互制约，当经济发展过程中对各种资源的开发利用局限在生态系统的顶级稳定状态内时，生态系统与经济系统相安无事，但若随着人口的增长、生活水平的提高对物质、能量的需求超出生态系统物质能量的自我更新能力时，生态和经济之间的矛盾就凸显出来。因此，人们通过研究生态经济系统，使经济发展维持在一个适当的"度"，才能使生态与经济协调发展。

我们研究土地生态经济系统，则需对土地生态系统和土地经济系统的构成、功能以及系统发展规律进行研究。土地生态系统是由土地生态系统与土地经济系统在特定的地域空间里耦合而成的复合系统。其运行具备四大要素：①物流，即物质循环，主要包括两大类，一大类是自然界的物质循环——生态上的物质循环，即通过生产者—消费者—分解者—生产者的次序进行物质循环，另一大类是社会经济中的经济物流和人造物流，即通过生产—分配—交换—消费过程在社会经济部门进行物质循环。②能流，即能量循环。它可以看做物流的有机组成部门，随着物质循环过程进行能量流动。③价值流是经济学上的概念，不具备自然形态。商品流通的过程中存在价值交换，因此商品价值是由社会劳动时间来衡量的。从生产资料、劳动力准备，经过生产最终形成产品用来交换，实现了形成价值流的三个阶段。④信息流。认识物质，就是通过物质反映出来的外在特征——信息来实现的，信息是物质存在的一种形式，在物质循环的同时也进行着信息流动。

因此，我们在研究武汉城市圈的土地资源配置，以及今后的土地利用问题时，要用整体、全局以及系统的观念来看问题，从生态经济学的角度出发，充分考虑土地生态经济系统的内部和外部的各种影响因素及其相互关系，遵循生态经济理论，走生态发展道路，协调经济发展与生态环境两者之间的关系，使城市圈土地资源得到充分合理利用，维持生态平衡，实现环境友好。

1.3 城市圈及土地利用系统形成机理

1.3.1 城市圈形成机理

1.3.1.1 城市圈基本特征

1976 年，J. Gott Mann 在《世界上的都市圈体系》一文中指出：世界上存在六大都市圈：纽约大都市圈、北美五大湖都市圈、东京大都市圈、巴黎大都市圈、伦敦大都市圈、长江三角洲大都市圈。20 世纪 70 年代以后，美国西海岸、韩国、印度、中国东部沿海等国家和地区也出现或正在形成类似的城市圈。综观国内外城市圈的形成和发展过程，其基本特征可以概括如下：

1）城市圈是区域经济的核心，圈内城镇密集，城乡界限模糊。

2）至少有一个首位度较高、人口超过百万的中心城市作为发展极。中心城市是整个城市圈的中心和枢纽，经济比较发达，城市化水平高，通过自身强大的吸引力和辐射力带动并影响整个区域的经济发展。

3）城市圈人口规模大、密度高，外来劳动力多。

4）具有完备或相对完备的基础设施网络（主要是现代化的交通、通信设施），并且以中心城市为核心向外延伸，将中心城市与城市圈周边地区紧密联系起来，实现快速通勤。

5）围绕中心城市，城市圈内的大小城市基本呈现圈层状结构布局，内部城市之间既有密切的分工合作，又有较强的相对独立性，共同组成一个有机整体。

6）城市圈都有自己的主导产业，并且主导产业具有较强的创新能力和国内外市场竞争能力。

1.3.1.2　城市圈形成机理

城市圈的形成和发展是一种客观现象，在研究这种客观现象的过程中，中心地理论、空间理论、增长极理论、大都市圈理论、产业集群理论等起到非常关键的作用。在这些理论演化的过程中，人们逐渐认清城市圈形成和发展的驱动因素，并根据具体情况采取不同手段和措施，促使城市圈的形成和发展，进而提高区域经济能力和水平。

（1）城市圈形成的理论演化

中心地理论（central place theory）是德国地理学家 W. Christaller 所创立的，他在 1933 年所著的《德国南部的中心地》一书中指出：中心地的等级越高，它所提供的货物和服务的种类也越多，但由于空间距离衰减法则的作用，周围地区对中心地所提供的货物和服务的需求量随着距离的增大而减少。中心地理论使区位论由生产扩展到市场，由局部扩展到一般，由单纯扩展到综合，成为一种探索城市等级规模结构和城市空间分布规律的代表性学说。

空间理论是解释城市间相互作用的一种理论。城市之间的作用表现为：物质流、能量流、人员流和技术流，通过引力模式和潜力模式可以从理论上测定城市间的相互作用量。20 世纪 70 年代初，英国地理学者 A. G. Willson 将引力模式和潜力模式融为一体，称之为空间作用模式，对研究城市间相互作用起到很大推动作用。

增长极理论最初由法国经济学家佩鲁（francois perroux）提出，后来美国经济学家弗里德曼（John. Frishman）进一步发展了这一理论，成为城市圈形成和发展的重要理论。他将城市圈发展分为四个时期：工业化前结构时期、工业化初期、工业化成熟期、后工业化时期，指出初期产生集聚效应，成熟期形成区域大市场，后期城市之间相互作用加强。

大都市圈理论是由 J. Gott Mann 提出的，它强调了都市区之间紧密的相互作用是形成大都市圈的基本条件。但该理论也受到一些学者的批评，如科莫斯（F. Kormoss）指出大都市带的地域组合单元即是 1915 年格迪斯描绘的集合城市和世界城市，美国学者刘易斯认为戈特曼等所描述的大都市带并不是一种新型空间形态，而是一种"类城市混杂体"（urbanoid mishmash）。

产业集群理论是 20 世纪 70 年代意大利社会学家 Banasco 提出的，后来 Nichenolas Craft 和 Anthony J. Venables 利用新经济地理学理论，探讨地理集聚对绩效、规模和区位的重要作用。产业集群理论在解释大量产业联系密切的企业和机构在空间上集聚，并形成强劲、持续竞争优势的现象时起到重要作用。

以上理论在城市圈的形成和发展过程中起到了巨大的推动作用，是城市圈演化的理论基础。除此之外，地租理论、区位理论、竞争理论等也是城市圈演化过程的重要理论基础。

（2）城市圈形成的驱动机制

城市圈的形成和发展与单个城市的发展密切相关。城市是一定地域范围内社会、经济和文化的中心，是资源、资本的集聚中心。随着人口不断向城市集中，产业经济的集聚和发展，原有的城市范围逐渐无法容纳大量的人口，城市中心也因环境、成本等问题面临集聚不经济，于是部分人口、技术和资本开始向城市周边转移，即进入城市化或郊区化阶段。由于现代交通通信技术的快速发展，城市之间的联系越来越紧密，产业经济扩散和转移已经不仅仅局限于城市周边，而开始向其他城市（资源、成本更具优势的地区）发展，进而形成比较完整的经济体系，即城市圈化过程，如图 1-1 所示。

纵观国内外城市圈的形成过程，对城市圈空间成长起主要作用的因素有地理区位、城市化、现代交通通信技术、产业集散和政府政策，其中地理区位是基本条件，城市化是直接动因，现代交通通信技术是基础动因，产业集散是内在动因，政府政策是外在动因。

1）地理区位——基本条件。自然地理区位是城市圈形成的基础和载体，是城市发展速度和发展能力的重要影响因素，同时它深刻影响着城市与城市之间的相互作用。地理上临近的区域具备时间和空间上的联系优势，时空上的便利为城市间的经济联系提供了优越条件。如果城市之间没有天然屏障阻隔，虽然可能在发展初期没有表现出较为频繁的经济联系，但是相互之间的引力或作用潜力是巨大的，为以后发展成为城市圈奠定了基础。相反，如果某地区位闭塞，与周边地区联系的困难就会削弱其辐射和互补效应，难以形成产业的集聚和分工，更不可能形成经济圈层。

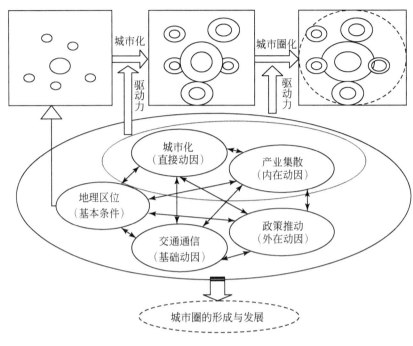

图 1-1　城市圈形成与发展驱动机制示意图

2）城市化——直接动因。城市圈是城市化发展的产物。人力资本、技术资本和资金资本向城市中心的集聚是城市化初期的典型特征，随着城市中心环境、地价等因素的影响，城市中心又产生工业产业集聚的不经济，引起部分人口和产业向城市周边转移，形成郊区化；同时服务业依据成本优势继续向城市中心集聚，提高城市服务功能，并形成大都市区，促进了城市圈的空间增长。

3）现代交通通信技术——基础动因。现代化的交通和通信技术是城市圈形成和发展的基础动因。交通通信网络是城市圈形成和发展的血脉，各种货物、服务和信息通过交通通信传递到需要的地方，为城市发展提供物质或技术上的支持。根据西方城市地理学家对城市发展历史的研究，马车时代的城市用地范围从未超过 3 英里（约 4.8 公里）半径，在这种交通水平下，不存在形成城市圈的可能。

4）产业集散——内在动因。区域经济的形成是劳动分工协作的结果，某些产品和生产工序可以转移到有比较优势（如资源优势、区位优势、地价优势）的地区，使劳动生产在更大范围内得到重新组合。城市圈的发展目的正是努力促使资源、资本等在更大的地域范围内得到重新调整和整合，更好地发挥优势，增强区域竞争能力。产业集散就是促使这一目的实现的最有力的动力，也是城市圈形成与发展的内在动因。

5）政府政策——外在动因。城市圈的形成是中心城市与周边城市双向流动的结果，是客观形成与规划主管推动双向作用的产物。在发展中国家城市圈的形成和发展过程中，这一点体现得尤为明显。政府通过行使行政权力，制定规划方案、战略纲要等政策，使各方优势充分发挥，各方利益均衡分配，协调城市之间的矛盾，促进城市圈空间发展趋于合理，对城市圈的形成和发展起到强有力的主观推动作用。

（3）形成机理

城市圈的形成和发展是大规模的城市化现象在特定区域内的反映，城市圈形成和发展的机理是错综复杂的，其中集聚和扩散机制可以从微观角度揭示产业要素流动、人口与经济活动的集聚，以及技术创新和知识溢出对城市圈空间成长的作用机理，现代发达的交通通信技术为城市圈形成和发展提供便利条件，而城市化和政府政策则从宏观角度引起城市空间组织结构朝着多中心、群体化和网络化方向演进。

城市圈内的单个或多个中心城市是整个城市圈的核心，首位度很高，对周边城市的辐射能力很强，产业和人口的集聚能力也很强，从而产生了巨大的城市向心力。产业的集聚有利于节约交易成本、培育专业化劳动力市场、优化产业外部环境、产生规模经济效益，人口的大规模流动有利于人才和技术的集聚，促进信息的交流和思想观念的碰撞，激发创新活动。随着人口和产业的进一步集中，地价上涨、劳动力成本上升、城市生态环境恶化、污染严重等问题使首位城市产生集聚不经济。集聚不经济产生城市离心力，这促使产业集群向周边地区扩散，人口也开始向周围分散，带动周边地区产业集群的发展，形成各种都市的扩展区，而中心地带则继续集聚专门化的服务业。现代交通通信技术的快速发展，以及国家区域政策的推进进一步加快了扩展区的发展，并使城市之间联系更加频繁、紧密。于是，在一定地域范围内形成了以服务业为主的核心城市和以工业为主的周边城市组成的，具有便捷的交通通信设施，空间上表现为圈层结构，结构上相互依赖，产业上又各具特色的城市圈有机整体，如图 1-2 所示。

集聚效应和扩散效应对城市圈的形成和发展具有特别重要的意义，它们是城市圈形成、生存和发展的重要动力和依据，是城市圈各种经济要素、经济活动的相关性和结构性产生的重要机制。城市圈在本质上是这两种力量综合作用的产物：一方面，集聚效应作为时间和空间上集聚的向心力（centripetal forces），使城市圈核心城市不断发挥其辐射和吸引力，并推动城市圈域的形成和发展，带动、协调中心城市之外其他城市的经济发展；另一方面，扩散效应则作为离心力（centrifugal forces）限制着中心城市集聚和规模的进一步扩大，

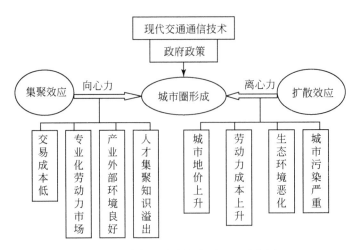

图 1-2　城市圈形成与发展机理示意图

迫使土地、资源、人口、交通和技术等因素向周边次中心城市转移和发展，促使城市圈内各个城市形成最佳的规模体系。

1.3.1.3　城市圈发展的主要模式

城市圈的圈层扩散与结构是大城市地区空间发展的基本规律，也是城市圈理论的基础。城市圈的空间结构与城市圈资源、环境、生态条件密切相关，与土地的利用结构更是有着直接的不可分割的联系。从空间结构看，城市圈的发展模式可以分为：圈层状模式、极核式模式、点轴式模式和网络化模式（图1-3）。

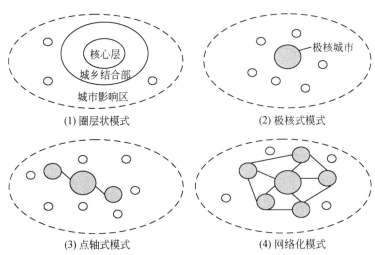

图 1-3　城市圈发展的主要模式

（1）圈层状模式

圈层状是城市圈空间结构的基础，各个城市或城镇在发展过程中都形成了自己的圈层，圈层的大小一般与城市规模、对外交通便捷度、对外辐射能力成正比，城市相邻的地段还很容易产生圈层交错叠制的现象。城市的圈层从内到外一般分为：中心城区、城乡结合部和城市影响区。中心城区位于城市中心、核心，是城市的核心建成区；城乡结合部为中间圈层，是中心城区向农村过渡的环区，是城市用地轮廓线向外扩展的前缘；城市影响区主要为农业用地，为城市圈层的外圈层。城市圈层处于动态的、发展的状态，随着其发育的成熟还有可能在中间层出现新的核心或副核心圈层。

（2）极核式模式

极核式模式产生于区域工业取得较大发展，工业超过农业的阶段。在区域内，资源富集度高、区位条件好的地方优先并集中发展，形成区域经济的增长极点。处于极点的城市集中了区域经济发展的主要力量，是整个城市圈经济发展的极核，于是区域经济就处于以极核城市为主的非均衡发展状态，形成极核式空间结构模式。

（3）点轴式模式

在城市化和工业化进程中，由于区位、资源优势，在极核城市的波及和辐射效应下产生了次级中心，城市圈是极核影响效应的空间延续，并通常表现为以带状或轴式蔓延、扩散的发展趋势。这种新的发展极核通常出现在大型交通要道，如铁路、干线公路和江河等附近，发达的交通技术是点轴式发展模式形成的重要条件。

（4）网络化模式

这种模式出现在后工业化时期，交通和通信技术都十分发达，在中心城市周围形成各种功能不同的次级中心，这些城市与中心城市通过交通轴线或产业轴线联系起来，形成网络。整个区域处于网络化、均衡化和多重心的发展态势下，城市之间的分工协作十分明确，城市间的相互联系十分紧密，各个城市又以相对独立的、具有自身优势的产业为支撑。核心城市以服务业为主，中心调控作用显著，与其他城市联系紧密，从而形成一个完整的、相对独立的经济体。

1.3.2 城市圈土地利用系统形成机理

土地利用系统具有一定的结构和功能，系统的结构就是系统组成要素之间相对较稳定的有机联系，这种联系是维持系统整体性和体现系统特定功能的内在依据，是从系统内部的角度对整个系统的描述。因此，本节着重从系统结构入手来分析土地利用系统的形成机理。

城市经济学理论主要是用地租理论和聚集效应理论来分析城市空间结构形成的理论，本节将主要借助区位和级差地租理论及聚集效应理论来分析城市圈土地利用系统的形成。

1.3.2.1 区位级差地租理论与土地利用结构的形成

1826 年，杜能在其所著的《孤立国同农业和国民经济的关系》中，生动地描述了土地由于距离城市中心位置的不同而具有不同的价值和用途的现象。其后的 100 多年里，在继承和发展屠能理论的基础上，韦伯的《工业区位理论》、克里斯泰勒的《德国南部的中心地》以及廖什的《区域经济学》等，对经济活动的区位研究进行了拓展，区位理论被越来越多的专家和学者用于解释城市空间结构和区域土地利用结构的形成和演变。

区位往往通过可达性表现出来，可达性是影响级差地租的重要因素。级差地租是导致城市土地利用结构形成与演变的基本动因之一，因为地租决定土地价格，而土地价格直接关系到城市各组成要素的空间区位分布及组合规律。城市土地区位的好坏及土地的优劣最终通过土地使用者以价值的形式表现出来，并通过土地的最佳用途来体现土地价值，使不同的区位通过土地价值来调整其相应的最佳用途。不同产业对区位的敏感度不同，不同产业对区位的选择不同，因而形成一定的土地利用功能分区，如图 1-4 所示。

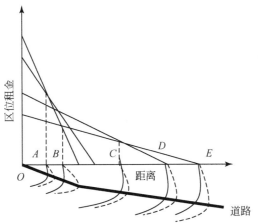

A 为商业用地；B 为住宅用地；C 为轻工业用地；
D 为重工业用地；E 为农业用地；O 为市中心

图 1-4　地租影响下的土地利用功能分区圈层图

A 为商业用地；*B* 为住宅用地；*C* 为轻工业用地；

D 为重工业用地；*E* 为农业用地；*O* 为市中心

城市圈空间结构的演变，即由单一城市中心向多个城市中心演化，最终逐步形成关系复杂的城市圈结构体系。城市圈土地利用结构的形成和演变与城市圈空间结构的演变对等相关，城市圈空间结构的演变是圈域内各类要素在多个驱动因素的作用下，在地理区位上的重新组合和演化，城市与城市之间的土地利用也在空间要素的重新配置中不断相互影响和转换。城市圈内各个城市的土地区位有好坏之分，区位可达性的差别使各个城市的级差地租有明显区别，并且城市间地租还处于相互影响的变动中。随着社会经济的不断向前发展，城市土地价值不断上涨，从单一城市中心向多个城市中心演化，单中心城市布局下的地租曲线也发生了巨大变化，如图 1-5 所示。

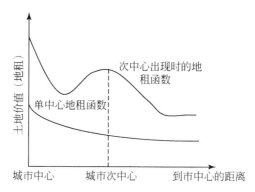

图 1-5　从单中心到多中心土地价值（地租函数）的变化

图 1-5 中，下面的一条曲线是米尔斯根据 20 世纪早期芝加哥等美国城市的数据，得到的单中心城市的地租函数。唐晓平在《聚焦都市圈》一书中认为，随着城市次中心这种新聚集中心的出现，单中心城市布局下的负指数形式的地租曲线被马鞍形的曲线所代替，土地价值随着离城市中心的距离增大而递减的分布不再存在。图中马鞍形的地租曲线可以很好地解释城市圈这样一个多中心区域的地租变化情况，城市圈地租的变化影响整个区域土地类型的区位分布和土地利用功能分区，从而形成区别于单个城市的城市圈土地利用结构。

1.3.2.2　集聚效应理论与土地利用结构的形成

城市及城市圈的经济增长是多种因素共同作用的复杂过程，在空间因素中对城市经济增长起关键作用的是集聚效应。

集聚效应，因翻译方式不同又称为集聚经济或集聚利益。集聚经济的思想最早由马歇尔提出，他从地方化工业区形成的现象中归纳出集聚效应的存在，并用分工和专业化的理论加以阐述，他用外部性解释集聚现象，但是并没有明确提出集聚经济的概念。阿尔弗雷德·韦伯在研究工业企业区位选择时提出集聚效应的概念，在韦伯的论述中，集聚因素是一种优势，或者是将某种生产吸引到某一地点的力量，集聚因素通过降低原材料和产品的运输成本而影响企业的区位决策。

集聚效应或集聚经济又可以从两个方面理解，一是正的集聚效应，就是由于集聚而带给经济活动主体成本节约、收益增加的效应；二是负的集聚效应，城市作为一个有限的空间范围，当经济活动过于集中，会带来环境污染、交通拥挤、房价上涨等一些提高成本的效应，这二者是集聚经济的两个此消彼长的方面，前者对经济增长有促进作用，而后者则会阻碍经济增长。

城市圈作为一个"经济景观体"，其本质特征就在于它的空间性和聚集性，尽管在其形成和发展过程中，自然地理条件和历史条件起着重要的作用，但从根本上看，它是人类社会经济活动空间聚集的结果，城市圈经济是空间集聚的经济，因此，"集聚效应"对城市圈及其空间要素具有特别重要的意义。而城市空间结构实质上是土地资源的利用结构，所以"集聚效应"对城市圈土地利用结构形成所起的作用不言而喻。

集聚效应与城市相伴而生，来自城市周边地区的要素集聚成为城市形成的最初动力。随着微观主体（居民、厂商和其他有关的社会经济要素）不断向城市集中，这些微观要素的集聚力量逐渐形成循环累积效应，使不同的区位、相同的投入会产生不同的产出，这样会影响企业和个人根据自己的选址要求来决定企业和个人的空间定位，从而形成不同的土地利用格局。与此同时，在整个城市圈内，集聚效应使单个城市不断发挥其辐射力和集聚力，从而带动城市周边地区乃至其他城市的发展，形成某种地理意义上的城市圈及城市圈土地利用格局。反过来，城市及城市圈各种要素的配置结果所形成的土地利用结构又决定了城市的聚集经济效应及其演化趋势。所以，集聚效应与土地利用结构相互影响，它们是社会经济运动过程的两个方面、两种结果，集聚效应与土地利用结构的关系反映了城市经济活动空间聚集在土地要素上映射的本质，同时也蕴涵着城市经济活动空间聚集的规律。

总之，区位级差地租理论和集聚效应理论是城市圈土地利用结构形成和发展的重要理论基础，受城市化和工业化推动、现代发达的交通通信技术引导、地域产业聚散影响及政府城市圈规划和区域政策牵引等合力的作用，城市圈土地利用结构不断发生着比较激烈的变迁，在客观存在上更多表现为一种规划结构。城市圈土地利用结构强调的是在一定的圈域内土地利用类型在质和量上的对比，以及空间组合形式，是建立在圈内城市间经济联系基础上的产业间的土地资源配置与利用状况，它是城市间的互动对各类用地比例关系的影响，而不只是单个城市的用地结构。

1.4 土地利用与经济发展、生态环境的互动关系分析

目前，中国对于经济发展、生态建设的重视达到了一个前所未有的高度。近年来学术界也对土地利用、经济发展和生态环境的相互关系作了大量研究。土地作为人们生产生活的重要场所和主要载体，它本身不仅仅是重要的自然资源，还作为重要的生态要素影响着经济发展、生态环境的变化。合理地利用和配置土地资源能有效提高经济发展速度，改善区域生态环境；而良好的经济发展和生态环境又能够为土地开发利用提供良好的资本与发展空间。土地利用与经济发展、生态环境相互作用、相互联系，分析研究它们之间的互动关系，有利于实现可持续发展的目标。

1.4.1 土地利用与经济发展的互动关系

1.4.1.1 经济发展对土地利用的影响

土地利用是人类按照其社会经济发展需要，依据土地资源的自然属性和社会经济属性对土地进行利用、开发与改造的社会经济行为。一方面，在不同的经济发展阶段，土地利用目标、利用方式和开发利用的技术水平不同；另一方面，不同经济产业部门对土地资源利用的特殊要求，以及投入产出也存在很大的差异，导致土地资源会在不同产业部门之间发生流转和重分配，从而改变土地利用类型、结构及其空间分布。

随着生产力的发展和科学技术的进步，首先引起经济产业分化和经济产业结构的变化，进而使人们对土地利用的目标和方式发生转变，引起土地资源的重新分配，促使土地利用的类型发生变化，最终导致土地利用结构的变化。因此，在历史上随着经济的不断发展变化，土地利用也不断随之发生分化，逐渐由粗放、简单化的利用方式转变为集约化、多样化的利用方式，如由以农用地为主的利用方式转变为城镇用地、工矿用地的扩大的利用方式，农用地内部也出现土地利用类型的进一步分化。

产业发展及其结构的相对变化必然会使土地利用类型及结构发生变化，产业结构的变化就相应地表现在土地利用类型的变化上，在一定的产业结构下就形成一定的土地利用结构。随着产业结构的发展演进，土地利用类型会日趋经济合理。土地利用变化本身就是自然与经济活动相交织的一个复杂过程。一方面，土地的自然物质条件提供了土地利用的可能性和适宜性，另一方面，土地

的最终利用范围、结构与方式又取决于社会经济技术的合理性、可行性及其保证程度，受城乡产业发展水平和产业结构的深刻影响。总体来看，随着区域产业结构由低级向高级的演进，会伴随着土地资源在产业之间的重新分配，一般表现为农用地比例降低、非农用地比例增大，土地利用趋于集约化，最终使土地利用更加合理和经济。

1.4.1.2 土地利用对经济发展的影响

同样，土地利用变化（结构、类型、空间分布格局等）又会影响区域经济发展水平、经济产业结构、产业布局的演进和变化。

土地利用结构、布局是经济发展的基础。土地面积的有限性、位置固定性，以及质量的差异性等自然特性导致各个地区经济发展的巨大差异。土地利用结构的好坏直接关系到经济发展的快慢，良好的土地利用结构能够促进经济的发展，而较差的经济结构则不利于经济发展，甚至会阻碍经济发展。

土地利用的方式对经济发展影响巨大。第21个全国"土地日"，国土资源部确定的宣传主题为"土地与转变发展方式——促节约、守红线、惠民生"。"促节约"是促进经济发展的主要手段，通过该手段能够有效地加快推进土地利用方式由粗放型向集约型的转变。也只有通过调整土地利用方式才能够完成"守红线"的任务，达到"惠民生"的目的，才能够在新形势下理顺土地利益关系，促进经济快速、健康发展。

1.4.2 土地利用与生态环境的互动关系

1.4.2.1 土地利用对生态环境的影响

土地是生态环境的主要载体，土地利用的变化势必会对生态环境造成影响。土地利用对生态环境的影响主要包括两种类型：一种是土地利用方式的改变对生态环境的影响；另一种是土地利用结构与布局对生态环境的影响。土地利用方式及结构的改变，会对区域的土壤环境、大气环境以及生物的多样性造成一定的影响，所以土地利用对生态环境的变化起着不可忽视的作用。

土地利用方式的改变会对环境产生影响，不合理的土地利用方式会对生态环境造成不同程度的破坏。土地利用方式也就是土地用途，不同的土地用途对于生态环境的影响是不同的。粗放式的农用地利用方式，如化肥的过度使用，会使土地质量下降、土地污染严重，破坏了原有的生态环境；建设占用农用地的过程，使得城市硬化地面代替农用地，地面植被受到影响，植被覆盖率下降，进而降低植物对空气的净化作用，最终使空气中粉尘含量增加，沙尘暴天气的发生率增高；不合理地开发复垦，会对地表植被造成破坏，使土壤的理化性质和生态过程受到影响，导致土壤质地、结构的退化。此外，土地利用方式的改变还会影响水资源的质量，现代城市的生活污水和工业污水不仅破坏河流水质，还将通过下渗造成浅层地下水的污染。

同样土地利用结构与布局对生态环境也有明显的影响。大量研究表明，区域内部生态用地所占比重越大，区域的生态环境质量就越高；建设用地的面积越大，对生态环境产生的负面影响就越大；而农用地因为兼顾生态功能，其对生态环境的影响是正负兼有的。生态农业用地面积越大，它对生态环境的正面影响就越大，而化学农业功能恰恰相反，化学农业面积的增加势必会对环境造成负面影响，但此负面影响要比建设用地带来的负面影响小得多。因此合理进行土地利用空间布局，也会缓解一定的环境压力，如在建设用地周边布局绿化带等限制城镇扩张，将有助于缓解城市环境压力。

1.4.2.2　生态环境对土地利用的影响

生态经济学理论认为，生态环境内部有一个能量、物质不断积累更新的负反馈顶级稳定机制。我们可以把这个稳定机制作为环境健康发展的一个空间，土地利用在这个空间范围内的变化，都不会破坏环境的自我调节能力，但是如果土地利用带来的影响超出了这个稳定机制，也就是超出生态环境的承受范围，那么土地利用和生态环境的不协调、不适应的问题将凸显出来。因此我们可以看出生态环境对土地利用方式、利用程度等有一定的影响。

良好的生态环境是区域经济发展的资本和有利条件。良好的生态环境有助于区域人口的增加；对区域生产生活过程中所产生的废气、废水以及固体废物有较强的容纳能力；有利于区域经济以及土地利用的良性发展。恶劣的生态环境将对区域经济发展造成一定的限制，进而对区域的土地利用造成影响。例如，土壤条件差不利于区域农业的发展，对区域粮农安全造成威胁；地质条件差不利于城市的空间发展，以及城市地下空间的开发，造成集约利用水平低下。

第2章
武汉城市圈土地利用演变过程分析

2.1 研究区域概况

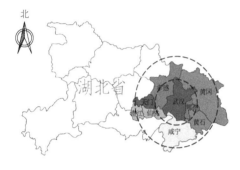

图 2-1 武汉城市圈示意图

武汉城市圈成立于 2004 年，位于湖北省东部，是指以武汉市为中心，由武汉市及周边 100 公里范围内的黄石市、鄂州市、孝感市、黄冈市、咸宁市、仙桃市、天门市、潜江市 9 个城市构成的区域经济联合体，如图 2-1 所示。

武汉城市圈土地总面积为 5.78 万平方公里，拥有人口 3161.9 万人。自然环境多样，平原水域面积广阔，平原占土地总面积的 50%，丘陵占 30%，山地占 20%。其中天然河流及湖泊占土地总面积的 9.6%（加上水库、坑塘等则高达 16%），属于亚热带季风性湿润气候，四季分明、热量丰富（无霜期 250~300 天）、光照充足、降水充沛（年降水 1000~1600 毫米），水热匹配较好。地貌类型多样，平原、岗地、丘陵和山地兼备，大致为"两山、两岗、三丘、三原"的格局。土地呈多层次环状分布，由内向外展布有城镇、耕地、园地、草地和林地等。土地资源优于沿海地区，开发利用潜力较大。水资源保障程度较高；矿产资源中，非金属矿（盐矿、石膏）资源丰富，天然气资源开发前景良好；农副产品资源量大质优；旅游资源丰富多样。

武汉城市圈处在中国"中部之中"的经济腹地、国家"十"字形一级发展轴线交汇处，在中部崛起的战略中起着极为重要的支点作用，是中部崛起的战略中最具活力与潜力的增长极、重要的先进制造业高地和现代服务业中心。

1）武汉城市圈拥有优越的交通、通信区位。以武汉市为例，武汉在历史上是"九省通衢"之地，现为全国四大铁路枢纽之一，高等级公路主枢纽，长江中游最大的航运中心，全国第三大通信业务指挥调度中心和电信光缆环网的交汇中心。

2）武汉城市圈具有比较雄厚的产业基础。长期作为国家粮、棉、油主产区而形成较坚实的农业基础；初步建成了门类较齐全的，以钢铁、汽车、电子信息、装备制造、轻纺为主的现代工业体系；以物流、现代商贸、信息通信、房地产、旅游和文化产业为主的现代服务业已初具规模。

3）武汉城市圈具有科技教育与智力资源优势。武汉市科教综合实力在全国副省级以上城市中仅次于北京市、上海市，居第三位；武汉城市圈是中部地区人才与智力资源的密集地，其中武汉市东湖地区是中国仅次于北京中关村的第二大智力密集区。

4）武汉城市圈拥有便捷的交通运输系统。武汉城市圈地处湖北经济发展最活跃的区域，交通便利，初步形成了以公路、铁路为主体，包括水运、航空和管道等运输方式构筑的综合交通运输体系。截止到 2003 年，武汉城市圈已建成公路 35 738 公里，公路密度达到每百平方公里 61.6 公里，新建沪汉蓉沿江铁路路段，铁路里程不断增加，内河航道网也有一定的改善，天河机场服务半径、吞吐能力进一步提高。另外，武汉城市圈交通网络设施和技术水平不断提高，已形成了科学合理的交通运输分工格局。

2.2 武汉城市圈土地利用现状

2.2.1 武汉城市圈土地利用总体概况

2008 年，武汉城市圈土地利用结构为：耕地占 31.74%、园地占 2.48%、林地占 26.70%、牧草地占 0.11%、其他农用地占 11.52%；居民点及工矿用地占 7.79%、交通运输用地占 0.77%、水利设施用地占 1.95%；未利用土地占 16.94%，如图 2-2 所示。

可以看出，武汉城市圈农业用地比重大，高达 72.55%，其中园地、牧草地所占比重小，林地所占比重较大，城市圈人均耕地面积为 0.8706 亩[①]，低于湖北省和全国平均水平（分别为人均 1.175 亩和 1.4 亩），耕地相对较紧张；居民点及工矿用地比重明显偏低，仅为城市圈总面积的 7.79%，这样的建设用地面积将无法满足一个经济将要快速发展的区域，不仅如此，交通用地仅占 0.77%，

----

① 1 亩≈666.67 平方米。

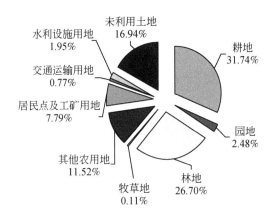

图 2-2　2008 年武汉城市圈土地利用结构

不能起到连接武汉城市圈内部及外部的通道作用；除此之外，武汉城市圈的未利用土地比重较高，达到 16.94%，这说明武汉城市圈土地没有被充分利用。

2.2.2　武汉城市圈内各个城市土地利用概况

2007 年 12 月，武汉城市圈被批准成为"全国资源节约型与环境友好型社会建设综合配套改革实验区"，与此同时，政府也全面开展了对武汉城市圈的统一规划和部署。然而，在此之前城市圈的 9 个城市并没有统一的规划，导致每个城市的用地和发展情况有很大差别。如表 2-1 所示，黄石市、黄冈市、咸宁市的耕地面积占其城市面积的比重分别为 23.43%、22.00%、19.94%，低于武汉城市圈的耕地保有量水平；武汉市居民点及工矿用地比例为 14.11%，明显高于城市圈整体水平以及各个城市的占有量；而在未利用土地的比较中，武汉市、黄石市、鄂州市、孝感市、咸宁市的未利用土地占有量均高于武汉城市圈的总体水平。

表 2-1　2008 年武汉城市圈各个城市用地结构比较　（单位:%）

区　　域	耕　地	园　地	林　地	牧草地	其他农用地	居民点及工矿用地	交通运输用地	水利设施用地	未利用土地
武汉市	39.32	1.54	10.27	0.03	13.55	14.11	1.84	1.84	17.50
黄石市	23.43	2.17	28.32	0.00	8.61	7.95	0.50	1.80	27.23
鄂州市	33.97	0.84	11.45	0.00	13.77	9.79	0.76	1.36	28.06
孝感市	40.63	1.03	16.44	0.00	14.13	8.19	0.59	1.92	17.07

区　域	耕　地	园　地	林　地	牧草地	其他农用地	居民点及工矿用地	交通运输用地	水利设施用地	未利用土地
黄冈市	22.00	4.32	40.88	0.36	9.89	5.72	0.70	2.09	14.03
咸宁市	19.94	2.97	44.21	0.00	6.87	4.01	0.46	2.23	19.30
仙桃市	51.45	0.88	2.28	0.00	19.84	10.35	0.59	0.87	13.73
潜江市	57.55	0.83	3.53	0.01	18.03	7.48	0.53	3.04	9.00
天门市	61.70	0.61	1.81	0.00	15.08	10.04	0.43	1.28	9.05
城市圈	31.74	2.48	26.70	0.11	11.52	7.79	0.77	1.95	16.94

2.2.3　武汉城市圈 2002 年、2008 年土地利用结构比较

　　如表 2-2 所示,2002～2008 年,武汉城市圈耕地面积下降幅度最大,占城市圈面积比例由 32.99% 下降到 31.74%,减少了 1.25%;林地占地面积增加了 1.11%;居民点及工矿用地面积持续扩大,占城市圈面积比例由 7.22% 增加到 7.79%,6 年共增加了 0.57%;未利用地有一定幅度的减少,面积比例由 17.48% 降低到 16.94%,共减少 0.55%。

表 2-2　2002 年、2008 年武汉城市圈土地利用结构对比表　(单位:%)

地　　类		2002 年	2008 年	比重增减量
农业用地	合计	72.75	72.55	-0.20
	耕地	32.99	31.74	-1.25
	园地	2.55	2.48	-0.07
	林地	25.59	26.70	1.11
	牧草地	0.29	0.11	-0.17
	其他农用地	11.33	11.52	0.18
建设用地	合计	9.77	10.51	0.74
	居民点及工矿用地	7.22	7.79	0.57
	交通运输用地	0.60	0.77	0.17
	水利设施用地	1.95	1.95	0.00
未利用地	合计	17.48	16.94	-0.55
	未利用土地	17.48	16.94	-0.55

2.3　武汉城市圈土地利用时空演变分析

城市土地利用变化是城市发展过程中空间布局与结构变化的综合反映，与单个城市相比，城市圈土地利用结构是一个更为开放的复杂巨系统，其在时间、空间上的演变均存在着不连续、间接甚至跳跃性的特点，演变过程受到自然、社会、经济及各种突发因素的综合影响，表现出显著的非线性特征。与"长三角"、"珠三角"都市圈及西方发达国家的都市群相比，武汉城市圈的土地利用变化不仅具有一定的特殊性，也具有很强的代表性，它充分体现了具有中国特色的中部地区在崛起过程中城市圈时间和空间上的演化特征和变动过程。

2.3.1　时间序列上的熵变分析

不少学者研究表明，土地利用结构信息熵和均衡度可以综合反映某一区域在一定时间段内各种土地利用类型的动态变化及其转换程度，对区域土地利用结构调整具有重要的指导意义。土地利用结构信息熵和均衡度正是系统理论在土地利用研究领域的重要应用，它能为土地利用系统的深入研究提供整体性的思路和框架。因此，本章利用武汉城市圈 2002 ~ 2008 年的土地利用类型变更数据，采用信息熵和均衡度方法，从定量角度分析武汉城市圈及单个城市的信息熵动态变化趋势，揭示武汉城市圈土地利用结构演变的特征和规律，为研究武汉城市圈土地利用结构演变的驱动力提供重要的数量参考依据。

2.3.1.1　土地利用结构信息熵模型

（1）信息熵

城市土地利用系统是一个复杂的开放系统，城市土地利用的结构特征可以用信息熵来表示。熵最初是物理学中的一个概念，它可以描述系统的存在状态，还可以表征系统的演化方向。如今，熵被广泛地应用到信息论和控制论等领域中，由此出现了信息熵。

假设一个城市用地面积为 A，根据功能可将其划分为 N 个职能类型。若各个职能类型的用地面积分别为 A_1，A_2，$\cdots$，A_N。$A_1 + A_2 + \cdots + A_N = A = \sum A_i (i = 1,2,\cdots,N)$，定义概率 $P_i = A_i/A = A_i / \sum A_i$，则有 $\sum P_i = 1$。依据信息熵的概念可以构造出城市土地利用结构的信息熵

$$H = -\sum_{i=1}^{n} P_i \ln P_i$$

式中，H 为城市土地利用结构的信息熵。

信息熵的高低可以反映区域土地利用系统的有序程度，一般来说，熵值越高表明不同职能的土地利用类型越多，各职能类型的面积相差越小，土地分布越均衡。当城市各用地类型的面积相等，即 $P_1 = P_2 = \cdots = P_i = 1/N$ 时，熵值达到最大，则表明城市土地利用达到了均衡状态。

（2）均衡度和集中度

在实际应用中，由于不同的城市或同一城市的不同发展阶段可能有不同的土地利用类型职能数，土地利用结构的信息熵往往缺乏可比性。因此，为了对城市用地结构进行深入的系统分析，地理学家们在 Shannon 信息熵的基础上，提出了城市土地利用均衡度和集中度的概念，以便更好地揭示城市土地利用的结构特征。

信息熵反映了城市土地利用的复杂程度，而均衡度则描述了城市土地利用类型之间面积大小的差异，以及各职能类型的结构格局。基于信息熵公式，得到均衡度的表达式为

$$J = \frac{H}{H_m} = -\frac{\sum_{i=1}^{N} P_i \ln P_i}{\ln N}$$

式中，H_m 为最大信息熵值；J 为均衡度，为实际熵值和最大熵值之比，表示区域土地利用的均衡程度。由于 $H \leq H_m$，因此，J 值在 0 与 1 之间变化。当 $J=0$ 时，土地处于最不均衡状态；$J=1$ 时，土地利用类型达到理想的平衡状态，J 值越大，则区域土地利用的均衡程度就越高，反之，区域土地利用的均衡程度就越低。土地利用结构集中度的表达式为

$$I = 1 - J$$

式中，I 为集中度，是实际信息熵值增量与最大信息熵值增量之比，表示区域土地利用的集中程度。与信息熵相比，均衡度和集中度计算的数值直观性和可比性均有所增强。

2.3.1.2 武汉城市圈信息熵动态变化

借助土地利用变更数据，根据信息熵和均衡度的数学公式计算出武汉城市圈 2002~2008 年土地利用构成及其信息熵、均衡度和集中度数值，计算结果见表 2-3，图 2-3 为武汉城市圈土地利用结构信息熵值的变化趋势，图 2-4 显示的是武汉城市圈土地利用结构均衡度和集中度值的变化趋势。

表 2-3　2002~2008 年武汉城市圈土地利用结构信息熵、均衡度和集中度

土地类型	2002 年	2003 年	2004 年	2005 年	2006 年	2007 年	2008 年
耕地	0.329 9	0.323 3	0.321 8	0.318 9	0.318 0	0.317 6	0.317 4
园地	0.025 5	0.025 9	0.025 8	0.025 1	0.025 1	0.025 0	0.024 8
林地	0.255 9	0.263 7	0.265 0	0.267 2	0.267 3	0.267 2	0.267 0
牧草地	0.002 9	0.002 9	0.002 3	0.001 1	0.001 1	0.001 1	0.001 1
其他农用地	0.113 3	0.113 3	0.113 6	0.115 3	0.115 5	0.115 3	0.115 2
居民点及工矿用地	0.072 2	0.072 7	0.073 7	0.074 9	0.076 0	0.076 9	0.077 9
交通运输用地	0.006 0	0.006 2	0.006 4	0.006 8	0.007 2	0.007 6	0.007 7
水利设施用地	0.019 5	0.019 5	0.019 5	0.019 5	0.019 5	0.019 5	0.019 5
未利用土地	0.174 8	0.172 5	0.171 9	0.171 0	0.170 3	0.169 8	0.169 4
职能数 N	9	9	9	9	9	9	9
信息熵 H	1.674 0	1.676 9	1.676 2	1.673 0	1.675 9	1.677 9	1.678 8
均衡度 J	0.761 9	0.763 2	0.762 9	0.761 4	0.762 7	0.763 6	0.764 1
集中度 I	0.238 1	0.236 8	0.237 1	0.238 6	0.237 3	0.236 4	0.235 9

注：信息熵是基于自然对数计算的，单位为奈特（Nat）

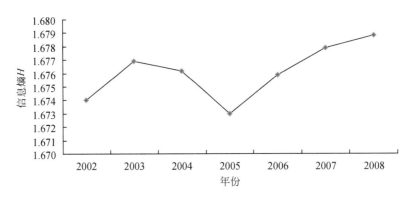

图 2-3　武汉城市圈 2002~2008 年土地利用信息熵演变图示

　　根据土地利用变更数据可知，2002~2008 年武汉城市圈各职能类型土地面积的变化明显不同，其中变动较为明显的是耕地、林地、居民点及工矿用地、交通用地和未利用。武汉城市圈城市化和工业化进程的加快占用了大量耕地，耕地数量明显减少，由 2002 年的 190.75 万 hm² 减少到 2008 年的 183.52 万 hm²，共减少了 7.23 万 hm²。林地面积自 2002 年以来呈现先增后减的趋势，2002~2005 年增加幅度较大，由 2002 年的 147.97 万 hm² 增加到 2005 年的 154.53 万 hm²，共增加了 6.56 万 hm²。交通用地从 2002 年到 2008

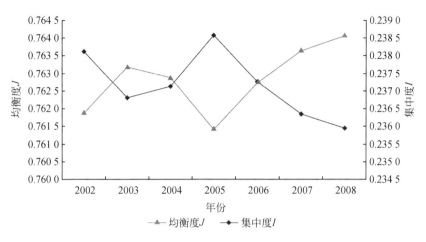

图 2-4　武汉城市圈 2002～2008 年土地利用均衡度变化图

年共增长了 0.99 万 hm²，年均增长率为 4.73%。居民点及工矿用地共增加了 3.31 万 hm²，特别是 2006～2008 年变化较为显著。未利用土地随着土地需求和土地开发水平的提高呈现逐年减少的趋势，共减少了 3.15 万 hm²。

由表 2-3、图 2-3 可以看出，武汉城市圈土地利用结构信息熵在研究期内出现了明显的波动，其动态变化可以分为三个不同阶段：①2002～2003 年其土地利用结构信息熵呈现上升的趋势，从 2002 年的 1.6740 增长到 2003 年的 1.6769。该熵值数据表明 2002～2003 年武汉城市圈土地利用结构趋向合理并逐渐向均衡状态发展，各职能类型土地的面积差别逐渐减小，土地利用结构的均质性逐渐增强；②2003～2005 年，土地利用结构信息熵值不断减小，由 2003 年的 1.6769 降低到 2005 年的 1.6730。这表明自 2003～2005 年，该区域各职能类型土地的面积变化较大，土地利用类型之间的转换比较频繁，土地利用结构的均质性降低；③2005 年以后，土地利用结构信息熵值又开始逐步上升，增长到 2008 年的 1.6788，达到研究期内的最高值。这表明武汉城市圈土地利用结构自 2005 年之后逐步向合理、均衡的状态发展。

如图 2-4，武汉城市圈土地利用结构均衡度和集中度值也呈现明显的波动趋势。以 2003 年为界，2002～2003 年土地利用结构的均衡度缓慢增长、集中度稳定下降，这表明武汉城市圈用地结构逐渐向均衡化的方向发展，表现为耕地、未利用地所占比重逐渐减少，园地稳定增加，林地和牧草地变动幅度不大，居民点及工矿用地、交通用地缓慢增加。2003 年以后，用地结构非均衡化发展较快，这一方面受武汉城市圈区域政策的影响和引导，第二、第三产业发展较快，建设用地占用大量耕地，用地结构转换频繁；另一方面，不少地区实施"退耕还林"政策，拉大了林地与其他用地类型的面积比。从 2005 年开始，武汉城市圈逐步调整用地结构，用地结构趋向合理，逐渐朝均衡化的方向发展。

武汉城市圈土地利用结构信息熵处于不断变化中，总体上表现为："平稳—调整—再平稳"的动态过程。在这个过程中，土地利用从平稳增长期进入剧变期，再由剧变期进入稳定增长期，这说明土地利用结构处于不断调整的过程中，且呈现出逐渐趋于稳定的态势。

为了研究何种土地利用类型对土地利用结构变化所起的作用较大，应用SPSS 13.0软件对武汉城市圈内9种土地利用类型与土地利用结构信息熵之间的关联程度进行相关分析，分析结果见表2-4。

表2-4　武汉城市圈土地利用类型与土地利用结构信息熵相关分析

（单位：%）

相关系数	耕地比例	园地比例	林地比例	牧草地比例	其他农用地比例	居民点及工矿用地比例	交通运输用地比例	水利设施用地比例	未利用土地比例
信息熵 H	-0.612	0.860**	0.520	-0.143	0.869**	0.462	0.653*	0.233	-0.929**

** 表示极显著相关（$P < 0.01$），* 表示显著相关（$P < 0.05$）

由分析结果可以看出：园地、林地、其他农用地、居民点及工矿用地、交通运输用地和水利设施用地这6种土地利用类型与土地利用结构信息熵正相关，其余3种土地利用类型，即耕地、牧草地和未利用土地与土地利用结构信息熵负相关。未利用土地比重与土地利用结构信息熵的关联度最大，绝对值为0.929，其次为园地和其他农用地，交通运输用地与土地利用结构信息熵的关联程度为0.653；牧草地与土地利用结构信息熵的关联程度最小，为0.143。这些表明了未利用土地、园地、其他农用地和交通运输用地等用地类型的变化对武汉城市圈土地利用结构信息熵演变起主要作用。

2.3.1.3　武汉城市圈各市信息熵动态变化

通过对武汉城市圈各个城市 2002～2008 年土地利用结构信息熵的计算（表2-5、图2-5 和图2-6），可以看出：武汉城市圈9个城市土地利用结构信息熵具有明显的区域差异。具体而言，武汉市、孝感市和仙桃市的土地利用结构信息熵值变动幅度较大，武汉市 2002～2008 年土地利用结构信息熵值呈现持续增长的趋势，孝感市 2002～2004 年土地利用结构信息熵值呈现增长的趋势，2004～2005 年急剧下降，2005 年之后又开始持续上升，仙桃市土地利用结构信息熵值总体呈现增长趋势，部分年份稍稍降低，整个研究期信息熵值明显高于相邻区域，如天门和潜江。这表明武汉和仙桃的土地利用结构趋向合理并逐渐向均衡状态发展，各职能类型土地的面积差别逐渐减少，土地利用结构的均质性逐渐增强。

黄冈市土地利用结构信息熵值整体出现下降的趋势，2002～2004 年减少的速度较快，2004 年以后变化比较平缓。总体来讲，黄石市、鄂州市、咸宁市、天门市和潜江市的土地利用结构信息熵值变化趋势比较平缓，没有出现剧烈上升或下降的趋势，表明这四个城市的土地利用类型数比较稳定，土地利用类型之间的转换程度比较低。通过对图 2-5 和图 2-6 中各个城市土地利用结构信息熵值的演变趋势进行对比，可以看出：仙桃市、天门市和潜江市 2002～2008 年整体的土地利用结构信息熵值明显低于圈内其他城市，这说明仙桃市、天门市和潜江市土地利用类型数较少，土地利用类型之间的转换程度比较低，土地利用结构不够合理。

表 2-5　2002～2008 年武汉城市圈各市土地利用结构的信息熵

城　　市	2002 年	2003 年	2004 年	2005 年	2006 年	2007 年	2008 年
武汉市	1.593 1	1.616 8	1.627 9	1.649 3	1.658 7	1.664 2	1.666 9
黄石市	1.633 0	1.636 6	1.639 8	1.640 7	1.641 8	1.643 9	1.645 6
鄂州市	1.596 1	1.599 3	1.599 4	1.599 5	1.603 1	1.605 4	1.607 9
孝感市	1.617 4	1.625 3	1.625 4	1.597 2	1.598 2	1.598 6	1.599 0
黄冈市	1.652 3	1.645 1	1.636 2	1.635 6	1.636 7	1.638 1	1.638 5
咸宁市	1.527 5	1.522 2	1.522 1	1.522 2	1.522 7	1.525 5	1.527 1
仙桃市	1.339 9	1.351 7	1.365 7	1.365 3	1.370 7	1.370 5	1.370 0
天门市	1.329 0	1.330 4	1.331 8	1.331 0	1.331 2	1.331 5	1.329 9
潜江市	1.209 9	1.211 8	1.212 2	1.213 9	1.214 0	1.213 9	1.214 3

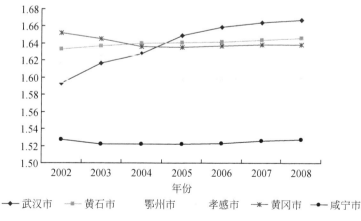

图 2-5　武汉市、黄石市、鄂州市、孝感市、黄冈市和咸宁市的土地利用结构熵值演变图示

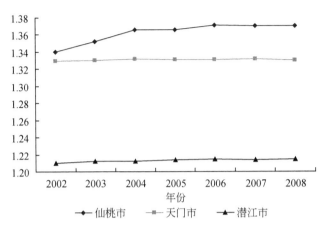

图 2-6　仙桃市、天门市和潜江市的土地利用结构熵值演变图示

　　任何两个经济体（包括地区、城市等）之间，其经济发展都是相互影响的，武汉城市圈内各个城市因为地理临近及经济往来等因素，土地利用间也会相互影响，利用 SPSS13.0 软件对武汉城市圈 9 个城市的土地利用结构信息熵进行相关分析，分析结果见表 2-6。

　　结果显示，城市圈内多个城市间的土地利用结构信息熵均存在较强的相关性。武汉市土地利用结构信息熵与鄂州市、咸宁市和天门市的土地利用结构信息熵显著相关，其中和鄂州市、天门市呈正相关关系，相关系数分别达到 0.969 和 0.970，和咸宁市呈负相关关系，相关系数为 0.953。咸宁市的土地利用结构信息熵与城市圈西部的仙桃市、天门市和潜江市的土地利用结构信息熵均存在显著的相关关系，其中和天门市、潜江市呈负相关关系。城市圈西部的仙桃市、天门市和潜江市的土地利用结构信息熵之间也都存在很强的相关关系。而只有孝感市和黄冈市的土地利用结构信息熵没有和城市圈内其他城市表现出较强的相关关系。由此可见，武汉城市圈各个城市土地利用结构信息熵的演变除了与自身土地利用状况有关外，还和其他城市的土地利用结构密切相关。

表 2-6　武汉城市圈各个城市间土地利用结构信息熵相关分析

		武汉市	鄂州市	孝感市	黄冈市	咸宁市	仙桃市	天门市	潜江市
武汉市	皮尔逊相关系数	1							
	双侧近似 P 值								
	N								
鄂州市	皮尔逊相关系数	0.969**							
	双侧近似 P 值	0.000	1						
	N	10							

		武汉市	鄂州市	孝感市	黄冈市	咸宁市	仙桃市	天门市	潜江市
孝感市	皮尔逊相关系数	0.570	0.662 *						
	双侧近似 P 值	0.085	0.037	1					
	N	10	10						
黄冈市	皮尔逊相关系数	−0.117	0.102	0.430					
	双侧近似 P 值	0.748	0.779	0.215	1				
	N	10	10	10					
咸宁市	皮尔逊相关系数	−0.953 **	−0.925 **	−0.599	0.119				
	双侧近似 P 值	0.000	0.000	0.093	0.744	1			
	N	10	10	10	10				
仙桃市	皮尔逊相关系数	−0.747 *	−0.724 *	−0.716 *	−0.113	0.835 **			
	双侧近似 P 值	0.013	0.018	0.020	0.756	0.003	1		
	N	10	10	10	10	10			
天门市	皮尔逊相关系数	0.970 **	0.941 **	0.559	−0.140	−0.995 **	−0.787 **		
	双侧近似 P 值	0.000	0.000	0.093	0.699	0.000	0.007	1	
	N	10	10	10	10	10	10		
潜江市	皮尔逊相关系数	0.736 *	0.696 *	0.611	−0.078	−0.856 **	−0.866 **	0.823 **	
	双侧近似 P 值	0.015	0.025	0.061	0.829	0.002	0.001	0.003	1
	N	10	10	10	10	10	10	10	

** 在 0.01 水平下，相关性显著；* 在 0.05 水平下，相关性显著

2.3.1.4　土地利用结构信息熵动态变化分析总结

1）从整体情况看，武汉城市圈耕地、牧草地面积逐年递减，而居民点及工矿用地和交通用地所占比例则逐年上升，这与近年来武汉城市圈经济快速发展、工业用地不断扩张、城镇面积迅速增加和交通条件不断改善是相一致的。随着区域经济的进一步发展，武汉城市圈农业用地与建设用地之间的矛盾将更加突出，土地后备资源短缺问题将日益严重。

2）通过计算 2002～2008 年武汉城市圈土地利用结构的信息熵、均衡度和集中度，揭示了武汉城市圈土地利用结构演变在时间上具有动态变化规律，2002～2003 年其土地利用结构信息熵呈现上升的趋势，从 2002 年的 1.6740 增长到 2003 年的 1.6769，2003～2005 年，土地利用结构信息熵值不断下降，由2003 年的 1.6769 降低到 2005 年的 1.6730，2005 年以后，土地利用结构信息熵值又开始逐步上升，增长到 2008 年的 1.6788，达到研究期内的最高值。表明近 7 年来该区域土地利用结构逐渐向合理、均衡状态发展，各职能类型的面

积差别趋于减少，土地利用结构的均质性逐渐增强。但由于受到工业化和城市化因素的影响和推动，2003～2005年该区域土地利用结构变动比较明显，土地利用系统有序程度变动较为激烈。

3）对武汉城市圈内9种土地利用类型与土地利用结构信息熵之间的关联程度进行相关分析，结果显示未利用地、园地、其他农用地和交通用地等用地类型的变化与武汉城市圈土地利用结构信息熵演变相关性很大。

4）从单个城市来看，各城市的土地利用结构信息熵值有明显差别，黄石市、鄂州市、咸宁市、天门市和潜江市5个城市的土地利用结构信息熵值变化比较平缓，武汉市、孝感市和仙桃市的土地利用结构信息熵值变化幅度较大，而仙桃市、天门市和潜江市三市的土地利用结构信息熵值整体比较低。由此可见，武汉城市圈各个城市的土地利用态势有较大的差别，反映到经济发展上，说明各个市的经济发展状况有很大差别，尤其是仙桃市、天门市和潜江市三市由于交通便捷度和区位可达性等原因，经济发展还比较落后，土地利用结构均质性较差。

武汉城市圈内多个城市间的土地利用结构信息熵均存在较强的相关性，城市圈各个城市土地利用结构信息熵的演变除了与自身土地利用状况有关外，还和其他城市的土地利用密切相关。

2.3.2　区域空间差异分析

2.3.2.1　信息熵值空间差异分析

根据表2-5，从2008年这个时间点来看，

图2-7　武汉城市圈2008年土地利用结构
信息熵值区域差异分布图

武汉城市圈各市土地利用结构信息熵具有明显的区域差异，从城市圈东部到西部地区，9个城市的土地利用结构信息熵值呈现逐渐降低的总体分布趋势，由此可将武汉城市圈土地利用结构信息熵的区域差异分为3种类型区：信息熵高值区（$H \geqslant 1.6079$）、信息熵中值区（$1.5271 \leqslant H < 1.6079$）、信息熵低值区（$0 \leqslant H < 1.5271$），如图2-7所示。

（1）信息熵高值区

9个城市中土地利用结构信息熵大于等于1.6079的是位于整个城市圈中东部的武汉市（1.6669）、黄石市（1.6456）、鄂州市（1.6079）和黄冈市（1.6385）四个城市，该区土地面积占武汉城市圈土地总面积的55.64%。该区域经济发展速度较快，经济基础比较牢固、经济实力比较强，人口密度也比较大，农业结构调整和非农建设用地占用较多土地，耕地所占比例较小，不同职能的土地利用类型数比较多，各职能类型的土地面积相差也比较小，土地利用结构趋于平衡，土地利用结构信息熵值较高。主要土地利用类型为耕地和林地，2008年全区耕地面积为881 474.4hm^2，占该区总面积的27.40%，耕地所占比重低于武汉城市圈平均值31.74%；林地面积为949 032.4hm^2，占该区总面积的29.50%，接近武汉城市圈林地面积平均值30%。

（2）信息熵中值区

土地利用结构信息熵值大于等于1.5271而小于1.6079的中值区分布在地理位置处于城市圈中部的孝感市（1.5990）和咸宁市（1.5271），该区土地面积占武汉城市圈土地总面积的32.29%，该区处于经济发展相对较快的阶段。近年来，城市化进程加剧了城市用地结构的调整和演变，其土地利用结构信息熵值逐渐增大，土地利用不断地朝均衡化方向发展，而孝感市、咸宁市凭借其优越的地理区位，在中心城市武汉市的带动下经济发展也相对较快，土地利用较为均衡。主要土地利用类型为耕地、其他农用地和居民点及工矿用地。

（3）信息熵低值区

该区域由位于城市圈西部的仙桃市、天门市和潜江市组成，面积比较小，占武汉城市圈土地总面积的12.07%。2008年本区GDP为632.67亿元，占城市圈GDP总量的10.29%，人均GDP为15 204.03元，低于城市圈平均数值的21.78%。由于地理位置比较偏远，再加上交通运输也不及东部地区发达，该区域经济发展相对落后，第二、第三产业不够发达，城市化水平低，目前其经济结构仍以农业为主，耕地在土地利用结构中占有较大比重，2008年全区耕地面积为396 697.9hm^2，占区域土地总面积的56.85%，远高于城市圈平均值。该区域不同职能的土地利用类型数比较少，各职能类型的土地面积相差比较大，土地利用结构信息熵值也比较低，仙桃市、天门市和潜江市分别为1.3700、1.3299和1.2143。

不少研究成果表明土地利用结构信息熵与经济发展水平的高低密切相关，经济发展水平越高，信息熵值也越高。但是通过我们的研究却发现武汉市城市圈的经济核心——武汉市却位于信息熵中值区，而不是位于信息熵高值区，这主要是因为自中部崛起战略和武汉城市圈政策实施以来，武汉市的经济开始突飞猛进地发展，各种用地类型间的转化很剧烈，交通用地和居民点及工矿用地面积迅速增加，土地利用类型不够稳定，各类型用地的百分比相差较大，土地利用有序度不高。

2.3.2.2 土地利用综合动态度分析

（1）土地利用综合动态度模型

土地利用综合动态度指数考虑了研究时段土地利用类型间的转移，其意义在于反映区域土地利用变化的剧烈程度，便于在不同空间尺度上寻找土地利用变化的热点区域。区域土地利用综合动态度的测算更能反映区域土地利用变化的综合活跃度。

土地利用综合动态度的计算公式为

$$S = \frac{\sum\limits_{i=1}^{n} (\text{LA}_{i,t_1} - \text{ULA}_i)}{\sum\limits_{i=1}^{n} \text{LA}_{i,t_1}} \bigg/ (t_2 - t_1) \times 100\%$$

式中，LA_{i,t_1} 为研究期初第 i 种土地利用类型的面积；ULA_i 为研究期间第 i 种土地利用类型未变化部分的面积；（$\text{LA}_{i,t_1} - \text{ULA}_i$）为在研究期间转移部分面积，即第 i 种土地利用类型转化为其他非 i 类土地利用类型的面积总和，t_2 为研究期末，t_1 为研究期初。

该研究方法考虑了第 i 类土地利用类型转变为其他非 i 类土地利用类型的数量及空间属性，可以测算和比较区域土地利用变化的总体或综合活跃程度。虽然该方法因忽略了其他非 i 类土地利用类型在研究期内，其他空间区位上同时转变为第 i 类土地利用类型的变化过程，从而严重低估了那些转化慢、增长快的土地利用类型，但从整体上来看，区域各土地利用类型之间的相互转换是双向等量的，该方法可以用来测算武汉城市圈整体的土地利用综合动态度。

（2）结果与分析

根据以上计算公式，武汉城市圈 9 个城市的土地利用综合动态度测算结果如图 2-8。结果显示，武汉市的土地利用综合动态度最大，为 0.76%／年，远远高于城市圈其他地区；天门市的土地利用综合动态度最小，为 0.03%／年。按照从大到小的顺序将武汉城市圈土地利用综合动态度进行排序，分别为武汉市（0.76%／年）、孝感市（0.28%／年）、仙桃市（0.24%／年）、黄冈市（0.2121%／年）、咸宁市（0.2094%／年）、黄石市（0.18%／年）、鄂州市（0.10%／年）、潜江市（0.09%／年）、天门市（0.03%／年）。由此可知：武汉市的土地利用最为活跃，土地利用变化程度最为剧烈，是城市圈土地利用变化

56

的热点区域；孝感市、仙桃市、黄冈市和咸宁市土地利用水平相差不多，但均明显低于武汉市，而天门市土地利用最不活跃。

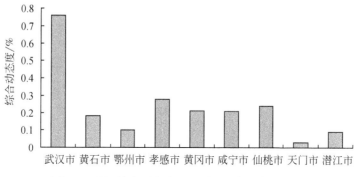

图 2-8 武汉城市圈各市土地利用综合动态度图示

2. 3. 2. 3 土地利用程度指数及其变化研究

土地利用程度反映了土地利用的广度和深度，它不仅表示了土地利用中，土地自身的自然属性，同时也表示了人为因素与自然环境因素相结合的综合效应。根据土地利用程度综合分析方法，可将土地利用程度按土地自然综合体在人为因素影响下的自然平衡状态划分为若干级，并赋予分级指数，从而得到土地利用程度综合指数以及土地利用程度变化模型的表达式。

（1）土地利用程度综合指数模型

某研究区土地利用程度综合指数 D_j 有

$$D_j = 100 \times \sum_{i=1}^{n} (A_i \times C_i)$$

式中，A_i 为研究区域内第 i 级的土地利用程度分级指数；C_i 为研究区域内第 i 级的土地利用程度分级面积百分比；n 表示土地利用程度分级数。

（2）土地利用程度变化模型

土地利用程度在特定范围内的变化是多种土地利用类型共同变化的结果，土地利用程度变化指数可定量地描述该范围土地利用的综合水平及其变化趋势。对于土地利用程度变化指数 ΔL_{b-a}，有

$$\Delta L_{b-a} = L_b - L_a = 100 \times \Delta L_{b-a} = L_b - L_a$$

$$= 100 \times \left[\sum_{i=1}^{n} (A_i \times C_{ib}) - \sum_{i=1}^{n} (A_i \times C_{ia}) \right]$$

式中，L_b 和 L_a 分别为 b 时间和 a 时间该区域土地利用程度综合指数；A_i 为第 i 级的土地利用程度分级指数；C_{ib} 和 C_{ia} 分别为某区域 b 时间和 a 时间第 i 级土

地利用程度面积百分比。如果 ΔL_{b-a} 或 $R_j > 0$ ，则该区域的土地利用处于发展时期，否则认为土地利用处于调整期或衰退期。

在中国资源环境数据库中，刘纪远从生态学角度出发，提出了土地利用程度的分级标准，土地利用被分为4级，如表2-7所示。

表2-7　土地资源利用分级表

类　型	未利用土地级	林、草、水用地级	农业用地级	城镇聚落用地级
土地利用类型	未利用地或难利用地	林地、草地、水地	耕地、园地、人工草地	城镇、居民点、工矿用地、交通用地
分级指数	1	2	3	4

武汉城市圈2002年的土地利用程度综合指数（表2-8）为2.376，2008年的为2.383，土地利用程度变化值为0.007，说明整个武汉城市圈这几年土地利用程度在增强。各个城市的情况为，2008年潜江市土地利用程度最大，为2.768；咸宁市的土地利用程度指数最小，为2.170；2002年潜江市土地利用程度综合指数最大，为2.765，咸宁市的土地利用程度指数最小，为2.166。从土地利用程度变化值来看，6年间，武汉市、黄石市、鄂州市、孝感市、咸宁市、潜江市和天门市土地利用程度在逐步增加，其中鄂州市的土地利用程度增强幅度最大，变化值为0.031；黄冈市和仙桃市土地利用程度呈减小趋势，其中仙桃市的土地利用程度减幅最大，变化值为 - 0.013。城市圈应结合自然禀赋状况，适当调节各地对土地利用的强度。

表2-8　武汉城市圈各城市2002～2008年土地利用程度综合指数及变化

区　域	土地利用程度指数		土地利用程度变化
	2002 年	2008 年	
武汉城市圈	2.376	2.383	0.007
武汉市	2.584	2.589	0.006
黄石市	2.172	2.189	0.017
鄂州市	2.275	2.306	0.031
孝感市	2.431	2.460	0.029
黄冈市	2.295	2.293	- 0.002
咸宁市	2.166	2.170	0.004
仙桃市	2.636	2.622	- 0.013
天门市	2.711	2.715	0.003
潜江市	2.765	2.768	0.002

2.3.2.4 土地利用相对变化率分析

（1）土地利用相对变化率模型

土地利用类型的相对变化率建立在变化率指数的基础上，将局部地区的类型变化率与全区的类型变化率相比较，用以分析研究区范围内特定土地利用类型变化的区域差异与特定类型变化的热点区域。

区域某一特定土地利用类型相对变化率可表示为

$$R_{相} = |U_b - U_a| \times C_a / (|C_b - C_a| \times U_a)$$

式中，U_a、U_b 分别为区域某一特定土地利用类型研究期初及研究期末的面积，C_a、C_b 分别代表整个研究区某一特定土地利用类型研究期初及研究期末的面积。若 $R_{相} > 1$，表示某区域土地利用变化幅度大于整体变化幅度；若 $R_{相} < 1$，则某区域土地利用变化幅度小于整体的变化幅度。相对变化率是一种反映土地利用变化区域差异的很好的方法。

（2）结果分析

根据上述公式，计算得出武汉城市圈内各城市土地利用相对变化率，见表2-9。结果显示：9个城市间土地利用变化区域差异比较显著，空间格局也比较明显。

1）耕地相对变化：各市的耕地相对变化差异显著，其中武汉市城市圈中东部地区的武汉市、黄冈市和咸宁市的变化幅度相对较大（$R > 1$），武汉市最大，相对变化率为2.344%，而西部地区的仙桃市、天门市和潜江市均比较小，天门市最小，仅0.022%。

2）园地相对变化：各市的园地相对变化差异非常显著，武汉市居于首位，相对变化率达到146.504%，孝感市次之，为103.582%，整个城市圈内只有黄冈市的园地相对变化率小于1，为0.534%。园地相对变化差异显著的地区分布在城市圈中北部的武汉市、孝感市、仙桃市和鄂州市。

3）林地相对变化：由于退耕还林和农业结构调整，在2002~2008年武汉市城市圈的林地面积呈逐年增长趋势，但各市的林地相对变化并不一致，其中，城市圈中北部的武汉、孝感和仙桃的林地相对变化率较大，武汉市最大，为4.749%，其他市的林地相对变化率均小于1，其中位于西部的潜江最小。

4）牧草地相对变化：城市圈中部的武汉市、孝感市以及东部的黄石市的牧草地相对变化率较大，孝感市最大，为1.552%，而西部的仙桃市、天门市和潜江市的牧草地相对变化率均为0。

5）其他农用地相对变化差异比较显著的地区分布在武汉城市圈中西部的仙桃市、潜江市、咸宁市和孝感市，其中，仙桃市最大，相对变化率为

3.138%，而西部地区天门市的其他农用地相对变化率最小。

6）居民点及工矿用地相对变化：城市圈东部地区的武汉市和黄石市的居民点及工矿用地相对变化差异比较显著，其中武汉市最大，为 3.196%，其他地区的居民点及工矿用地相对变化率均小于 1，天门市最小。

7）其他建设用地相对变化：只有武汉市的其他建设用地相对变化率大于1，为 2.222%，其他地区的均小于 1。

8）交通用地相对变化：各市交通用地的相对变化差异不是很大，中部地区武汉市、咸宁市和孝感市的变化幅度相对较大，其中武汉市最大，相对变化率为 2.919%，咸宁市次之，为 1.489%，西部地区的天门市最小。

9）未利用土地相对变化：未利用土地的区域变化比较大，中部地区的变化幅度最为明显，其中武汉市的最大，为 9.886%，鄂州市和孝感市的 R 大于3，但均明显低于武汉市。整个区域只有仙桃市和天门市的未利用土地相对变化率小于 1，其中天门市最小。

综上所述，武汉市除其他农用地以外，其他各种类型用地的相对变化率都很高，其中园地、居民点及工矿用地、其他建设用地、交通用地和未利用地的相对变化率远远高于其他城市。而天门市除耕地、园地和林地以外，其他各种土地利用类型的相对变化率均低至零。总体来看，中部和东部城市的多个地类相对变化差异都比较显著，西部地区整体的用地相对变化差异比较小。

另外，从用地类型尺度来看，园地的相对变化率差异最大，以武汉市为最高，高达 146.504%，远高于整个区域的平均水平；未利用地、林地和居民点及工矿用地的相对变化率差异也比较大，这三种用地相对变化率最大值分别为9.886%、4.749% 和 3.196%，最小值分别为 0%、0.180% 和 0%；耕地、其他农用地、其他建设用地和交通用地的相对变化率差异不大。各个城市牧草地的相对变化率数值均不高。总体来看，中部和东部地区的农用地、建设用地和交通用地等多个地类相对变化区域差异比较明显，西部地区只有其他农用地的相对变化差异比较显著（表 2-9）。

表2-9　武汉城市圈各城市各类土地利用相对变化率　　（单位:%）

城　市	耕　地	园　地	林　地	牧草地	其他农用地	居民点及工矿用地	交通运输用地	水利设施用地	未利用土地
武汉市	2.344	146.504	4.749	1.488	0.492	3.196	2.919	2.222	9.886
黄石市	0.756	9.016	0.386	1.552	1.014	1.179	0.511	0.043	1.056

城 市	耕 地	园 地	林 地	牧草地	其他 农用地	居民点及 工矿用地	交通运输 用地	水利设施 用地	未利用 土地
鄂州市	0.154	13.887	0.251	0.141	0.066	0.675	0.056	0.066	3.654
孝感市	0.364	103.582	2.052	1.552	1.449	0.780	1.279	0.564	3.301
黄冈市	1.049	0.534	0.821	0.544	0.725	0.121	0.406	0.059	1.487
咸宁市	1.169	9.216	0.561	0.003	1.245	0.812	1.489	0.637	1.223
仙桃市	0.707	17.506	4.358	0.000	3.138	0.213	0.195	0.654	0.600
天门市	0.022	8.868	0.351	0.000	0.000	0.000	0.000	0.000	0.000
潜江市	0.158	1.312	0.180	0.000	1.140	0.360	0.266	0.167	3.547

资料来源:《湖北统计年鉴》, 2002~2008 年

2.4 土地利用结构区位特征分析

2.4.1 土地利用区位指数

土地利用区位指数可反映某一地区各种土地相对于高层次区域空间的相对聚集程度,其计算公式为

$$Q_i = \frac{\left(f_i \middle/ \sum f_i\right)}{\left(F_i \middle/ \sum F_i\right)}$$

式中, Q_i 为第 i 种地类的区位指数; f_i 为区域内第 i 种土地的面积; F_i 为高层次区域内第 i 种土地的面积。 $\sum f_i$ 为该区域内各种土地类型的面积之和, $\sum F_i$ 为高层次区域内的各种土地利用类型的面积之和。如果 $Q_i > 1$, 则该种土地具有区位意义, 如果 $Q_i < 1$, 则不具有区位意义。

2.4.2 武汉城市圈土地利用区位指数计算与分析

为了对武汉城市圈内土地利用结构分布特征进行分析,本书结合研究目的和可行性,采用土地利用区位指数来做进一步的分析。

根据区位指数的计算公式,利用武汉城市圈土地利用结构的现状数据计算出城市圈的土地利用区位指数如表 2-10 和图 2-9~图 2-17 所示。

表 2-10　2008 年武汉城市圈各市各用地类型的区位指数

城　市	耕　地	园　地	林　地	牧草地	其他农用地	居民点及工矿用地	交通运输用地	水利设施用地	未利用土地
武汉市	1.239	0.621	0.384	0.292	1.177	1.811	2.372	0.946	1.033
黄石市	0.738	0.874	1.060	0.000	0.748	1.020	0.641	0.925	1.608
鄂州市	1.070	0.339	0.429	0.027	1.196	1.256	0.980	0.696	1.657
孝感市	1.280	0.415	0.616	0.000	1.227	1.051	0.759	0.984	1.008
黄冈市	0.693	1.744	1.531	3.149	0.859	0.734	0.907	1.070	0.828
咸宁市	0.628	1.198	1.656	0.014	0.597	0.515	0.596	1.144	1.140
仙桃市	1.621	0.356	0.085	0.040	1.723	1.329	0.756	0.446	0.811
天门市	1.944	0.245	0.068	0.000	1.310	1.288	0.561	0.655	0.534
潜江市	1.813	0.336	0.132	0.055	1.566	0.960	0.684	1.558	0.531

图 2-9　各市耕地区位指数

图 2-10　各市园地区位指数

图 2-11　各市林地区位指数

图 2-12　各市牧草地区位指数

图 2-13　其他农用地区位指数

图 2-14　居民及工矿用地区位指数

图 2-15　交通运输用地区位指数

图 2-16　水利设施用地区位指数

从表 2-10 和图 2-9 ~ 图 2-17 可知，相对于整个武汉城市圈而言，武汉市、鄂州市、孝感市、仙桃市、潜江市、天门市的耕地具有区位意义，在耕地存量上占有一定优势；而园地，仅有黄冈市、咸宁市具有区位意义，而其他 7 个城市均不具有区位意义；对林业用地而言，林业用地在咸宁市和黄冈市的土地利用中占了很大的比重，具有较强的区位意义，其次是黄石市，其区位指数也均大于 1，而其他各市的林业用地数量相对

图 2-17　未利用地区位指数

较少，不具有区位意义；对牧草地而言，牧草地在黄冈市分布较广，具有明显的区位意义；对其他农用地而言，潜江市和仙桃市的区位意义最大，武汉市、

鄂州市、孝感市、天门市的次之，黄冈市、黄石市、咸宁市的较小。对居民点与工矿用地而言，武汉市最具区位意义，其次是孝感市、天门市、仙桃市、鄂州市和黄石市，这与这些市的经济条件较好，人口密度较大的现状相吻合；对交通运输用地而言，武汉市最具区位意义，其余的各个城市都比较少，这与武汉市作为重要交通枢纽城市的现实地位是相符的。对水利设施用地而言，潜江市、咸宁市、黄冈市的区位意义比较明显，说明这些市的水利设施用地比重较大，其余城市较小；对未利用地而言，黄石市和鄂州市的未利用地具有区位意义，可供进一步开发利用，以补充不足的土地资源。

第3章
武汉城市圈土地利用演变
驱动因素分析

由于空间地理位置和社会经济发展的不同，不同区域的土地利用驱动机制存在着一定的差异。驱动因素的分析不是一成不变的，不同时期影响一个地区土地利用变化的因素可能会不同，因为经济的发展速度，不同时期的方针政策等都是不一致的，相应的驱动因素也会发生改变。而土地利用结构的变化是自然因素和社会经济因素综合作用的结果，其中自然因素多是其演化发展的内在驱动因素，而以人类活动为主的社会经济因素多是外在的直接驱动因素，对土地利用结构变化的影响最大。

本章在把握武汉城市圈土地利用结构信息熵和均衡度动态变化特征的基础上，结合城市圈及城市圈土地利用结构形成和演变的机理，首先从内在因素和外在因素两个方面来分析武汉城市圈土地利用结构演变的驱动因素（图3-1）然后在此分析的基础上，运用定量方法分析社会经济驱动因素中影响武汉城市圈土地利用结构演变的关键驱动力。

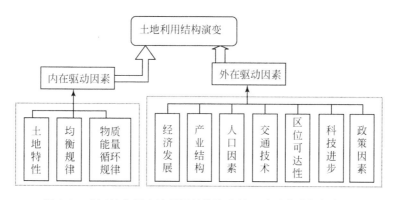

图3-1　武汉城市圈土地利用结构演变的驱动因素分析框架图

3.1　土地利用演变驱动因素

3.1.1　内在驱动因素

3.1.1.1　土地特性

土地利用结构的演变是土地利用类型转变、演化和重组的结果，而土地利用类型的变动是以土地本身所具有的特性为基本条件的，正是土地所具有的多功能性、经济增殖性和限制性等特性才使用地结构的演变成为可能。首先，土地的多功能性是指同一块土地有多种不同的用途，如一块用于耕作的土地，还可以根据经济利益的需要变更为养殖水产品的基地或建设用地。土地的用途多种多样，不同时期，不同的土地用途对人类的效用大小不一，人类可以在自然、社会和技术条件允许的情况下，根据需要调整土地用途。其次，土地利用的永续性决定土地具有经济增殖性。随着土地利用技术的发展，土地不断向高效用途转换，土地利用集约度提高，土地经济增殖空间加大。土地的经济增值性是土地利用转换的重要驱动力。最后，土地面积的有限性、空间位置的固定性、质量和区位的差异性以及逆转的困难性决定了土地利用类型的转换并不是随意、不受限制的。当人类为了满足自身的需求而不顾土地的限制特性和变化规律时，可能导致土地利用系统乃至生态环境的破坏和崩溃，土地利用结构的优化和调整也不可能成为现实，土地利用的限制性阻碍了土地利用类型的随意转换，为用地结构的合理演化提供了硬性约束。

3.1.1.2　均衡规律

均衡是指构成事物的各要素在量的方面保持一定比例，以及各要素之间相互协调、相互适应。均衡产生的原因是事物各方面的因素能够相互制约和相互抵消。均衡关系的变动是指各要素存在着一定程度的不协调、不稳定，在经过某种形式的均衡关系运动之后，回复到原均衡状态，或达到新的均衡状态。

土地利用系统的发展和变化遵循一定的均衡规律，某时点的土地利用结构就是一定的土地供给结构和土地需求结构相互作用、相互耦合而达到平衡时的产物，土地利用系统中所有类型的土地在一定条件下达到均衡时的利用量的比例则构成了土地利用结构。达到平衡后的各种土地利用类型在随后的一个时间段内不断地相互协调、相互影响。当各种自然因素和人为因素的作用强度达到一定的程度时，土地利用系统就会不稳定起来，土地利用结构也随即发生变化。但经过土地利用系统和外界影响因素的协调和适应，土地利用系统将逐渐稳定下来，土地利用结构在这种反反复复的"均衡—不均衡—均衡"的发展中不断地演变。

3.1.1.3 物质能量循环规律

土地利用系统的运行和发展是通过物质、能量、信息和价值的运动和转化把土地利用系统和经济系统的各成分、各因子结合成一个土地生态经济整体，并和外部环境密切联系起来。土地利用结构的演变也是通过物质、能量、信息和价值的运动过程来实现的。

物质流、能量流、信息流和价值流相互联系、密不可分。物质流是土地利用系统中反复利用、循环运动的物质，是土地利用系统运转的物质基础；能量流是物质流的有机组成部分，它反映了生产的基本目的；价值流是人类经济运动的体现；信息流则是人类主体作用于土地利用系统的手段和方式。以上"四流"之间相互影响、相互作用，共同推动着土地利用系统的不断运动、变化和发展。这种耦合的作用机制便构成了土地利用系统运动的内在机理，同时又使土地利用结构的演化和转换呈现规律性的特点。

3.1.2 外在驱动因素

3.1.2.1 城市化和经济发展

在中国城市化进程中，城市用地结构的显著表现就是"土地置换"、"退二进三"等产业调整用地特征。在城市化初期，中心城市经济发展迅速，就业和受教育的机会也比较大，人口向中心城市大规模迁移，工业用地在城市用地中所占的比重较大，居住用地在工业区周围分布。随着城市化进程的加快，到工业化中后期，在中心城市，第三产业占据主导地位，商业、娱乐、办公金融等行业要求在区位条件好、人口密集、交通便利的中心地段布局，城市中心逐渐形成商务区，工业用地等因为污染环境及付不起昂贵的租金而不得不向外迁移。在整个城市圈，中心城市由于地价上涨、环境污染严重等原因，迫使企业和不少居民选择投资或居住在地价较低、环境舒适的中小城市。这样，无论是在单个城市还是在整个城市圈，随着城市化和工业化进程的推进，土地利用结构都在经济发展中不断演进。

改革开放以来，尤其是武汉城市圈"两型社会"建设的区域政策实施以来，武汉城市圈工业企业突飞猛进，第三产业得到了快速长远的发展。耕地数量的减少与城市圈城市化进程的加快和经济的快速发展密切相关。城市圈出于发展经济的需要，工业用地和建设用地将会征占很多农用地，其中不少是优质的耕地，农民失去土地后便会选择去城镇务工。与此同时，经济发展带动了一系列产业的出现和发展，如服务业和房地产业等，这将会吸引更多外来人员涌入城镇中。土地的丧失再加上城镇就业机会的引诱，很多农民逐渐把生活方式由种田谋生转向去城镇打工或做生意，这些都将加剧武汉城市圈周边农用地及其他土地利用类型向城市建设用地特别是向城镇及工矿用地的转变，进而导致区域内的土地利用结构发生很大的改变。

3.1.2.2 产业结构调整

产业是城市经济发展的基础，产业结构的发展和转换直接影响土地利用结构的演变。从某种程度上讲，城市经济的发展是通过产业结构的不断变革和升级完成的，城市圈的形成和发展是在产业结构和土地利用结构的互动中实现的。城市圈产业结构的变革主要表现为主导产业置换的过程。在置换过程中，原有的主导产业由于在地租竞争中的劣势而在中心城市之外选择聚集效应较高、地租和劳动力较便宜的中小城市。由于不同产业对土地区位有着不同的需求，因而产业间形成前后向有机联系的产业链或空间上的产业集群，这些产业链或产业集群分布在城市圈的不同城市或同一城市的不同地区，最终对整个城市圈的土地利用空间结构演变产生内在驱动力。

3.1.2.3 人口增长

E·沙里宁的"有机疏散理论"认为，城市人口的大量增长必然要求城市的人口和就业岗位分散到可供合理发展的、偏离中心的区域，随着人口的自然增长和城市劳动力的集聚，必然导致城市土地规模的扩大。国内外很多学者和专家的研究结论均显示：人口因素是最具活力的土地利用结构变化的驱动力之一，城市人口的增加是城市用地扩张的直接动因。

城市人口的集聚和增长，引起土地利用结构的变化，主要表现在两个方面：一是随着城市人口的增长，城市居民生产生活所需的用地数量不断地增加，包括居住用地、就业用地、公共设施用地、绿化用地等；二是人口结构、家庭结构的变化会增加不同土地类型的需求，从而需要新增土地供给。

大量人口在城镇集聚，导致城镇人口密度发生变化。而人口密度与土地利用变化速率呈正相关关系，人口增长速度越快，土地利用变化也越快。人口的增加和农村剩余劳动力的非农化城市转移，必然导致城镇建设用地及工矿用地的增加，进而造成对耕地的大量占用，从而成为土地利用系统的一种持续的外界压力。人口的持续增长导致建设用地随之增加，而建设用地的增加又是以耕地的减少为代价的。因此，城市化进程中大量人口涌入武汉城市圈，必然导致其土地利用系统的无序变化、人地矛盾更加尖锐、耕地负荷日益严重。

3.1.2.4 交通运输技术

水运交通时期，江河湖海是主要的交通运输线，星罗密布的江河湖泊对武汉城市圈土地利用空间结构的影响较大，汉口、阳逻等一大批市镇均沿长江、汉江分布。水系沿岸的城市经济发展较为迅速，用地结构演变也较快。

铁路交通时期，传统的水运交通逐渐衰退，工业生产主要依靠以铁路为代表的快速交通运输方式，许多沿江市镇也随之衰落，两极分化型的空间结构逐渐形成。

铁路—高速公路时期，武汉城市圈内的铁路、公路网十分发达，以武汉为中心的放射状交通布局的形成，促进了区域用地空间结构的极化型特征的彰显和演化。武汉市于 2004 年就开始规划建设汉孝、汉蔡、汉洪、青郑、和左、汉麻、汉英、关葛 8 条城市高速出口公路，分别通往武汉城市圈的 8 个城市，这 8 条城市高速出口公路总长 229.29 公里，总投资近 100 亿元。届时，武汉市到城郊区半小时、到武汉城市圈 8 个城市两小时、到周边省会城市 4 小时的交通圈将形成。8 条城市高速出口公路是武汉城市圈交通现代化的关键工程，对城市圈土地利用将产生长远影响，对整个湖北省的经济发展具有重要意义。

当前发达的交通运输技术对城市用地扩展方向和用地布局产生了更为深刻的影响。现代快捷交通运输方式（如地铁、高速公路、高速铁路、航空等）将城市空间向高空、地下推进。高速公路网络和小轿车的发展使人们出行更加方便，这使单个城市范围不断扩大，城市与城市之间的距离因此而缩短，不少人选择在中心城区工作、在郊区休憩、在中小城市旅游度假。

总之，现代发达的交通通信技术不但改变着单个城市的土地空间布局，也在促进城市之间的物质运输和信息交流，使城市间相互影响、相互促进，进而演化成适合经济发展的规模适中的城市体系和合理的用地结构。

3.1.2.5 区位可达性

区位是地理空间上某一实体所处的地理位置及其与其他对该实体发展演变具有影响的各种类型实体的空间联系强度。某一区域所处的空间位置决定其交通网络的配置方式及其与其他实体之间交通和交流的便捷程度，可以从人流、物流和信息流的综合便利程度来度量某一实体的位置优劣。

区位是影响经济发展的核心因素，而区域土地利用结构正是经济发展和产业结构在地理空间上的映射，因此，区位可达性是影响区域土地利用结构演变的重要因素。从以往的研究中可以看出，与武汉城市圈内其他城市相比，仙桃市、天门市和潜江市2002～2008年的土地利用结构信息熵值整体较低，这与三个城市的区位指标比较低密切相关。

根据陆锋和陈洁在《武汉城市圈城市区位与可达性分析》一文中的研究结果，在武汉城市圈内8个地级市当中，黄石市、孝感市、鄂州市和黄冈市具有较高的区位指标，而仙桃市、天门市和潜江市三个城市的区位指标均比较低，在城市圈区位评价中的排名很靠后。这反映出仙桃市、天门市和潜江市三个城市距离城市圈中心城市较远，其所辖范围内城镇密度较小，交通基础设施条件较差，在武汉城市圈中处于区位劣势。与区位指标高低相对应的是各个城市的经济发展效益，2008年，黄冈市GDP为600.75亿元，在8个地级市中排名第一，孝感市GDP为593.06亿元，位居第二，而仙桃市、天门市和潜江市的GDP分别只有233.50亿元、187.35亿元和211.82亿元。因此，区位可达性因素是武汉城市圈内各个城市经济发展快慢和土地利用结构信息熵值演变差异的重要驱动力。

3.1.2.6 科技进步

随着科技的进步，近代100多年城市空间的变化超过古代几千年的变化，而现代四五十年的发展变化又超过近代100多年。科技进步是城市用地扩张的重要力量，是城市土地利用结构演变的关键驱动因素。

首先，技术进步是经济增长的源泉，而区域土地空间结构的演变又是区域经济发展的需求和体现，因此，技术进步通过经济发展直接作用于区域土地空间结构。其次，技术进步可以改变原有自然和社会经济条件对城市用地规模的束缚。伴随着信息技术的发展，网络扩展已经超越了传统的空间概念，网络商务、网上购物、网上书店和网络新闻等能提供更为灵活的信息浏览和信息获取方式，人们足不出户便可以通晓天下事，因此，大量与信息相关的工作逐渐转移至家中，原有城市建筑在实体空间上的功能被大大削弱。通过互联网可以与外界方便地沟通，这些都促使人们向远离城市中心的郊区迁移，城市土地空间布局随之呈现分散化趋势。

3.1.2.7 政策因素

国家政策在武汉城市圈土地利用变化中起着至关重要的作用，国家政策因素在该区域的导向作用主要体现在以下几个方面：

1）以武汉市为首的多个城市的工业均发端于重工业。目前，武汉市、黄石市和孝感市等城市的钢铁、化工和建材行业仍是各地的主导产业，区域内工业结构的特点仍然是重工业偏多。而国家政策对重型工业的牵制作用决定了其对区域城市发展以及用地空间结构的深刻影响。

2）土地作为人类生存与发展的主要物质基础，其利用结构的变化深受区域政策的影响。政策因素是土地利用结构变化的直接决策因素，其作为土地利用变化的驱动因素，是政府部门根据土地利用反映出的信号强弱做出反应的结果，并且政策制定者往往对强信号产生强烈的反应。因此，国家根据区域土地利用结构的变化对粮食安全、经济发展和生态安全影响强弱制定相应的政策。例如，中央政府和地方政府通过城市规划、土地利用规划、土地征用、人口政策和投资政策等措施严格控制着城市的土地利用模式；党和国家十分重视武汉城市圈生态环境的保护，鼓励在不适宜耕种的土地上退耕还林还草、封山育林，逐步调整农林牧用地结构；为解决农村剩余劳动力转移问题，鼓励武汉城市圈周边小城镇的发展、提高整个圈域的城镇水平。城镇用地不断增长，致使大量农地被占用。这种因政策因素引起的土地利用结构变化是不可避免的。

3）与"长三角"和"珠三角"相比，武汉城市圈经济发展水平和城市化水平均较低，城市空间发展方向以及城市用地空间的变动无法仅仅依靠自身的经济推动力而完成，政府政策的引导和推动仍然是区域用地结构演变的主要动力。2007年12月，国家批准武汉城市圈为全国资源节约型和环境友好型社会建设综合配套改革实验区的重大战略举措正是政府政策推动的体现。

3.2 武汉城市圈土地利用演变主要驱动力分析

3.2.1 研究方法的选取

由于影响土地利用结构演变的社会经济因素错综复杂，因而可以从众多的社会经济因素中分解出众多的评价指标，这些指标不仅与因变量之间存在着相关关系，而且相互之间也存在着耦合关联。如果用单纯的相关关系分析，必然存在一定的误差冗余。主成分分析可以将若干个自变量压缩成几个独立成分，以此来减弱自变量之间的相互干扰。同时主成分分析方法可以把影响城市土地利用的众多指标进行线性组合，使原始变量减少为有代表意义的少数几个新的变量，以少数几个指标代替多个指标，既能更集中更典型的表明研究对象的特征，也能避免大量重复的工作。其优点是不受主观因素的影响，它所确定的权数是基于数据分析而得到的指标之间的内在结构关系，而得到的综合指标（主成分）之间彼此独立，减少信息的交叉，这使分析评价结果具有客观性和可确定性。因此，本章采用主成分分析法分析武汉城市圈土地利用变化的社会经济驱动因子，借助主成分分析降维的思想，把具有一定相关性的多个指标重新组合成少数几个不相关的综合指标，从而筛选出具有代表性的、不改变城市圈系统基本规律的影响武汉城市圈土地利用结构变化的主要社会经济驱动因素，并求取影响武汉城市圈土地利用结构变化的驱动因素的综合得分。

3.2.2 指标的确定

在坚持指标选取的系统性、科学性、目的性、可操作性，以及数据的可获取性等多项原则的基础上，根据主成分分析方法的思路和要求，以及武汉城市圈现有的数据资料，武汉城市圈 1997～2006 年期间社会经济统计资料较为翔实，本章选择这十年的数据作为分析的原始变量，共选取了 16 个指标作为分析因子。这些因子是在大量统计数据中，综合考虑影响城市土地利用时空结构演变的影响关系筛选出来的，具有一定的代表意义：

X_1 为总人口（万人）；X_2 为 GDP（亿元）；X_3 为农业总产值（亿元）；X_4 为工业总产值（亿元）；X_5 为第三产业比重（%）；X_6 为客运量（万人次）；X_7 为交通运输、仓储和邮政企业收入（亿元）；X_8 为进出口总额（万美元）；X_9 为城镇在岗职工工资总额（亿元）；X_{10} 为城镇居民人均可支配收入（元）；X_{11} 为农村居民人均纯收入（元）；X_{12} 为城市化率（%）；X_{13} 为全社会固定资产投资总额（亿元）；X_{14} 为社会消费品零售总额（亿元）；X_{15} 为全社会从业人员数量（万人）；X_{16} 为工业企业数量（个）。

这 16 个驱动因子涵盖了经济、人口、产业、交通通信、人民生活和城市化水平等影响城市圈土地利用结构变化的社会经济因素。

3.2.3 主成分分析

3.2.3.1 主成分分析的数学模型

设有 n 个样品，每个样品观测 p 项指标（变量）：X_1，X_2，$\cdots$，X_p，这样可以得到原始数据资料阵：

$$X = \begin{bmatrix} x_{11} & x_{12} & \cdots & x_{1p} \\ x_{21} & x_{22} & \cdots & x_{2p} \\ \vdots & \vdots & \ddots & \vdots \\ x_{n1} & x_{n2} & \cdots & x_{np} \end{bmatrix} = (X_1, X_2, \cdots, X_p)$$

式中，

$$X_i = \begin{bmatrix} x_{1i} \\ x_{2i} \\ \vdots \\ x_{ni} \end{bmatrix}, i = 1, 2, \cdots, p$$

用数据矩阵 X 的 p 个向量（即 p 个指标向量）X_1，X_2，$\cdots$，X_p 作线性组合为

$$\begin{cases} F_1 = a_{11}X_1 + a_{21}X_2 + \cdots + a_{p1}X_p \\ F_2 = a_{12}X_1 + a_{22}X_2 + \cdots + a_{p2}X_p \\ \qquad\qquad \cdots\cdots\cdots \\ F_p = a_{1p}X_1 + a_{2p}X_2 + \cdots + a_{pp}X_p \end{cases}$$

可简化为 $F_i = a_{1i}X_1 + a_{2i}X_2 + \cdots + a_{pi}X_p, i = 1, 2, \cdots, p$

为了加以限制，对组合系数 $a'_i = (a_{1i}, a_{2i}, \cdots, a_{pi})$ 作如下要求：

$$a_{1i}^2 + a_{2i}^2 + \cdots + a_{pi}^2 = 1, \quad i = 1, 2, \cdots, p$$

式中，a_i 为单位向量，满足 $a'_i a_i = 1$，且由以下原则决定：

①F_i 与 F_j （$i \neq j$, i, j = 1, 2, $\cdots$, p）不相关，即

$$\mathrm{Cov}(F_i, F_j) = 0$$

②F_1 是 X_1，X_2，$\cdots$，X_p 的一切线性组合中方差最大的，即

$$\mathrm{Var}(F_1) = \max_{c'c=1} \mathrm{Var}\left(\sum_{i=1}^{p} c_i X_i \right)$$

式中，$C' = (c_1, c_2, \cdots, c_p)$。

F_2 是与 F_1 不相关的 X_1，X_2，$\cdots$，X_p 一切线性组合中方差最大的；F_3 是与 F_1、F_2 不相关的 X_1，X_2，$\cdots$，X_p 一切线性组合中方差最大的；F_p 是与 F_1，F_2，$\cdots$，F_{p-1} 都不相关的 X_1，X_2，$\cdots$，X_p 的一切线性组合中方差最大的。

满足以上要求的综合指标向量 F_1，F_2，$\cdots$，F_p 就是主成分，这 P 个主成分从原始指标所提供的信息总量中所提取的信息量依次递减，每一主成分所提取的信息量用方差来度量，且主成分方差的贡献就等于原指标相关矩阵相应的特征值 λ_i，每一主成分的组合系数所对应的特征向量 t_i。方差的贡献率为

表 3-1 武汉城市圈土地利用结构变化驱动力指标标准化数据

年份	ZX_1	ZX_2	ZX_3	ZX_4	ZX_5	ZX_6	ZX_7	ZX_8	ZX_9	ZX_{10}	ZX_{11}	ZX_{12}	ZX_{13}	ZX_{14}	ZX_{15}	ZX_{16}
1997	-1.810 16	-1.133 09	-0.682 28	-1.118 25	-1.548 36	-1.296 29	-1.158 17	-0.419 41	-1.216 68	-1.147 95	-1.508 04	-1.390 42	-0.989 56	-1.197 61	-1.051 18	0.000 00
1998	-1.048 54	-0.957 12	-0.724 81	-0.970 35	-0.344 15	-1.011 98	-1.020 11	-0.975 87	-1.216 68	-0.955 68	-0.735 69	-1.042 70	-0.861 48	-0.985 82	-0.728 86	-0.184 74
1999	-0.491 39	-0.801 80	-0.752 20	-0.837 04	-0.285 12	-0.727 87	-0.820 21	-0.748 85	-0.748 85	-0.822 41	-0.560 59	-0.900 87	-0.803 37	-0.911 34	0.205 05	-0.554 21
2000	-0.313 42	-0.552 18	-0.655 35	-0.594 46	-0.308 73	-0.575 26	-0.648 11	-0.565 52	-0.565 52	-0.618 31	-0.527 49	-0.411 32	-0.615 12	-0.580 50	0.342 94	-0.774 70
2001	-0.209 24	-0.420 77	-0.571 11	-0.325 61	-1.135 15	-0.487 63	-0.447 63	-0.269 69	-0.269 69	-0.416 25	-0.334 45	-0.237 46	-0.403 17	-0.299 70	0.347 01	-0.506 53
2002	0.147 51	-0.147 72	-0.710 48	-0.176 80	0.877 78	0.138 33	-0.235 06	-0.124 58	-0.124 58	-0.114 07	-0.216 81	0.375 63	-0.239 93	-0.005 20	0.149 29	-0.673 39
2003	0.533 83	0.179 76	-0.050 16	0.210 38	-0.645 20	0.210 32	0.521 81	0.098 89	0.098 89	0.252 86	0.099 02	0.435 11	0.038 40	0.265 91	-1.198 48	-0.250 29
2004	0.636 78	0.711 02	0.909 13	0.747 05	1.084 38	0.725 68	0.946 58	0.605 21	0.605 21	0.749 69	0.713 88	0.567 79	0.566 17	0.673 96	-1.057 87	0.005 96
2005	0.913 22	1.212 84	1.380 02	1.134 49	1.131 61	1.384 56	1.497 30	1.362 18	1.362 18	1.236 85	1.218 22	0.631 84	1.306 81	1.212 05	1.374 30	0.250 29
2006	1.641 41	1.909 07	1.857 26	1.930 60	1.172 93	1.640 13	1.363 59	1.834 92	1.834 92	1.835 26	1.851 95	1.972 39	2.001 24	1.828 26	1.617 79	2.687 60

$$\alpha_i = \frac{\lambda_i}{\sum_{j=1}^{p} \lambda_j}$$

α_i 越大，说明相对应的主成分所反映的综合信息的能力就越强，反之，则越差。

3.2.3.2 研究区主成分分析步骤

首先，对原始数据进行标准化处理。数据之间因具有不同的量纲会对研究结果产生影响，为了消除这种影响，保障数据的合理性，一般都要先对数据进行处理。本章通过运用 SPSS 13.0 软件，对武汉城市圈土地利用结构变化驱动力的原始指标值进行了标准化处理，在对其进行线性分析时发现各变量之间基本呈线性关系，符合主成分分析的前提条件。处理后的数据见表3-1。

其次，利用标准化后的数据求相关系数矩阵，计算结果见表3-2。

表 3-2 土地利用结构变化驱动因子变量相关系数矩阵

相关系数	X_1	X_2	X_3	X_4	X_5	X_6	X_7	X_8	X_9	X_{10}	X_{11}	X_{12}	X_{13}	X_{14}	X_{15}	X_{16}
X_1	1															
X_2	0.942	1														
X_3	0.827	0.959	1													
X_4	0.942	0.999	0.957	1												
X_5	0.786	0.789	0.723	0.769	1											
X_6	0.955	0.988	0.925	0.982	0.840	1										
X_7	0.924	0.968	0.936	0.966	0.763	0.977	1									
X_8	0.682	0.807	0.813	0.810	0.547	0.726	0.654	1								
X_9	0.945	0.996	0.950	0.993	0.788	0.989	0.967	0.784	1							
X_{10}	0.945	0.999	0.956	0.998	0.790	0.991	0.977	0.787	0.995	1						
X_{11}	0.960	0.985	0.938	0.982	0.818	0.979	0.953	0.785	0.988	0.983	1					
X_{12}	0.884	0.853	0.639	0.857	0.762	0.748	0.900	0.712	0.612	0.926	0.616	1				
X_{13}	0.910	0.994	0.971	0.992	0.768	0.974	0.951	0.841	0.992	0.991	0.977	0.693	1			
X_{14}	0.952	0.996	0.938	0.996	0.783	0.991	0.971	0.778	0.995	0.998	0.980	0.607	0.987	1		
X_{15}	0.556	0.573	0.507	0.556	0.503	0.571	0.446	0.597	0.624	0.548	0.608	0.783	0.612	0.564	1	
X_{16}	0.581	0.751	0.798	0.757	0.450	0.655	0.605	0.980	0.723	0.731	0.715	0.975	0.794	0.716	0.496	1

由表 3-2 中的数据可以看出，本章选取的 16 个用来分析武汉城市圈土地利用结构演变的变量指标之间存在着大小各异的相关性，其中 X_2 与 X_4、X_2 与 X_{10} 之间的相关系数达到 0.999，X_4 与 X_{10}、X_{14} 与 X_{10} 之间的相关系数达到 0.998，这表明指标之间存在着信息上的重叠，说明进行主成分分析是非常有必要的。

再次，计算相关系数矩阵的特征值及驱动因子贡献率。根据主成分分析的原理，计算各个驱动因子的特征值、贡献率和累计贡献率，见表 3-3。

表 3-3 驱动因子特征值和主成分贡献率

主成分因子	初始特征值			未经旋转提取因子的载荷平方和		
	特征值	贡献率/%	累积贡献率/%	特征值	贡献率/%	累积贡献率%
1	13.368	83.552	83.552	13.368	83.552	83.552
2	1.450	9.061	92.614	1.450	9.061	92.614
3	0.673	4.208	96.822			
4	0.313	1.958	98.780			
5	0.143	0.891	99.672			
6	0.032	0.200	99.872			
7	0.010	0.063	99.935			
8	0.006	0.038	99.973			
9	0.004	0.027	100.000			
10	0	0	100.000			
11	0	0	100.000			
12	0	0	100.000			
13	0	0	100.000			
14	0	0	100.000			
15	0	0	100.000			
16	0	0	100.000			

注：Extraction Method，Principal Component Analysis

由表 3-3 可以看出，第一主成分的贡献率为 83.552%，第一、第二主成分的累计贡献率已达到 92.614%。根据 Kaiser 准则（保留特征值大于 1 的主成分准则），第一、第二主成分已符合要求，可以充分反映武汉城市圈土地利用结构演变的综合状况，因此，本章确定保留两个主成分。

最后，计算主成分载荷矩阵，见表 3-4。

城市圈土地资源优化配置研究

表 3-4　主成分载荷矩阵

项　目	主成分因子	
	1	2
Zscore（X_1）	0.929	-0.250
Zscore（X_2）	0.995	-0.077
Zscore（X_3）	0.959	0.026
Zscore（X_4）	0.992	-0.069
Zscore（X_5）	0.795	-0.294
Zscore（X_6）	0.976	-0.208
Zscore（X_7）	0.942	-0.273
Zscore（X_8）	0.853	0.514
Zscore（X_9）	0.991	-0.107
Zscore（X_{10}）	0.990	-0.110
Zscore（X_{11}）	0.986	-0.112
Zscore（X_{12}）	0.704	0.796
Zscore（X_{13}）	0.996	-0.003
Zscore（X_{14}）	0.986	-0.122
Zscore（X_{15}）	0.620	0.160
Zscore（X_{16}）	0.796	0.589

根据主成分载荷矩阵、驱动因子特征值和主成分贡献率分析上述的 16 个驱动因子，可以得出：第一主成分贡献率为 83.552，反映的信息比较全面，主要和 X_{13}（全社会固定资产投资总额）、X_2（GDP）、X_4（工业总产值）、X_9（城镇在岗职工工资总额）、X_{10}（城镇居民人均可支配收入）、X_{11}（农村居民人均纯收入）、X_{14}（社会消费品零售总额）、X_6（客运量）、X_3（农业总产值）、X_7（交通运输、仓储和邮政企业收入）和 X_1（总人口）有较大的相关性。这主要反映了经济发展、人口增长、产业结构、居民生活水平、交通通信技术等对武汉城市圈土地利用结构演变的影响。第二主成分贡献率为 9.061，主要和 X_{12}（城市化率）有较大相关，这主要反映了城市化对武汉城市圈土地利用结构演变的影响。根据以上分析结果，本章将选取的 16 个驱动因子归纳总结为经济发展、人口增长、产业结构、居民生活水平、交通和城市化六大类。

计算主成分分数及驱动力综合得分。根据主成分分析的主要原理，将因子得分矩阵（表 3-5）中的主成分分数系数分别乘上标准化后的数据（表 3-1），得到主成分分数，具体计算过程如下：

$$F_1 = 0.069ZX_1 + 0.074ZX_2 + 0.072ZX_3 + 0.074ZX_4 + 0.059ZX_5 + 0.073ZX_6$$
$$+ 0.070ZX_7 + 0.064ZX_8 + 0.074ZX_9 + 0.074ZX_{10} + 0.074ZX_{11}$$
$$+ 0.053ZX_{12} + 0.075ZX_{13} + 0.074ZX_{14} + 0.046ZX_{15} + 0.060ZX_{16}$$

$$F_2 = -0.172ZX_1 - 0.053ZX_2 + 0.018ZX_3 - 0.047ZX_4 - 0.203ZX_5$$
$$- 0.143ZX_6 - 0.188ZX_7 + 0.355ZX_8 - 0.074ZX_9 - 0.076ZX_{10}$$
$$- 0.077ZX_{11} + 0.480ZX_{12} - 0.002ZX_{13} - 0.084ZX_{14}$$
$$+ 0.110ZX_{15} + 0.406ZX_{16}$$

由以上 F_1 和 F_2 的计算公式，得出两个主成分 1997～2006 年的分数值，如表 3-6 所示。

表 3-5　因子得分矩阵

项　目	主成分因子	
	1	2
Zscore（X_1）	0.069	-0.172
Zscore（X_2）	0.074	-0.053
Zscore（X_3）	0.072	0.018
Zscore（X_4）	0.074	-0.047
Zscore（X_5）	0.059	-0.203
Zscore（X_6）	0.073	-0.143
Zscore（X_7）	0.070	-0.188
Zscore（X_8）	0.064	0.355
Zscore（X_9）	0.074	-0.074
Zscore（X_{10}）	0.074	-0.076
Zscore（X_{11}）	0.074	-0.077
Zscore（X_{12}）	0.053	0.480
Zscore（X_{13}）	0.075	-0.002
Zscore（X_{14}）	0.074	-0.084
Zscore（X_{15}）	0.046	0.110
Zscore（X_{16}）	0.060	0.406

表 3-6　1997～2006 年两个主成分分数值

项目	1997 年	1998 年	1999 年	2000 年	2001 年	2002 年	2003 年	2004 年	2005 年	2006 年
F_1	-1.1307	-0.8850	-0.7231	-0.5629	-0.4422	-0.1454	0.0495	0.6227	1.2428	2.0073
F_2	1.2749	0.5413	-0.0240	-0.1226	-0.0552	-0.7332	-0.5315	-0.9049	-0.6293	1.4854

求驱动力综合得分：一个因子的方差贡献率占两个因子总方差贡献率的比

重作为权重进行加权汇总，得出各个年份的土地利用结构变化驱动力的综合得分，即为

$$F = (\lambda_1 F_1 + \lambda_2 F_2)/(\lambda_1 + \lambda_2) = (83.552 F_1 + 9.061 F_2)/92.614$$

根据该公式可以计算出 1997～2006 年影响武汉城市圈土地利用结构演变的驱动力的综合分值，如图 3-2。由图可以看出：1997～2006 年影响武汉城市圈土地利用结构演变的驱动力的综合分值呈现逐步增加的趋势，1997～2003 年驱动力的综合得分均小于零，分值分别为 −0.895 33、−0.745 45、−0.654 70、−0.519 82、−0.404 33、−0.202 91 和 −0.007 34，而 2004 年以后驱动力综合得分值均大于零，分别为 0.473 24、1.059 63 和 1.956 22。与 1997 年相比，2004 年、2005 年和 2006 年驱动力综合得分值均有较大幅度的增加趋势，增加趋势分别为：152.86%、218.35% 和 318.49%。这表明了影响武汉城市圈土地利用结构演变的驱动力在不断增强。

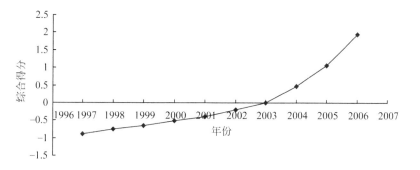

图 3-2 驱动力综合得分趋势图

根据主成分载荷矩阵、驱动因子特征值和主成分贡献率分析的结果可知，选取的 16 个驱动因子可归纳总结为六类，分别为经济发展、人口增长、产业结构、居民生活水平、交通和城市化，这六类因素是导致武汉城市圈土地利用结构演变的主导社会经济驱动因素。由于居民生活水平提高是经济发展较为显著的标志，因此，本章将影响武汉城市圈土地利用结构演变的社会经济驱动力主要归纳为经济发展、人口增长、产业结构、交通和城市化五大主导因素。

3.2.4　研究区土地利用结构演变的主要驱动力分析

3.2.4.1　经济发展

土地是经济发展的重要载体，人类社会的各项经济活动都会促使土地利用类型间的相互转换，进而导致土地利用结构的变化。国内生产总值和居民生活

水平的提高是经济发展较为显著的标志，而固定资产投资额的增加是经济实力增长的重要体现。

通过主成分分析可以看出 GDP 和第一主成分的相关性很大，相关系数达到 0.995，说明 GDP 对武汉城市圈土地利用结构的演变产生了重要影响。通过整理武汉城市圈 9 个城市的统计年鉴数据可以看出，武汉城市圈地区生产总值从 1997 年的 1963.29 亿元上升到 2006 年的 4605.62 亿元，10 年内共增加了 2642.33 亿元，年平均增长率为 13.46%。目前武汉城市圈正处于工业化发展的重要时期，反映在地区生产总值构成上，第二、第三产业比重较高，2006 年达到 88.25%，且呈逐年上升的趋势，而第一产业比重较低，且比重逐年下降，这表明 1997~2006 年，武汉城市圈 GDP 的增长主要依托于第二、第三产业。第二、第三产业的不断发展必然促使农用地转变为建设用地，尤其是近年来武汉城市圈第三产业中房地产业和旅游业的迅速发展，这些都会引起土地资源在各产业部门间进行调整，从而导致土地利用结构发生变化。

随着经济的快速发展和生活水平的不断提高，居民对食物等土地利用系统输出产品的种类和数量的需求发生变化，由以前以素食为主的直接性消费转变为目前以肉蛋类为主的间接性消费，这必然会导致农用地内部的各土地利用类型相互转换。同时，生活水平的提高也随之会要求更宽敞舒适的居住、办公和娱乐环境，从而会导致更多的居住用地、商业用地和交通用地等建设用地的需求，这也将促进农用地转化为建设用地，进而使土地利用结构发生变化。

从与第一主成分紧密相关（相关系数为 0.996）的全社会固定资产投资总额因子也可以看出，经济系统中的动态因素对于土地利用结构变化的影响非常显著。1997~2006 年，武汉城市圈全社会固定资产投资总额不断增加，由 1997 年的 610 亿元增加到 2006 年的 2049 亿元，年均增长 159.9 亿元。自武汉城市圈成立以来，区域内基本建设项目不断增加，城市圈改造工程比较多，9 个城市周边的乡镇企业兴起，城市郊区的很多农业地被征用。与此同时，由于中小企业的兴起，吸引大量的务工人员涌入，城市郊区的很多农民逐渐把主业从种田转向做生意和建房出租。此外，为了促进城市圈一体化建设，城市建设固定资产投资额多用于改善交通条件，随着桥梁建设速度的加快，不少农用地被征用为交通用地，土地利用类型的相互转换改变着原来的土地利用结构。

3.2.4.2 产业结构转换

产业是城市经济发展的基础，产业结构和土地利用结构是相辅相成的，产业结构的发展和转换直接影响土地利用结构演变。由于不同产业对土地区位有着不同的需求，产业间不断形成有机联系的产业链或空间上的产业集群，并分布在城市圈的不同城市或同一城市的不同地区，最终对整个城市圈的土地利用空间结构演变产生内在驱动力。产业在中心城市所形成的集聚辐射力和城市圈内相互联系的网络强化作用使得整个圈域产业的集聚和扩散程度比较强烈，产业结构的转换也较为频繁。表 3-7 显示的是 1997 年和 2006 年武汉城市圈及 9 个城市三大产业结构的对比值，可以看出 9 个城市的产业结构均发生了不同程度的转换，其中黄石市、鄂州市、咸宁市和天门市变化比较剧烈。

表 3-7　武汉城市圈 1997 年和 2006 年三大产业产值结构对比分析表

年　份	武汉市	黄石市	鄂州市	孝感市	黄冈市
1997	7:47:46	16:48:36	21:52:27	22:41:37	34:41:25
2006	3:46:51	8:52:40	15:50:35	25:38:37	31:32:37
年　份	咸宁市	仙桃市	天门市	潜江市	城市圈
1997	34:35:31	22:40:38	7:50:43	21:41:38	16:43:41
2006	24:41:35	22:44:34	24:37:39	21:45:34	12:44:44

　　一个地区的产业结构往往也是一个地区的土地利用格局，因此可以推断：土地利用结构和产业结构之间存在着对等互动关系。为了研究武汉城市圈产业结构和土地利用结构的相互影响程度，采用 SPSS13.0 软件对武汉城市圈 1997～2006 年的第二、第三产业产值与耕地面积、建设用地面积和交通用地面积做相关分析，分析结果见表 3-8 。

表 3-8　武汉城市圈 1997～2006 年第二、第三产业产值与耕地和建设用地面积的相关性分析

项　目		第二产业产值	第三产业产值	耕地面积	建设用地面积
第二产业产值	皮尔逊相关系数	1	0.992 **	− 0.928 **	0.982 **
	双侧近似 P 值		0.000	0.000	0.000
	N	10	10	10	10
第三产业产值	皮尔逊相关系数	0.992 **	1	− 0.947 **	0.988 **
	双侧近似 P 值	0.000		0.000	0.000
	N	10	10	10	10
耕地面积	皮尔逊相关系数	− 0.928 **	− 0.947 **	1	− 0.972 **
	双侧近似 P 值	0.000	0.000		0.000
	N	10	10	10	10
建设用地面积	皮尔逊相关系数	0.982 **	0.988 **	− 0.972 **	1
	双侧近似 P 值	0.000	0.000	0.000	
	N	10	10	10	10

** 在 0.01 水平上相关性显著

结果显示 1997～2006 年，武汉城市圈第二、第三产业产值均与建设用地面积变化具有很强的正相关性，其中，第二产业产值与建设用地面积的相关系数为 0.982，第三产业产值与建设用地面积的相关系数达到 0.988，这表明武汉城市圈第二、第三产业的发展会导致建设用地面积不断增加，而建设用地面积的增加也会给第二、第三产业发展提供更好的条件。武汉城市圈第二、第三产业产值与耕地面积的变化呈负相关，负相关系数分别为 0.928 和 0.947，表明第二、第三产业发展会导致耕地面积减少，并且第二、第三产业的快速发展会导致建设用地面积增加。

由以上分析结果可知，产业产值和各土地利用类型之间存在着很强的相关关系，产业结构的调整和变动必然会带来土地利用类型间的相互转换，进而影响土地利用结构。

3.2.4.3 人口增长

人口是人类社会经济因素中最主要的因素，是最具活力的土地利用与土地覆盖变化的驱动力之一，对土地利用结构变化的影响最为明显。由主成分分析结果可以看出，武汉城市圈总人口和第一主成分的相关性很大，相关系数达到 0.929，说明人口增长对武汉城市圈土地利用结构的演变产生了重要影响。

土地是人类生活、生产、学习和工作的活动场所，人口增加必然导致对土地需求量增大的结果。随着人口数量的增加，人们日常生活中加大了对粮食等土地利用系统输出产品的需求，为了满足土地输出产品的需求量，可以通过逐步调整土地利用系统结构，提高其能量转化生产能力，或者通过毁林开荒、开发未利用地等办法增加耕地的面积，而这些措施均会导致土地利用结构的变化。为了缓解人口增加对经济发展造成的压力，国家必然要加大发展工业企业的力度，工业生产需要占用土地，土地利用类型随之发生变化。同时，人口增加也需要增加住房、学校、医院、道路和公共设施等一系列配套设施，这将会引起居民点用地和交通用地等土地利用面积的增加。

1997～2006 年，武汉城市圈总人口由 2944.81 万人增长到 3114.12 万人，城市化率由 35.38% 上升至 42.73%，城镇人口增加了 288.94 万人。随之而发生的是建设用地和交通用地面积的增加，1997～2006 年，武汉城市圈居民点及工矿用地的面积由 38.52 万 hm^2 增加到 42.60 万 hm^2，交通用地的面积增加了 10 513.39 hm^2，年均增幅明显高于其他地类，由此可见，人口增长所带来的土地利用类型的变化是很明显的。

3.2.4.4 交通及区位

土地是城市社会经济的空间载体，各种性质的土地利用在空间上的分离引发了交通流，各类用地之间的交通流构成了复杂的城市交通网络，因此土地利用和城市交通是源与流的关系，而区位及级差地租理论是分析城市交通对土地利用系统产生影响的理论基础。一方面，土地利用使城市产生交通网络，并决定城市交通网络的需求和结构模式；另一方面，城市交通网络的形成和发展不但影响着土地利用结构的发展和演变，还改变了城市的区位可达性，而一个城市的区位可达性对土地利用的结构及形态布局也具有决定作用。

交通是城市圈各个城市紧密联系和发展的重要基础，交通便利度决定了一个地区的区位优势度，而区位优势度大小会对经济发展产生重要影响，如表3-9，该表反映的是2006年武汉城市圈9个城市区位优势指标与GDP的对比情况。

表3-9 2006年武汉城市圈9个城市区位优势指标与GDP对比表

项 目	武汉市	黄石市	鄂州市	孝感市	黄冈市	咸宁市	仙桃市	天门市	潜江市
区位指标	1.000	0.867	0.909	0.936	0.877	0.804	0.793	0.682	0.708
GDP/亿元	2590.75	406.47	168.33	404.15	391.19	234.65	162.48	122.3	125.3

注：以中心武汉为1；用GDP指标反映一个地区的经济发达程度

资料来源：陆锋和陈洁，2008

以武汉市为标准，孝感市、黄冈市、咸宁市、仙桃市、天门市和潜江市6个城市的区位指标值与GDP值存在着明显的正相关关系，即区位指标值越大的地区，GDP值就越大，即经济条件越好。仙桃市、天门市和潜江市位于武汉城市圈西部，距离中心城市武汉较远，交通比较闭塞，区位优势指标比较小，经济发展也比较落后。表3-9中所显示的黄石市和鄂州市不遵循区位指标值与GDP值之间的正相关关系，是受黄石市和鄂州市的区域面积及与中心城市武汉市的距离影响所产生的结果，其中，鄂州市与武汉市毗邻，交通最为便利，故在以武汉市为标准的前提下，其区位优势值较大，而鄂州市面积又比较小，为159 353.96hm²，面积仅占武汉市城市圈的2.76%，故其GDP值较小；与鄂州市相比，黄石市距离武汉市较远，且区域面积较大，故呈现GDP值大而区位指标较小的现象。

综上所述，城市区位可达性与社会经济发展密切相关，交通的便利程度直接影响城市的土地利用状况。武汉城市圈的交通运输经历了水运交通、铁路交通、铁路—高速公路等时期，经济快速发展区也经历了从水系沿岸、铁路沿线到路网分布的变化，其土地利用结构的空间分布也随之不断演变。

交通圈即经济圈，为了促进武汉城市圈整体经济的快速发展，挖掘武汉市经济和交通的辐射潜力，武汉市于2004年开始规划建设汉孝、汉蔡、汉洪、青郑、和左、汉麻、汉英、关葛8条城市高速出口公路，分别通往武汉城市圈的8个城市，公路总长229.29km。这样，武汉市到城郊区半小时，到圈内其他城市2小时，到周边省会城市4小时的交通圈就会形成。

3.2.4.5　城市化水平

城市化通过人口集聚、产业集中，以及地域扩散占用土地，使农用地转化为非农用地，同时通过转变生活方式和价值观念来改变原有的土地利用结构与布局。随着武汉城市圈社会经济的不断发展，城市建设的步伐也随之加快，城市化水平不断提高，1997年，武汉城市圈整体的城市化率达到35.38%。按照世界城市化发展的一般规律，当一个国家的城市化水平达到30%的时候，即进入国际公认的城市化进程加速发展阶段。显然，武汉城市圈在1997年已经进入了这个阶段。自2004年武汉城市圈发展战略提出和实施以来，武汉城市圈的社会经济发展迎来了一个良好的发展机遇。通过几年的不断发展，2006年武汉城市圈的城镇人口增长到1330.79万人，城市化率达到42.73%。不断增长的城镇人口导致9个城市建设用地面积不断增加，农用地尤其是耕地面积不断减少。为了说明城市化水平提高对武汉城市圈土地利用结构演变的影响程度，本章采用SPSS13.0软件对城市化率与建设用地、耕地面积进行相关分析（表3-10）。

表3-10　城市化水平与建设用地、耕地面积的相关性分析

项　　目		城市化率	建设用地面积	耕地面积
城市化率	皮尔逊相关系数	1	0.953**	−0.920**
	双侧近似P值		0.000	0.000
	N	10	10	10
建设用地面积	皮尔逊相关系数	0.953**	1	−0.960**
	双侧近似P值	0.000		0.000
	N	10	10	10
耕地面积	皮尔逊相关系数	−0.920**	−0.960**	1
	双侧近似P值	0.000	0.000	
	N	10	10	10

** 在0.01水平上相关性显著

结果显示：城市化水平的提高与建设用地面积的变化呈很强的正相关，相

城市圈土地资源优化配置研究

关系数达到 0.953，而与耕地面积的变化负相关，负相关系数为 0.920。这表明城市化水平与建设用地和耕地面积的关系是：随着城市化水平的提高，建设用地面积大量增加，而耕地面积却不断下降。随着城市化水平的提高、建设用地面积的增加和耕地面积的减少，武汉城市圈的土地利用结构也随之发生变化。

第4章
武汉城市圈土地利用效率评价

武汉城市圈的发展将立足湖北和武汉城市圈实际，构筑促进中部崛起的战略支撑平台，加强中部地区合作，拓展长江中游经济区，形成以长江经济带为主轴的东中西部互动发展的关键接力点与加速器，成为中国区域经济增长的重要引擎。而土地作为经济活动中最重要、最活跃的一个基本要素，其结构效率的高低对经济的发展有着重大的影响，评价其效率将为武汉城市圈未来土地利用结构的调整提供决策参考。

4.1 效率评价对城市圈土地利用的作用

在城市圈中，土地结构效率是一个能够反映土地利用综合水平的概念，一方面，土地结构效率包括了各类用地的效率，体现了土地在不同产业、不同发展目标下的利用效率的综合水平；另一方面，土地结构本身的合理程度对城市圈土地利用的影响也能通过土地结构效率得以显现。

目前，学者的研究表明，土地效率分析对相关政策的制定能起到重要的指导作用。如方先知（2004）认为土地利用效率评价应构建全面、统一的评价方法，提出了主成分分析及加权方法对土地利用效率进行综合评价的方法。陈江龙等（2004）对非农化用地在空间上效率差异进行了比较，以求通过效率引导土地利用空间配置，并有针对性地指出了中国当时已经存在的土地管理问题。龙开胜等（2007）采用 C-D 函数下投入、产出弹性对耕地和工业用地的效率进行了比较，为城市工业用地、农业用地投入和转换的政策起到重要的指导作用。随着理论、方法的不断创新和应用，相关学者已不拘泥于对部分用地类型效率的评价，并且对一定范围内土地所有类型的投入配置的效率也能够进行评价研究，从而指导城市、地区形成合理的土地利用结构。

总结相关研究的成果，可以认为土地结构效率评价的结果能够在多层次上对土地利用提供指导：一是结合比较优势理论，评价结果的差异能够直接指导土地配置，如城市某些类型土地利用效率较高，则可以通过土地结构的转换更好的发挥这一优势；二是通过不同地区土地结构效率差异的比较，分析部分城市用地效率较低的原因，从而有针对性的进行改进以提高用地效率；三是通过土地结构效率评价总结出一系列在一定背景、发展阶段中，城市土地利用结构的合理模式，从而明确相应地区发展的方向。

可以看到，土地利用效率、结构效率的研究尚未考虑城市圈形成以后对城市的影响，但随着社会发展进入更高阶段，城市圈内的土地结构效率评价的重要作用日益显现。第一，相比于孤立的城市，城市圈内城市的土地利用问题更为复杂，由于城市间联系更加紧密，且存在广泛的分工合作机会，其土地结构效率衡量的方式会相应发生变化；第二，城市圈是城市发展的更高形式，随着这种形式的日益显现，以城市圈为研究区域的土地结构效率问题的研究是土地利用研究中必然的需要；第三，城市圈的形成意味着城市发展进入新的阶段，对该阶段土地结构效率进行研究，能为城市变化状况的描述提供重要参考。

因此，通过对城市圈土地结构效率的评价研究来指导城市圈土地利用管理，是城市圈土地利用的重要问题，而在这一过程中，必须充分考虑城市圈发展的特点，进行符合城市圈实际状况的土地结构效率评价分析。

4.2 城市圈土地结构效率评价的关键问题

城市圈土地结构效率评价不同于已有的城市土地结构效率评价，本书从城市圈土地利用的系统性、城市圈土地结构演化的复杂性，以及土地政策在城市圈土地利用中的重要性这三个方面出发，阐述了城市圈土地结构效率的评价应注意的关键问题。

4.2.1 城市圈土地利用的系统性

城市圈内，城市之间有着密切的联系，每个城市都成为城市圈的一个重要组成部分，特大城市、大城市、中小城市共同构成一个复杂的体系。这种体系的形成意味着城市圈不再是城市的简单加和，而是通过圈内各城市之间的相互作用，使得城市圈的总体发展状况得到优化，各城市的发展状况相应得到增强。城市圈内，各城市由于所处位置、自身优势的不同，具有相应的职能分工，如果这些分工能够适应自身特点，并且在各城市之间良好的联系起来，城市圈优于孤立城市的特征便能得到良好的体现。具体来看，如果城市位于城市圈接近中心的圈层位置，其第二、第三产业发展将是产出的重点方面，但对于位于城市圈腹地的城市而言，进行高效、优势的第二、第三产业发展的同时，其粮食生产以及生态服务的重要性也不容忽视。

因此，考虑城市圈系统性的特征后，城市圈土地结构效率的评价应当考虑不同城市的发展目标差异，其效益应当是经济效益、社会效益和生态效益三个方面的结合，而对其产出的衡量也应根据土地功能进行考虑，包括第二、第三产业产出、农业产出、生态产出等多个方面。显然，对于城市圈中心的城市而言，第二、第三产业的发展效率较好，其土地结构效率值会相应提高；而随着位置逐渐向外变化，城市经济产出会不及中心城市，但如果其第二、第三产业能够集中优势发展，且农业、生态效益较好，并能适合自身发展的情况，则也能具有较高的土地结构效率值。

4.2.2 城市圈土地结构演化的复杂性

空间结构演变、土地结构演变过程复杂是城市圈具有的显著特性，从聚集理论来看，城市圈土地结构演化涉及聚集、扩散、创新、吸收等多项效应，这些效应的共同作用对土地结构的形成产生综合影响，随时间的变化，各项效应组合形成的综合反应也会不同。一般来说，如果城市圈发展较好，其首位城市土地结构效率提高的同时，还能够通过扩散作用影响其他城市的效率状况，而其他城市通过良好的吸收效应实现效率的提高；反之，这种效率共同提高的过程则不明显，具体原因可能是首位城市自身发展不够，扩散效应不明显，也可能是周边城市聚集不足导致吸收能力不够。

总之，城市圈发展过程中可能出现发展不平衡，不同级城市之间传递障碍等问题，这些都是城市圈土地结构演化中复杂的作用机制所造成的，城市圈土地结构效率评价应当对这种复杂的演化特性进行分析，从而指导城市圈的土地利用。

4.2.3 土地政策在城市圈土地利用中的重要性

在区域、城市圈、城市发展过程中，政策所造成的影响都十分显著，中国土地政策与经济发展紧密相关。之所以强调城市圈中土地政策的重要性，主要是考虑到其政策应当结合城市圈中土地功能区域的差别与联系予以制定，而过去对于城市而言，在较大的区域内（如省际区域或东、中、西部的划分），其政策的内容都是相对一致的，这种做法已不能满足城市圈土地功能区多样且完整的特征。

因此根据测算，应分析低效率地区土地结构存在的问题，结合目前的土地结构变化状况，采取有区分的政策对土地利用进行管理，从而促使土地结构向理想的方向转变。具体来说，重点发展的城市通常土地利用变化较慢且利用程度不高。对此，一是要适当放宽土地供给限制，保障效益好的项目的用地需求。二是要运用土地创新政策，释放土地利用的潜力，如推行"集中战略"，通过政策手段促进农民向中心村和小集镇集中；积极开展土地整理，增加建设用地和农地的供应潜力；通过采取耕地异地置换、耕地指标异地转让等方式，实现耕地数量和质量的相对稳定。对于优化发展的城市而言，应当通过多方面政策，引导土地利用向纵深方向发展，如对综合区片存在的闲置、破产、停产或低效利用建设用地进行整顿；根据产业结构特点，制定各行业的产业效能指标；健全土地税收制度，控制建设用地利用产生的外部性。对于城市圈限制、禁止发展的地区而言，应根据土地利用规划的要求严格进行土地利用限制，在耕地异地置换、耕地指标异地转让等政策的基础上，建立补偿制度，从而保证相应地区的发展水平。

4.3　土地利用效率评价方法

在对土地利用效率的测算中，广大学者的研究结果表明，数据包络分析法（data envelopment analysis，DEA）在城市土地利用效率评价上的运用是非常有效的。因为数据包络分析法采用投入、产出来评价土地利用效率，与其他方法相比，DEA采用最优方法来确定权重，从而避免了因确定各指标的权重所带来的主观性。

对于城市圈内的城市而言，采用DEA方法对城市圈土地结构效率进行研究，能够取得很好的效果。这是因为：①DEA模型中权重是根据决策单元在所有单元中的特性生成的最优权重，因此，模型能够考虑决策单元输出变量中具有优势的变量，效率值是考虑决策单元优势即城市职能分工及优势状况后的结果，表现了城市圈内城市系统性的特点；②DEA模型的总体约束是由各决策单元即各城市投入、产出状况决定的，由于城市圈内各城市自然条件、习俗以及政策较为一致，其首位城市通常资源利用效率较高，代表了该地区各城市发展的最高水平，因此DEA模型的效率评价方法虽然受到决策单元（decision making unit，DMU）选取的限制，但能够满足研究的需要；③通过DEA对面板数据进行分析，能够得到各城市土地结构效率随时间的变化趋势。从而分析城市圈土地结构效率评价需要体现城市圈土地结构演变的效应；④DEA 模型能够计算无效率单元中各投入要素的建议调整值，能够为提出相应的土地政策提供实证支持。

4.3.1　DEA 模型

数据包络分析是著名运筹学家 Charnes 和 Cooper 等于 1978 年在相对效率概念的基础上发展起来的新的效率评价方法，主要用于数学、运筹学、数理经济学和管理科学的交叉领域。

DEA 模型的基本思想为：将一个被评价的单位或部门视做一个决策单元，那么决策单元组（DMUS）即构成评价群体，这个群体可以是医院、学校、银行、政府部门、企业或者餐馆等，处于同一评价群体的每个 DMU 具有同样种类的要素消耗，并生产同样种类的"产品"，即各 DMU 具有同样的投入变量和输出变量；在变量和 DMUS 确定以后，采用线性规划模型比较 DMU 间的相对效率，得到每个 DMU 综合效率的量化值，从而确定效率最高（即 DEA 有效）的 DMU，并对 DMUS 进行排队定序，同时给出 DEA 模型无效的 DMU 与 DEA 有效的 DMU 间差距的数据，据此作为调整非有效 DMU 努力的方向。

DEA 模型作为一种相对有效性或效率评价的方法。其特点主要表现为以下方面：①传统的统计方法是从大样本数据中分析出样本集合的一般情况，其本质是平均性；而 DEA 模型是从样本数据中分析相对有效的样本个体，其本质是最优性。②DEA 模型在测定多个决策单元的相对效率时，不会受到输入–输出数据量纲的影响。③DEA 模型采用最优化的方法来内定权重，从而避免了确定变量权重时所带来的主观性。④DEA 模型不必确定输入和输出间可能存在的某种关系，这种做法排除了很多主观因素，避免了错用生产函数的风险。⑤对于非有效的决策单元，DEA 模型不仅能够指出有关指标调整的方向，而且能给出具体的调整量。

DEA 模型第一个经典模型是 C^2R 模型（或 CCR 模型，以发明该模型的三名数学家的名字命名）。假设有 n 个部门或单位，称为决策单元（DMU）。每个 DMU 都有 m 种类型的输入变量及 s 种类型的输出变量。其原理可以由图 4-1 表示。

模型的投入产出分别用向量 $x_j = (x_{1j}, x_{2j}, \cdots, x_{mj})^T > 0$，$y_j = (y_{1j}, y_{2j}, \cdots, y_{sj})^T > 0$ 表示，如果记 DMU_0 对应的输入、输出量为：$x_0 = x_{j0}$，$y_0 = y_{j0}$，$1 < j_0 < n$。那么评价 DMU_0 的 DEA 模型为

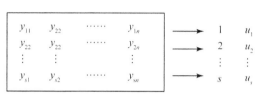

$$DMU_1 \quad DME_2 \quad \cdots\cdots DMU_N$$

$$
\begin{array}{c}
v_1 \quad 1 \\
v_2 \quad 2 \\
\vdots \quad \vdots \\
v_m \quad m
\end{array}
\longrightarrow
\begin{bmatrix}
x_{11} & x_{22} & \cdots & x_{1n} \\
x_{21} & x_{22} & \cdots & x_{2n} \\
\vdots & \vdots & & \vdots \\
x_{m1} & x_{m2} & \cdots & x_{mn}
\end{bmatrix}
$$

$$
\begin{bmatrix}
y_{11} & y_{22} & \cdots\cdots & y_{1n} \\
y_{22} & y_{22} & \cdots\cdots & y_{2n} \\
\vdots & \vdots & & \vdots \\
y_{s1} & y_{s2} & \cdots\cdots & y_{sn}
\end{bmatrix}
\longrightarrow
\begin{array}{c}
1 \quad u_1 \\
2 \quad u_2 \\
\vdots \quad \vdots \\
s \quad u_s
\end{array}
$$

图 4-1　DEA 模型原理示意图

$$
\begin{cases}
\max \dfrac{u^{\mathrm{T}} y_0}{v^{\mathrm{T}} x_0} \\[2mm]
\dfrac{u^{\mathrm{T}} y_0}{v^{\mathrm{T}} x_0} \leqslant 1, \quad j = 1,2,\cdots,n \\[2mm]
u \geqslant 0, v \geqslant 0, u \neq 0, v \neq 0
\end{cases}
$$

式中，$v = (v_1, v_2, \cdots, v_m)^{\mathrm{T}}$，$u = (u_1, u_2, \cdots, u_s)^{\mathrm{T}}$ 分别为输入和输出的权向量，利用 Charnes-Cooper 转换可以将上式化为其等价的线性规划问题。令

$$t = \frac{1}{v^{\mathrm{T}} x_0} > 0, \quad \omega = tv, \quad \mu = tu$$

可将模型（C^2R）转化为

$$
(P_{C^2R})
\begin{cases}
\max \mu^{\mathrm{T}} y_0 = h^0 \\
\omega^{\mathrm{T}} x_j - \mu^{\mathrm{T}} y_j \geqslant 0, \quad j = 1,2,\cdots,n \\
\omega^{\mathrm{T}} x_0 = 1 \\
\omega \geqslant 0, \quad \mu \geqslant 0
\end{cases}
\qquad
(D_{C^2R})
\begin{cases}
\min \theta \\
\displaystyle\sum_{j=1}^{n} x_j \lambda_j \leqslant \theta x_0 \\
\displaystyle\sum_{j=1}^{n} y_j \lambda_j \geqslant y_0 \\
\lambda \geqslant 0, \quad j = 1,2,\cdots,n, \quad \theta \in E^1
\end{cases}
$$

定义 1　若（P_{C^2R}）的最优目标值 $h^0 = 1$，则称 DMU_0 为弱 DEA 有效（h^0 称为效率指数）。

定义 2　若（P_{C^2R}）存在最优解 ω^0, μ^0 满足 $\omega^0 > 0$，$\mu^0 > 0$，$\mu^0 y_0 = 1$，则称为 DMU_0 为 DEA 有效；利用线性规划的对偶定理和松紧定理，可得到有关 DEA 有效的等价定义。

定义 3　若（D_{C^2R}）的任意最优解 $\theta^0, \lambda_j^0, j = 1,2,\cdots,n$，均满足

$$\theta^0 = 1, \sum_{j=1}^{n} x_j \lambda_j^0 = \theta^0 x_0, \sum_{j=1}^{n} y_j \lambda_j^0 = y_0$$

则称 DMU$_0$ 为 DEA 有效。

上述的 DEA 模型（P_{C^2R}）和（D_{C^2R}）是经济学家 Farrell 于 1957 年将单输出/输入的度量方法推广到多输出/多输入后的情况。

4.3.2　附带约束条件的 DEA 模型

DEA 模型能较为客观的评价决策单元的有效性，其中的决策单元可自由选择最适合自身偏好的权重，以最大化效率值。权重的完全自由性被认为是 DEA 模型的一个主要特征，也被视为 DEA 模型的致命缺陷。由于一些情况下需要权重符合实际情况的约束，所以带有附加约束的 DEA 模型被提出。在这种改进的 DEA 模型中，除了 DEA（C^{2}R）已有的条件，决策者还需要它们满足下列 t 个约束：

$$\omega_1 b_{11} + \cdots + \omega_m b_{m1} + \mu_1 c_{11} + \cdots + \mu_1 c_{11} \geqslant a_1$$
$$\cdots \cdots$$
$$\omega_1 b_{1t} + \cdots + \omega_m b_{mt} + \mu_1 c_{1t} + \cdots + \mu_t c_{rt} \geqslant a_t$$

用矩阵可表示为

$$(\omega_1, \cdots, \omega_m) \begin{pmatrix} b_{11} & \cdots & b_{1t} \\ \vdots & \ddots & \vdots \\ b_{m1} & \cdots & b_{mt} \end{pmatrix} + (\mu_1, \cdots, \mu_t) \begin{pmatrix} c_{11} & \cdots & c_{1t} \\ \vdots & \ddots & \vdots \\ b_{m1} & \cdots & b_{mt} \end{pmatrix} \geqslant (a_1, \cdots, a_t)$$

简化得到

$$\omega^T B_t + \mu^T B_2 \geqslant a^T \tag{4-1}$$

式中，B_1 与 B_2 的列数都等于附加的约束个数 t。

定义 4　$(X_0, Y_0) \in T_0, X_0 \geqslant 0$ 或 $Y_0 \geqslant 0$，若存在向量 ω_0, μ_0 使得条件（C'_0）

$$\omega_0^T X_0 - \mu_0^T Y_0 = 0$$
$$\omega_0^T X_j - \mu_0^T Y_j \geqslant 0, \quad j \in J$$
$$\omega_0^T B_1 + \mu_0^T Y_j \geqslant a^T$$
$$\omega_0 > 0, \quad \mu_0 \geqslant 0$$

成立，则称（X_0, Y_0）对对应的 DMU 在附加约束（4-1）下为 DEA 有效（C^{2}R）。

可以证明以下定理成立。

定理 1　若 $(X_0, Y_0) \in T_0$ 对应 DMU$_0$，$X_0 \geqslant 0$ 或 $Y_0 \geqslant 0$，则下列三个命题

等价：

存在 ω_0, μ_0 使条件（C'_0）成立，即 DMU_0 在附加约束（4-1）下为 DEA 有效（C^2R）；

问题（P'_0）

$$\max \mu^T Y_0$$
$$\text{s.t.} \quad -\omega^T X_j + \mu^T Y_j \leqslant 0, \quad j \in J$$
$$\omega^T X_0 = 1$$
$$-\omega^T B_1 - \mu^T B_2 \leqslant -a^T$$
$$\omega \geqslant 0, \quad \mu \geqslant 0$$

的最优值为 1，且对它的最优解：ω_0，μ_0 有 $\omega_0 > 0$，$\mu_0 > 0$；

问题（P'_0）的对偶问题（D_0）

$$\min(\theta - a^T \varphi)$$
$$\text{s.t.} \quad -\sum_{j \in J} X_j \lambda_j - B_1 \varphi + \theta X_0 - S^- = 0$$
$$\sum_{j \in J} Y_j \lambda_j - B_2 \varphi - S^+ = Y_0$$
$$\lambda_j \geqslant 0 (j \in J), \varphi \geqslant 0, S^- \geqslant 0, S^+ \geqslant 0$$

的最优值为 1，且对它的每个最优解有 $S^- = 0$，$S^+ = 0$。

由定义 4 和定理 2 能够将约束条件加入 DEA 模型当中，从而使模型更具有现实意义。

4.4　变量选取

变量选取是效率评价的重要步骤，相关文献在通过 DEA 模型对土地结构效率进行评价分析时，由于主要是以孤立城市为研究对象，变量选取的方法已逐渐成形，总结来看，其输出变量主要包括第一产业产值、第二产业产值、第三产业产值以及人口规模；输入变量即为各类土地的数量。显然，这种变量选取方式不能表现出城市圈土地利用的特点：第一，人口规模虽然直观地体现了土地的承载功能，但并不能说明城市圈土地利用产出能力的高低；第二，农地、水域、未利用地等用地类型都具有较高的生态服务价值，是城市圈土地利用不可忽略的目标，生态价值应当纳入模型的输出变量当中；第三，输出变量加入了各产业产出后，输入变量不考虑资金、劳动力等要素的影响，显然是不符合经济理论和实际情况的，因此，资金、劳动力变量应当作为输入变量纳入模型。

综合以上分析，为体现城市圈土地利用的系统性，输出变量应将经济效益、社会效益和生态效益相关的产出指标完整的纳入模型当中，才能使模型生成的权重符合各城市自身的优势特点；对于输入变量，应当结合产出变量情况决定，通常应包括资金要素、劳动力要素和土地结构要素。

4.5　武汉城市圈土地结构效率模型构建

4.5.1　指标选取

针对武汉城市圈的情况，研究选取了土地利用结构（各地类投入数量）、资金要素投入、劳动力投入（从业人口）3 类作为输入指标，三次产业产出、城市化率、土地的生态服务价值 5 项作为输出指标。投入指标选取了 C-D 函数通常采用的变量，从而能够涵盖生产中的主要要素。土地利用结构按照土地变更调整的地类，包括耕地、园地、林地、牧草地、其他农用地、居民点及工矿用地、交通运输用地、水利设施用地及未利用地 9 个分类。输出指标涵盖了经济、社会和生态相关的指标，同时，从城市圈土地利用的目标来看，输出指标也涵盖了第二、第三产业，农业，生态 3 个层次。

4.5.2　约束条件

根据模型的实际意义，DEA 模型生成的权重中，一些权重的相互关系是明显不合理的，这主要表现在三次产业和生态服务价值几项输出变量中，部分变量的权重是其他变量权重的数倍以上，由于这 4 个输出指标的单位相同，这种情况显然不符合实际情况，因为即使考虑某些城市产业有所偏重，但总体效益也不可能超过原经济指标的 2 倍以上。

针对以上列举的情况，增加 12 个约束条件，要求三次产业和生态服务价值的两两权重之比不得大于 2；对比有无约束条件的情况，认为在以上约束条件下模型中权重生成的灵活性并未受到影响，模型也更接近实际情况。

4.5.3　模型表达

针对武汉城市圈土地结构效率分析的模型如下：将 13 年 9 个城市共 117 列的面板数据作为 117 个决策单元，记为 DMU_j（$j = 1，2，\cdots，117$），对于 DMU_j，解如下线性规划问题：

$$\max \mu_j^{\mathrm{T}} Y_0$$
$$\text{s. t. } \mu_j^{\mathrm{T}} X_j + \mu_j^{\mathrm{T}} Y_j \leqslant 0$$
$$\omega_j^{\mathrm{T}} X_0 = 1$$
$$-\mu_j^{\mathrm{T}} B_1 \leqslant 0$$
$$\omega_j \geqslant 0, \mu_j \geqslant 0$$

其对偶问题为

$$\min \theta$$
$$\text{s. t. } -\sum_{j \in J} X_j \lambda_j + \theta X_0 - S_j^- = 0$$
$$\sum_{j \in J} Y_i X_j - B_1 \varphi - S_j^+ = Y_0$$
$$\lambda_j \geqslant 0 (j \in J), \varphi \geqslant 0, S_j^- \geqslant 0, S_j^+ \geqslant 0$$

式中, μ_j 为 DMU_j 输出指标的权重向量, 为 10 行的纵向量, 包括投资要素、劳动力要素、八类土地的投入数量, w_j 为 DMU_j 输入指标的权重向量, 为 5 行纵向量, 包括三次产业产出, 城市化率和土地生态价值, S^+、S^- 为松弛变量, $\boldsymbol{B}_1$ 为矩阵。

$$\boldsymbol{B}_1 = \begin{pmatrix} 0 & 1 & 1 & 1 & -2 & -2 & -2 & 0 & 0 & 0 & 0 & 0 & 0 \\ 0 & -2 & 0 & 0 & 1 & 0 & 0 & 1 & 1 & -2 & -2 & 0 & 0 \\ 0 & 0 & -2 & 0 & 0 & 1 & 0 & -2 & 0 & 1 & 0 & 1 & -2 \\ 0 & 0 & 0 & -2 & 0 & 0 & 1 & 0 & 0 & 0 & 0 & 0 & 0 \\ 0 & 0 & 0 & 0 & 0 & 0 & 0 & 0 & -2 & 0 & 1 & -2 & 1 \end{pmatrix}$$

根据模型结果, 即可得到 DMU_j 的综合要素效率评价指数为

$$E_j = \mu_j^{\mathrm{T}} Y_0$$

土地结构效率值为

$$\mathrm{LE}_i = \frac{L_0}{L_i} = \frac{\mu_i^{\mathrm{T}} Y_i}{\mu_{\max}^{\mathrm{T}} Y_{\max}} \frac{X_{in} w_{in} + \cdots + X_{ij} w_{ij}}{X_{\max n} w_{\max n} + \cdots + X_{\max j} w_{\max j}}$$

式中, $X_{in}, \cdots, X_{ij}$ 表示 DMU_i 中各地类的投入数量, $X_{\max n}, \cdots, X_{\max j}$ 表示最大 $\mathrm{DMU}_{\max}$ 中各地类的投入数量, $w_{in}, \cdots, w_{ij}$ 与 $w_{\max n}, \cdots, w_{\max j}$ 为相应的权重, $\mu_i^{\mathrm{T}} Y_i$, $\mu_{\max}^{\mathrm{T}} Y_{\max}$ 即为 DMU_i, $\mathrm{DMU}_{\max}$ 的产出。

4.5.4 数据处理及计算

数据的主要来源包括: 武汉城市圈各城市的土地利用数据源于 1996 ~ 2008 年各年土地利用变更数据, 其他数据来源于 1996 ~ 2008 年《湖北统计年鉴》、1996 ~ 2008 年《中国县 (市) 社会经济统计年鉴》以及各市年鉴。其

中，3 类 GDP 按 1990 年不变价进行折算；投资数据根据张军等（2004）的研究，采用估计基准年后的永续盘存法，按不变价格计算各区域的资本存量，表示为

$$K_{it} = K_{it-1}(1 - \delta) + I_{it}$$

式中，i 指第 i 个城市，t 指第 t 年。I 为当年投资，δ 为经济折旧率，K 为基年资本存量。I 取当地资产形成总额较为合理，由于这一数据无法获得，按照通常替代做法采用固定资产投资作为 I 值；折旧率 δ 为 9.6%；基年资本存量以所能获得最早相关数据的 1990 年作为基期进行计算，按 1990 年各地区固定资产投资占湖北省总体固定资产投资的比例，乘以 1990 年湖北省资本存量，得到 1990 年资本存量，并推算出 1991~2008 年资本存量情况。

1996 年黄石市和咸宁市的行政区划进行了调整，原属咸宁市的阳新县划入了黄石市；2000 年原属孝感市的广水市划入随州，其数据都按现在的行政区划进行了调整。

生态价值按照谢高地等制定出的生态系统服务价值表进行计算，由于土地利用二级分类标准与生态价值计算中的地类不一致，且数据资料存在缺陷，部分年限的地类面积按照其他年限资料进行推算。得到的生态价值按 1990 年不变价折算，表 4-1 即为生态服务价值的计算依据。

数据处理完成后，用 Matlab6.5 编程进行运算，编程过程中参照了彭育威等（2002）的研究成果。

表 4-1　生态服务价值计算表

一级类型	二级类型	森林	草地	农田	湿地	河流/湖泊	荒漠
供给服务	食物生产	148.2	193.11	449.1	161.68	238.02	8.98
	原材料生产	1 338.32	161.68	175.15	107.78	157.19	17.96
调节服务	气体调节	1 940.11	673.65	323.35	1 082.33	229.04	26.95
	气候调节	1 827.84	700.6	435.63	6 085.31	925.15	58.38
	水文调节	1 836.82	682.63	345.81	6 035.9	8 429.61	31.44
支持服务	废物处理	772.45	592.81	624.25	6 467.04	6 669.14	116.77
	保持土壤	1 805.38	1 005.98	660.18	893.71	184.13	76.35
	维持生物多样性	2 025.44	839.82	458.08	1 657.18	1 540.41	179.64
文化服务	提供美学景观	934.13	390.72	76.35	2 106.28	1 994	107.78
合计		12 628.69	5 241	3 547.89	24 597.21	20 366.69	624.25

资料来源：谢高地等，2008

4.6 武汉城市圈土地结构效率评价结果分析

4.6.1 武汉城市圈土地结构效率测算结果

通过运算，即得到 1996～2008 年武汉城市圈各城市综合要素效率值（表 4-2）和土地结构效率值（表 4-3），这里只简要介绍综合要素效率结果，重点分析土地结构效率测算的结果。

表 4-2 1996～2008 年武汉城市圈综合要素效率值

年 份	武汉市	黄石市	鄂州市	孝感市	黄冈市	咸宁市	仙桃市	潜江市	天门市	城市圈
1996	1.000	0.994	1.000	1.000	0.989	1.000	1.000	1.000	1.000	0.998
1997	1.000	1.000	1.000	0.966	0.990	0.988	1.000	0.968	1.000	0.990
1998	0.998	1.000	1.000	0.982	0.989	0.961	1.000	0.970	1.000	0.989
1999	1.000	1.000	0.998	1.000	0.973	0.936	0.963	0.947	0.985	0.978
2000	1.000	1.000	1.000	0.961	0.929	0.929	1.000	1.000	0.999	0.980
2001	0.998	1.000	0.998	0.873	0.795	0.911	0.987	0.993	0.993	0.951
2002	1.000	1.000	1.000	0.860	0.748	0.913	1.000	1.000	0.979	0.944
2003	1.000	1.000	1.000	0.843	0.641	0.896	0.960	1.000	0.985	0.925
2004	1.000	1.000	1.000	1.000	0.782	0.918	0.955	0.998	1.000	0.961
2005	1.000	1.000	1.000	1.000	0.716	0.917	1.000	0.992	1.000	0.958
2006	1.000	1.000	1.000	0.960	0.688	0.895	1.000	1.000	1.000	0.949
2007	1.000	0.999	1.000	0.921	0.679	0.894	1.000	1.000	1.000	0.944
2008	1.000	1.000	1.000	0.912	0.670	0.890	1.000	1.000	1.000	0.941
平均	1.000	0.999	1.000	0.944	0.815	0.927	0.990	0.990	0.995	0.962

综合要素效率测算结果表明，武汉城市圈的综合要素效率是非 DEA 有效的，城市圈综合要素效率均值为 0.962，这表明武汉城市圈资金、劳动力和土地要素的综合利用水平不高，且尚未进入稳定提高的阶段。

城市圈土地结构效率表示了城市圈体系下不同城市土地利用的综合效率。根据表 4-3，武汉城市圈土地结构效率的平均值为 0.581，1996～2008 年，武汉城市圈土地结构效率逐年提高，2008 年土地结构效率为 0.810，相比于 1996 年的 0.414 提高了 96%，平均每年提高 7%。

1996～2008 年武汉市土地结构效率平均水平为 0.791，是城市圈土地利用投入产出效率最高的城市,武汉市在1996~2008年,除2002年、2003年出现波动外,土地结构效率一直呈上升趋势,年均上升幅度为2%。作为城市圈的首位城市,武汉市需要高效的土地利用方式带动城市圈总体水平的提高,其发展的重点是城市建设用地的效率提升,农地、生态用地利用的目标主要是维持城市的必要需求。

表4-3 1996~2008年武汉城市圈土地结构效率值

年 份	武汉市	黄石市	鄂州市	孝感市	黄冈市	咸宁市	仙桃市	潜江市	天门市	城市圈
1996	0.516	0.440	0.625	0.095	0.099	0.117	0.593	0.502	0.543	0.392
1997	0.607	0.457	0.732	0.152	0.091	0.246	0.642	0.515	0.670	0.457
1998	0.711	0.433	0.812	0.179	0.110	0.244	0.629	0.568	0.732	0.491
1999	0.744	0.415	0.564	0.096	0.117	0.345	0.647	0.652	0.668	0.472
2000	0.845	0.478	0.783	0.114	0.120	0.354	0.758	0.854	0.704	0.557
2001	0.889	0.525	0.511	0.162	0.102	0.362	0.849	0.790	0.728	0.546
2002	0.672	0.512	0.623	0.278	0.112	0.379	0.882	0.869	0.861	0.576
2003	0.746	0.310	0.717	0.293	0.113	0.398	0.776	0.688	0.633	0.519
2004	0.811	0.698	0.808	0.350	0.148	0.431	0.714	0.952	0.797	0.634
2005	0.806	0.752	0.954	0.320	0.137	0.450	0.850	0.641	0.880	0.643
2006	0.957	0.871	0.971	0.341	0.145	0.472	0.919	0.760	0.897	0.704
2007	0.977	0.929	0.969	0.368	0.180	0.513	0.927	0.936	0.954	0.750
2008	1.000	1.000	1.000	0.489	0.205	0.594	1.000	1.000	1.000	0.810
平均	0.791	0.601	0.774	0.249	0.129	0.377	0.783	0.748	0.774	0.581

黄石市和鄂州市13年平均的土地结构效率水平分别为0.601和0.774,两城市在13年间的土地结构效率呈总体上升趋势,黄石市土地结构效率值由1996年的0.440提高到2008年的1.000,年均上升幅度为4%,鄂州市从1996年的0.625上升到2008年的1.000,年均上升幅度为3%,这表明黄石市和鄂州市土地利用的效率在城市圈内处于较高水平,且以较快的速度提高。与武汉市类似,黄石市和鄂州市都需要继续提高城市建设用地的效率,由于紧邻武汉市,这两市需要结合自身优势,和武汉市形成良好的分工合作关系。

孝感市、黄冈市、咸宁市土地结构效率均值为0.249、0.129和0.377,处于城市圈较低的水平,从各年度的变化情况来看,3个城市的土地结构效率有所提升。由于城市范围较大,3个城市都跨越了城市群组到城市圈腹地的两个圈层,其共同特点包括农业占产业比重较大,工业化起步较晚,城市化程度较低,是武汉城市圈中需要加速发展的地区。

仙桃市、潜江市和天门市土地利用效率均值分别为 0.783、0.748 和 0.774，3 个城市虽然位于城市圈腹地，且面积较小，但能够基于自身情况合理利用各类土地：一方面，3 个城市近年来第二、第三产业发展较快；另一方面，3 个城市也是重要的粮食产区，其农地利用效率相应较高。

4.6.2　武汉城市圈土地结构效率比较

由于城市圈内各城市土地利用功能的不同，本节首先比较武汉市、黄石市、鄂州市的土地结构效率情况，然后比较孝感市、黄冈市、咸宁市、仙桃市、潜江市和天门市的情况。

由表 4-3 可见，武汉市、黄石市和鄂州市虽然土地结构效率都在城市圈内处于较高水平，但综合各年情况，黄石市和鄂州市都低于武汉市。结合各市的特点，可以发现产业结构和政策导向的差异是 3 个城市土地结构效率差异产生的主要原因。

产业状况中，首先关注的是城市圈三次产业所占比重，2008 年武汉城市圈三次产业的产业结构状况，如表 4-4 所示。

表 4-4　2008 年城市圈产业结构状况

城　市	三次产业产值结构	三次产业从业人口结构
武汉市	0.04 : 0.46 : 0.50	0.18 : 0.33 : 0.49
黄石市	0.07 : 0.53 : 0.40	0.23 : 0.39 : 0.37
鄂州市	0.15 : 0.55 : 0.30	0.21 : 0.19 : 0.60
孝感市	0.22 : 0.41 : 0.37	0.38 : 0.28 : 0.34
黄冈市	0.32 : 0.34 : 0.34	0.41 : 0.26 : 0.33
咸宁市	0.23 : 0.43 : 0.34	0.30 : 0.31 : 0.32
仙桃市	0.19 : 0.46 : 0.34	0.36 : 0.31 : 0.34
潜江市	0.17 : 0.53 : 0.30	0.33 : 0.30 : 0.35
天门市	0.25 : 0.40 : 0.35	0.41 : 0.19 : 0.40

从表 4-4 中可以看到，武汉市第三产业产值所占比重已经到 50%，黄石市和鄂州市比重为 40% 和 30%，3 个城市中，只有武汉的第三产业超过了第二产业的比重。

产业结构协调状况还能够从各城市的支柱产业的分布进行评价，根据湖北省统计局公布的资料，得到表 4-5。

表 4-5　城市圈产业分布状况

产业	武汉市	黄石市	鄂州市	孝感市	黄冈市	咸宁市	仙桃市	潜江市	天门市
钢铁	✓								
机械	✓	✓			✓	✓		✓	
化工	✓	✓		✓					
建材	✓	✓		✓		✓			
纺织	✓	✓			✓	✓	✓	✓	✓
食品	✓	✓	✓			✓	✓		✓
造纸	✓	✓							
冶金		✓	✓						
医药		✓							
轻工		✓					✓		
电子		✓							
服装			✓						
机电				✓					
运输						✓			
医药							✓	✓	
石油								✓	
农产品加工									✓

资料来源：湖北省统计局网站，http://www.stats-hb.gov.cn

由表 4-5 可见，3 个城市之间存在着产业布局重复的情况，黄石市有超过一半的支柱产业和武汉市重复，鄂州市的 3 个支柱产业中，只有服装产业一项是其所独有的。在这种情况下，3 个城市产业的专业化程度都相应较低；更明显的是，武汉市和周边城市的产业一致，会导致武汉市利用其中心城市的优势压抑周边城市的产业，这使得黄石市、鄂州市的产业发展落后于武汉市。

政策因素对 3 个城市发展的影响是十分显著的，长期以来，湖北政府将城市作为政治中心来主导其发展，通过各项投惠政策，在湖北省的政治中心——武汉市进行大量的基础设施建设和重点产业扶植，而较少顾及周边城市，这使得武汉市生产要素较为充裕，用地扩张程度也远远大于黄石市和鄂州市。另外，作为湖北省的省会城市，武汉市从湖北省政府得到的优惠政策远远多于城市圈内其他城市。

孝感市、黄冈市、咸宁市、仙桃市、潜江市和天门市的工业化均发展较晚，但之间也存在着一定的差异，具体来看，产业状况较差是6个城市共同存在的问题，而交通状况、自然条件和政策因素的不同则导致6个城市土地结构效率产生差异。

表4-6　2008年城市圈部分城市交通用地占城市面积比例

项　目	孝感市	黄冈市	咸宁市	仙桃市	潜江市	天门市
交通用地比例/%	1.26	1.69	0.99	2.08	2.65	2.57

城市交通条件可以通过市内交通条件和城市间交通条件进行分析。如表4-6所示，孝感市、黄冈市、咸宁市市内交通用地占城市面积的比例明显低于仙桃市、潜江市和天门市；从城市间交通状况来看，各城市都能通过武汉市与其他城市相连，仙桃市和潜江市、天门市之间交通状况良好，但孝感市、黄冈市和咸宁市与城市圈内其他城市间的交通通道却没有形成。由此来看，孝感市、黄冈市和咸宁市并没有使自身处于城市圈的网络交通之中，这对城市发展和土地利用效率的提高都造成了阻碍。

从自然条件来看，仙桃市、潜江市和天门市地处江汉平原，对城市发展极为有利；而黄冈市、咸宁市都处于低山丘陵区，地形坡度大，对农用地、城市建设用地而言都提高了土地利用的成本，从而造成城市土地结构效率较低。

政策因素对6个城市的土地结构效率也造成了一定影响，自从仙桃市、潜江市和天门市于1993年被划为省直管市后，其发展潜力便得到了释放，近年来均保持着较快的发展速度。

综合比较城市圈的土地结构效率状况，可以认为武汉城市圈内，目前孝感市、黄冈市和咸宁市的土地利用状况和城市圈内其他地区存在较大的差距，是目前城市圈土地利用方式急需改进的区域。

4.6.3　武汉城市圈土地结构效率变化差异分析

1996～2008年武汉城市圈土地结构效率平均变化率情况，如表4-7所示。由表可知，武汉市土地结构效率的平均变化率为6.34%，而城市圈土地结构效率的平均变化率为6.62%。武汉市作为首位城市，和城市圈总体变化水平一致。理论分析表明，城市圈扩散、吸收效应良好时，城市圈首位城市的土地结构效率能够影响整个城市圈的土地结构效率水平，上述结论与这一推断是相符的。

表 4-7   1996～2008 年武汉城市圈土地结构效率平均变化率

项　　目	武汉市	黄石市	鄂州市	孝感市	黄冈市	咸宁市	仙桃市	潜江市	天门市	城市圈
平均变化率/%	6.34	11.71	6.18	18.96	7.07	17.29	4.84	7.88	6.16	6.62

此外，还可以看出，初始阶段土地结构效率较低的城市（黄石市、孝感市、咸宁市），在随后的年份中土地结构效率变化较快，可以认为这也是符合城市圈扩散效应作用的（图 4-2）。

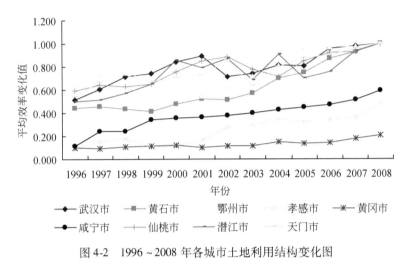

图 4-2   1996～2008 年各城市土地利用结构变化图

平均效率变化值仅通过 1996 年和 2008 年的数据即可得到，并不能表现出城市圈整体受到扩散效应影响的时间过程。如果认为城市圈受到武汉市扩散效应明显，那么效率水平差异应当逐年变小，通过变异系数、泰尔指数计算，结果如表 4-8 所示。

表 4-8   1996～2008 年城市圈结构效率差异

年　　份	变异系数	泰尔指数	年　　份	变异系数	泰尔指数
1996	0.54	1.17	2003	0.44	1.10
1997	0.49	1.14	2004	0.39	0.90
1998	0.50	1.09	2005	0.41	0.85
1999	0.48	1.12	2006	0.41	0.68
2000	0.51	0.93	2007	0.39	0.57
2001	0.50	0.97	2008	0.35	0.43
2002	0.46	0.97			

结果表明，城市圈内土地结构效率差异逐渐减小，城市圈土地结构的演化过程处于合理的状态。

4.7 武汉城市圈土地利用存在的问题

4.7.1 地区间土地利用效率差距过大，发展不均衡

通过上一小节的分析可知，综合比较城市圈的土地结构效率状况，武汉城市圈内，目前孝感市、黄冈市和咸宁市的土地利用状况和城市圈其他地区存在较大的差距，是目前城市圈土地利用方式急需改进的区域。

结合各市的特点，根据分析可知，武汉城市圈城市之间存在产业布局重复的情况，因此城市产业的专业化程度都会相应降低；更明显的是，武汉市和周边城市的产业一致，并且湖北省政府将武汉市作为政治中心来主导其发展，通过各项投资优惠政策，进行大量的基础设施建设和重点产业扶植，而较少顾及周边城市，这使得武汉市生产要素较为充裕，会导致武汉市利用其中心城市的优势压抑周边城市产业的发展，也使得其他城市产业发展落后于武汉市。从城市间交通状况来看，各城市都能通过武汉市与其他城市相连，仙桃市和潜江市、天门市之间交通状况良好，但孝感市、黄冈市和咸宁市与城市圈其他城市间的交通通道却没有形成，由此来看，孝感市、黄冈市和咸宁市并没有使自身处于城市圈的网络交通之中，这对城市发展和土地利用效率的提高都造成了阻碍。

4.7.2 用地结构不合理，土地整体效益未得到充分发挥

长期以来，对土地价值认识不清以及粗放的经营方式，导致城市圈用地结构和布局不尽合理，各项用地比例失调。各种土地利用类型在城市圈的分布、多样化指数、土地利用程度综合指数都存在着明显的空间差异，土地整体利用效益不高。耕地面积在各市土地面积中所占比例除潜江市、天门市，以及仙桃市相对较高外，其他均较低，咸宁市的耕地面积所占比例低于20%。园地、林地等的分布也呈现出不均衡性，其中以牧草地的分布最不均衡，黄石市、孝感市及潜江市基本上没有牧草地，而黄冈的牧草地面积占了城市圈牧草地的95%。武汉城市圈各市不同程度地存在着工业用地占建设用地比重偏高的问题。工业用地过多，占用了大量本来可以用于改善人民生活的居住空间和公共

设施空间。随着城市化进程加快，农村人口逐渐向城市转移，但农村居民点面积并未随之减少，以至于农村居民点面积过大，且分布分散，浪费严重。

另外，随着武汉城市圈社会经济一体化的步伐加快，建设用地需求持续增加，耕地保护面临着很大的压力。2002～2008 年间，武汉城市圈耕地面积共减少 72 316.41hm²，占城市圈土地面积的比例由 32.99% 下降到 31.74%。2008 年武汉城市圈人均耕地面积为 0.8706 亩①，低于湖北省平均水平和全国平均水平，耕地资源相对紧张，而今后耕地资源短缺的矛盾还将进一步加剧。因此，工业化、城市化不可逆转的趋势与土地资源不足的矛盾，加之土地利用结构的不合理，将给"两型社会"的建设带来阻力。

4.7.3 土地利用方式粗放，产业布局不合理

长期以来，中国城镇的建设多走外延式发展道路，土地利用方式粗放，土地利用效率低，忽视了城镇土地内部挖潜，土地浪费严重。武汉城市圈也同样存在着土地粗放利用的问题，建设用地利用效率不高，土地利用方式粗放，导致资源配置效率低下，效益不足而浪费严重，与"两型社会""资源节约"的发展理念格格不入。

产业的空间布局与土地的集约、节约利用高度相关，同时也与土地利用结构的功能分区有着密切的联系。武汉城市圈的土地利用结构是在封闭循环的产业经济的条件下产生的，在形成初期，各个城市利用自身的资源条件发展各自的产业，便形成了自身的产业用地布局和产业格局，同时对土地利用结构也产生了深远的影响，尽管近年来随着经济的发展，交通运输网络的完善，城市圈各个城市的经济联系有所增多，但是受前期产业格局的影响，各个城市之间产业同构现象仍然比较突出。例如，化工、机械、建材、食品、纺织等产业已经成为多个城市的主导产业，三大产业结构趋同现象很严重，除武汉市呈"三、二、一"型的产业结构外，其余城市均为"二、三、一"型，这导致了土地利用结构在城市圈各个城市之间的职能分工趋向一致，差别化不明显，同时也影响了武汉城市圈整体优势和综合经济效益的发挥。

另外，由于历史等方面的原因，武汉城市圈传统工业的分散化空间分布格局没有得到根本改变。分散的空间布局导致企业间"外溢效应"的缺乏，并导致行业竞争力的下降，进而导致城市圈整体竞争力受到约束。土地利用空间结构的职能分工不明确导致整体功能的失衡，分散的产业空间布局导致资源的

① 1 亩≈666.67 平方米

浪费，是"两型社会"建设中亟待解决的难题。

4.7.4 城市圈生态结构紊乱，环境污染严重

由于武汉城市圈各个城市开发建设的整体无序，缺乏对城市圈生态空间结构的宏观调控，这就不可避免地造成对森林、山体、植被的破坏。城市圈内部的自然生态系统被施以大量的人为干扰，导致山体、水体等自然环境要素破碎，城市与城市之间生态环境相互关联性差。

此外，武汉城市圈形成发展过程中，由于武汉市一城独大，各个城市定位不准，产业同构现象严重，产业集群没有得到充分发展，加之城市之间无序竞争，城市不断向外扩张，有限资源得不到充分利用，由此造成生态空间结构紊乱，环境污染严重。在"两型社会"建设背景下，武汉城市圈的生态结构没有相应优化，生态环境质量总体上呈现出不断衰退的趋势，主要表现在：①城市外张使得建设用地需求量不断增大，大量侵占耕地，也挤占了一定的湿地、水面、林地、草地，使得绿色空间缩减，造成生态隔离地带的破坏和自然资产的削减，与环境友好型社会格格不入；②要建设生态型城市群，武汉城市圈的林业发展空间和森林资源相对不足，且其生态结构相对单一，功能尚不完善，城市圈水土流失、地质灾害问题时有发生；③水环境污染较为严重，长江部分支流受到污染，城市内湖污染严重，武汉市、黄石市、黄冈市、咸宁市等地的酸雨频率居高不下，湖泊湿地不断萎缩，调蓄能力大幅下降，各种生物资源的数量和种类明显减少。

第5章
武汉城市圈土地利用与生态
环境互动关系分析

在前面章节对城市圈土地利用与生态环境互动关系定性研究的基础上，结合"两型社会"建设的需要，本章将定量分析武汉城市圈土地利用与生态环境的耦合关系。

5.1 武汉城市圈生态环境状况及存在的问题

5.1.1 武汉城市圈生态环境现状

武汉城市圈位于北亚热带季风湿润区，大气环境质量相对较好，按二氧化硫、二氧化氮、可吸入颗粒物的平均浓度综合评价，武汉市、黄石市、鄂州市、黄冈市空气质量为三级，属轻微污染；孝感市、咸宁市、仙桃市、潜江市、天门市空气质量为二级，空气质量为良。

城市圈生态条件总体良好，森林覆盖率为26.70%，城市建成区绿化覆盖率达32%，人均公共绿地达12m²。水环境除长江水质为Ⅱ类、汉江水质为Ⅱ~Ⅲ类外，大部分河流为Ⅲ类水体，少数为Ⅳ类和Ⅴ类水体；主要湖泊中，除城市内湖水质较差外，大部分面积较大的湖泊水质均为Ⅲ~Ⅳ类。

20世纪80年代中期以来，随着城市化步伐的加快，武汉城市圈生态环境总体质量下降，生态破坏和环境污染呈上升趋势。但是，与东部沿海地区城市群相比，生态环境条件相对较好。以水污染为例，珠江三角洲地区主要河流珠江干流及西江水系水质一般为Ⅲ~Ⅳ类，主要支流水质多为Ⅴ类；长江三角洲地区长江下游水质大部分为Ⅲ类，主要支流水质为Ⅳ~Ⅴ类，污染程度普遍高于武汉城市圈。此外，沿海城市群大气环境中氧化硫、二氧化氮、可吸入颗粒物的浓度及酸雨的危害程度，总体来讲都要比武汉城市圈严重。由此可见，与沿海城市群相比，武汉城市圈生态环境具有比较优势。

5.1.2 武汉城市圈生态环境存在的问题

5.1.2.1 水土流失严重，生态环境质量下降

长期以来，由于城市圈人口稠密，高强度社会经济活动频繁，比如在丘陵坡地毁林开荒、对矿产资源大规模的不合理开发，以及修建基础设施而破坏天然植被等，导致土壤侵蚀、水土流失严重。据遥感影像解译，城市圈目前水土流失面积约占土地总面积的36%，其中水土流失面积中度和强度及以上的约占60%。随着城市化进程加快，生态环境边治理、边破坏的现象依然存在，生态环境质量令人担忧。

5.1.2.2 环境污染严重，污染结构在发生转变

城市圈水体污染分布广泛，严重影响人民群众的生活环境。大气污染重点控制区为沿江分布的酸雨控制区，涉及武汉市、鄂州市、黄石市和咸宁市四大地区。此外，环境污染结构正在逐渐发生变化。比如水环境污染从工业废水转向工业污水，并从城市向农村、从地表向地下蔓延；大气污染从煤烟型向机动车尾气和煤烟混合型发展；固体废弃物中生活垃圾所占比重增长明显。

5.1.2.3 水域利用过度，生态功能下降

水域面积广阔是武汉城市圈的一大特色，但由于受围垦、城建等人类活动和自然因素的交互影响，城市圈内大部分湖泊萎缩严重，许多天然湿地向人工、半人工湿地演变。由此导致水域纳污净化能力衰退，现有水体富营养化，生物多样性遭到破坏，生物资源数量和种类显著下降。

5.2 建立指标体系

5.2.1 指标设计原则

土地利用系统和生态环境系统都是由多因素组成的复杂系统，不仅相互之间存在着复杂的关系，而且各自系统内部也存在着复杂的交互胁迫约束机制。因此，选取的指标体系要能够反映系统内部特征、发展状态、相互间的关系，以及主要目标的实现程度。指标的选取应满足以下几个原则。

5.2.1.1 科学性和实用性原则

指标体系应建立在科学的基础之上，能够真实度量和反映土地利用与生态环境协调发展战略目标的各个方面；同时，指标体系应考虑各指标定量化的可行性、建模的复杂性以及数据的可靠性。

5.2.1.2 系统性和层次性相结合

因为系统具有多层次性，所以指标体系也应当由多层结构组成，以便反映出各层次的特征。同时，系统中各要素相互联系构成了一个有机整体，因此，指标体系应能够全面反映土地利用与生态环境状况。

5.2.1.3 独立性与关联性相结合

系统中的元素既相互独立又互成系统。因此，系统评价指标体系必须考虑各子系统内部较独立并能反映各子系统内部主要特征的指标。同时，指标体系也应考虑那些表征不同子系统之间以及相同子系统不同主题之间相互联系、相互协调的指标。

5.2.1.4 普遍性和区域性相结合

由于存在区域的差异性，影响不同地域协调发展的主要因素是不同的，因此必须根据各地区自身的特点建立符合各地区情况的指标体系。但同时也要考虑到指标体系的可比性，以便于和其他地域进行比较分析。

5.2.1.5 动态性与静态性相结合

协调发展既是目标也是过程，因此，系统评价指标体系应该反映出系统的动态性特点。体系中的指标应对时间和空间变化具有一定的敏感度，以便分析系统的发展趋势。但在一定时期内，指标体系的内容应保持相应的稳定性。

5.2.2 指标体系构建

遵循上述原则，在分析多篇文献后，对影响土地利用与生态环境协调发展的指标进行筛选，并征求专家意见，最终形成了土地利用与生态环境协调的指标体系。从土地利用的内涵即土地利用结构、土地利用程度、土地利用效益3个方面建立土地利用水平测算指标体系，从生态环境的内涵即生态环境水平、生态环境压力、生态环境的抗逆水平3个方面建立生态环境测算指标体系。

土地利用与生态环境指标体系详见表5-1、表5-2。

表5-1　土地利用指标体系

土地利用水平指标	备　注
土地利用结构	耕地比例
	林地比例
	居民点及工矿用地比例
	交通水利用地比例
土地利用程度	土地利用程度综合指数
	人均建设用地面积
	复种指数
	人口密度
土地利用效益	地均GDP
	地均工业总产值
	地均农业总产值
	地均财政收入
	地均社会消费品零售总额
	地均就业人数

表5-2　生态环境指标体系

生态环境指标	备　注
生态环境水平	建成区绿化覆盖率
	城市居民生活用水量
	人均公共绿地面积
	造林面积
生态环境压力	地均工业废水排放量
	地均烟尘排放量
	地均二氧化硫排放量
	地均固体废弃物产生量
生态环境抗逆水平	工业废水排放达标量
	工业烟尘去除量
	工业二氧化硫去除量
	工业固体废弃物综合利用量
	三废综合利用产品产值
	环境污染治理投资
	生活垃圾无害化处理率
	生活污水处理率

5.3 武汉城市圈各城市静态协调关系分析

5.3.1 土地利用与生态环境综合指数计算

目前关于系统综合发展状况评价的方法很多，根据赋权方法的不同大致可以分为两大类：一类是主观赋权法，另一类是客观赋权法。主观赋权法多采用综合咨询的定性方法确定权重系数，然后对无量纲化后的数据进行综合计算得分；客观赋权法则是根据各指标间的相关关系或是各项指标值的变异程度来确定权重，最后计算综合得分。

考虑到主观赋权法存在很大的局限性，本章选择后者来计算土地利用与生态环境的综合得分，采用的是因子分析法。因子分析法是从研究变量内部相关的依赖关系出发，把一些具有错综复杂关系的变量归结为少数几个综合因子，然后根据方差贡献率确定综合因子权重，进而计算综合得分的一种方法。其最大优势在于各综合因子的权重是根据各个因子的方差贡献率大小来确定的，方差越大因子越重要，权重相应的就越高，反之，权重就越低。这样使得评价结果较为客观合理。

本章选取了武汉城市圈 9 个城市 2008 年的土地利用和生态环境指标数据，通过对指标数据进行因子分析来研究武汉城市圈各个城市的土地利用和生态环境协调现状，分析结果具有代表性。

原始数据存在量纲及数量级大小的不同，为了排除量纲不同造成的影响，首先对数据进行标准化处理，接着运用因子分析法提取土地利用与生态环境的公因子（表 5-3、表 5-4）。

表 5-3　土地利用公因子特征值和贡献率

成　分	初始特征值			提取平方和载入		
	特征值	方差贡献率/%	累积贡献率/%	特征值	方差贡献率/%	累积贡献率/%
1	7.992	57.086	57.086	7.992	57.086	57.086
2	3.596	25.688	82.774	3.596	25.688	82.774
3	1.276	9.118	91.892	1.276	9.118	91.892
4	0.615	4.394	96.286			
5	0.319	2.281	98.567			

成　分	初始特征值			提取平方和载入		
	特征值	方差贡献率/%	累积贡献率/%	特征值	方差贡献率/%	累积贡献率/%
6	0.152	1.088	99.655			
7	0.030	0.212	99.867			
8	0.019	0.133	100.000			

注：提取方法为主成分分析法

资料来源：《中国城市统计年鉴》（2008 年）；《湖北省统计年鉴》（2008 年）

表5-4　生态环境公因子特征值和贡献率

成　分	初始特征值			提取平方和载入		
	特征值	方差贡献率/%	累积贡献率/%	特征值	方差贡献率/%	累积贡献率/%
1	6.324	39.526	39.526	6.324	39.526	39.526
2	2.910	18.188	57.714	2.910	18.188	57.714
3	2.446	15.285	72.998	2.446	15.285	72.998
4	1.765	11.032	84.030	1.765	11.032	84.030
5	1.141	7.133	91.163	1.141	7.133	91.163
6	0.814	5.090	96.253			
7	0.518	3.237	99.490			
8	0.082	0.510	100			
9	0	0	100			

注：提取方法为主成分分析法

资料来源：《中国城市统计年鉴》（2008 年）；《湖北省统计年鉴》（2008 年）

　　由表5-3、表5-4 可以看出，初始特征值大于 1 的方差累积贡献率超过了 85%，也就是说前 3 个公因子解释了原始变量的 85% 以上的信息，满足因子选取的原则，因此土地利用评价选取前 3 个公因子作为主因子进行分析，生态环境评价选取前 5 个公因子作为主因子进行分析。

　　建立因子分析模型的目的不仅是找出主因子，更重要的是知道每个主因子的意义，以便对实际问题进行分析。由于对武汉城市圈 2008 年数据进行处理后，各个主因子的典型代表变量不很突出，因此还需要进行因子旋转，以便对公因子做出较为合理的解释（表5-5、表5-6）。

表 5-5　土地利用极大正交旋转因子载荷矩阵

指　标	因子 1	因子 2	因子 3
地均 GDP	0.990	0.029	− 0.085
地均工业总产值	0.982	0.031	− 0.127
地均生活消费品零售总额	0.979	0.06	− 0.094
人口密度	0.968	0.171	0.139
地均财政收入	0.967	− 0.071	− 0.198
地均就业人数	0.893	0.275	0.242
居民点及工矿用地比例	0.829	0.38	0.339
人均建设用地面积	− 0.818	0.059	− 0.392
耕地比例	− 0.063	− 0.974	− 0.194
土地利用程度综合指数	0.209	0.941	0.081
林地比例	0.344	0.829	0.425
复种指数	0.426	− 0.793	0.213
交通水利用地比例	0.470	− 0.056	− 0.74
地均农业总产值	0.364	0.385	0.660
特征值	7.629	3.565	1.671
方差贡献率	0.545	0.255	0.120

注：提取方法为主成分分析法；旋转法为具有 Kaiser 标准化的正交旋转法

表 5-6　生态环境极大正交旋转因子载荷矩阵

指　标	因子 1	因子 2	因子 3	因子 4	因子 5
工业固体废弃物综合利用量	− 0.912	0.222	0.106	0.212	− 0.17
地均工业烟尘排放量	0.889	0.152	− 0.133	− 0.155	0.277
地均工业二氧化硫排放量	0.788	− 0.451	− 0.131	− 0.329	0.172
地均工业废弃物产生量	0.77	− 0.55	− 0.105	− 0.228	0.144
生活垃圾无害化处理率	− 0.685	0.017	0.137	− 0.162	0.275
三废综合利用产品产值	− 0.153	0.967	0.001	0.124	0.021
工业二氧化硫去除量	− 0.158	0.957	0.01	0.206	0.014
生活污水处理率	− 0.091	0.269	0.873	0.297	0.242
环境污染治理投资	− 0.272	− 0.254	0.839	0.117	− 0.261
绿化覆盖率	− 0.003	0.213	0.81	− 0.326	0.175
城市居民生活用水量	0.221	0.155	− 0.75	− 0.189	0.264
工业烟尘去除量	− 0.115	0.224	− 0.041	0.939	0.131

指　标	因子 1	因子 2	因子 3	因子 4	因子 5
工业废水排放达标量	− 0.186	0.111	0.196	0.874	0.297
地均工业废水排放量	0.64	− 0.241	− 0.235	− 0.647	0.081
人均公共绿地面积	− 0.13	− 0.233	0.078	− 0.133	− 0.935
造林面积	0.128	− 0.325	0.011	0.245	0.826
特征值	6.324	2.91	2.446	1.765	1.141
方差贡献率	0.249	0.182	0.179	0.169	0.133

注：提取方法为主成分分析法；旋转法为具有 Kaiser 标准化的正交旋转法

为了对武汉城市圈各个城市进行综合评价，根据因子分析结果，得到城市圈 9 个城市土地利用和生态环境公因子的得分系数，详见表 5-7、表 5-8。

表5-7　土地利用公因子得分系数矩阵

指　标	因子 1	因子 2	因子 3
耕地比例 x_1	0.029	− 0.292	0.037
林地比例 x_2	0.007	0.193	0.143
居民点及工矿用地比例 x_3	0.091	0.041	0.146
交通水利用地比例 x_4	0.091	0.098	− 0.532
土地利用程度综合指数 x_5	− 0.004	0.296	− 0.117
人均建设用地面积 x_6	− 0.102	0.116	− 0.263
复种指数 x_7	0.077	− 0.319	0.278
人口密度 x_8	0.124	0.002	0.036
地均工业总产值 x_9	0.139	0.002	− 0.128
地均农业总产值 x_{10}	0.016	0.001	0.388
地均 GDP x_{11}	0.139	− 0.007	− 0.098
地均社会消费品零售总额 x_{12}	0.136	0.006	− 0.11
地均财政收入 x_{13}	0.142	− 0.019	− 0.16
地均就业人数 x_{14}	0.107	0.021	0.094

表5-8　生态环境公因子得分系数表

指　标	因子 1	因子 2	因子 3	因子 4	因子 5
造林面积 y_1	− 0.092	− 0.181	− 0.005	0.049	0.42
绿化覆盖率 y_2	0.024	0.134	0.341	− 0.252	0.137
城市居民生活用水量 y_3	− 0.056	0.078	− 0.266	− 0.088	0.138

指　　标	因子1	因子2	因子3	因子4	因子5
人均公共绿地面积 y_4	0.073	−0.06	0.022	0.074	−0.475
单位面积工业废水排放量 y_5	0.083	0.023	−0.004	−0.209	0.045
单位面积工业二氧化硫排放量 y_6	0.174	−0.077	0.036	−0.012	0.026
单位面积工业废弃物产生量 y_7	0.181	−0.129	0.038	0.05	0.001
单位面积工业烟尘排放量 y_8	0.304	0.172	0.056	0.029	0.012
工业烟尘去除量 y_9	0.123	−0.009	−0.06	0.439	−0.066
工业二氧化硫去除量 y_{10}	0.086	0.369	0.005	−0.007	−0.038
工业固体废弃物综合利用量 y_{11}	−0.28	−0.026	−0.062	−0.052	0.027
工业废水排放达标量 y_{12}	0.063	−0.061	0.025	0.366	0.055
三废综合利用产品产值 y_{13}	0.072	0.381	0.005	−0.051	−0.022
环境污染治理投资 y_{14}	0.018	−0.117	0.296	0.045	−0.112
生活垃圾无害化处理率 y_{15}	−0.356	−0.071	−0.019	−0.264	0.307
生活污水处理率 y_{16}	0.104	0.091	0.334	0.046	0.088

矩阵经过旋转后，得到各个公因子的得分系数，从而可以计算各个公因子的得分。土地利用公因子表达式为

$$X_k = C_{k1}x_1 + C_{k2}x_2 + \cdots + C_{kp}x_p$$

生态环境公因子表达式为

$$Y_k = C_{k1}y_1 + C_{k2}y_2 + \cdots + C_{kp}y_p$$

式中，C_{k1}、C_{k2}、C_{kp} 为第 k 个主成分的得分系数 x_1、x_2、$\cdots$、x_p 为原始数据标准化后的指标值。

然后根据土地利用和生态环境各主因子的得分和贡献率，可以得出武汉城市圈各个城市的土地利用和生态环境综合评价指数。其计算表达式为

$$F = \sum_{i=1}^{n} w_i F_i$$

式中，w_i 为因子权重，即旋转后的方差贡献率；F_i 为公因子得分。

经过计算，我们可得出土地利用评价综合指数和生态环境评价综合指数（表5-9）。

表5-9　土地利用和生态环境评价综合指数

城　　市	土地利用评价综合指数	生态环境评价综合指数
武汉市	0.775	0.323
黄石市	0.493	0.312
鄂州市	0.433	0.204
孝感市	0.304	0.375

城　市	土地利用评价综合指数	生态环境评价综合指数
黄冈市	0.246	0.474
咸宁市	0.296	0.505
仙桃市	0.294	0.657
潜江市	0.394	0.329
天门市	0.272	0.531

5.3.2 武汉城市圈各市土地利用与生态环境协调度与协调发展度

协调度与协调发展度是度量系统或者要素之间协调状况优劣程度的定量指标。根据协调度的概念，采用变异系数来表示土地利用和生态环境协调度计算模型。变异系数又称离散系数，反映的是两组数据的变异或离散程度，特别适用于比较度量单位不同的变异度。土地利用子系统和生态环境子系统是两个不同的系统，因此可用变异系数表示二者之间的协调度。变异系数公式如下：

$$C_v = S / \overline{X}$$

式中，C_v 为变异系数；S 为标准差；$\overline{X}$ 为平均值。

同时

$$S = \sqrt{\frac{\sum_{i=1}^{n}(x_i - \overline{x})}{n-1}}$$

所以

$$C_v = \sqrt{2\left[1 - \frac{x_1 \times x_2}{\left(\dfrac{x_1 + x_2}{2}\right)^2}\right]}$$

若土地利用评价综合指数为 L，生态环境评价综合指数为 E，那么土地利用评价综合指数与生态环境综合评价指数的变异系数为

$$C_v = \sqrt{2\left[1 - \frac{L \times E}{\left(\dfrac{L+E}{2}\right)^2}\right]}$$

理论上说，土地利用评价综合指数与生态环境综合评价指数的变异系数 C_v 越小，表示土地利用系统和生态环境系统协调程度越高。由公式可以得出：若 $\dfrac{L \times E}{\left(\dfrac{L+E}{2}\right)^2}$ 越大，则 C_v 越小，故定义土地利用与生态环境协调度模型为

$$C = \left[\frac{L \times E}{\left(\frac{L + E}{2} \right)^2} \right]^n$$

式中，C（$0 \leqslant C \leqslant 1$）为协调度；$n$（$n \geqslant 2$）为调节系数，根据研究区域的实际情况，为了增加协调度的区分度，设定 $n = 2$。C 反映出土地利用和生态环境协调的数量程度，从模型可以看出，C 值越大，协调性越好，反之越差。

协调度模型能够很好地反映土地利用和生态环境相互协调的程度，但是却无法反映两者整体协调发展水平的高低。比如，若两者协调度相当，但很可能各自的土地利用水平和生态环境水平不同，一个可能是在高水平协调，另一个可能是在低水平协调。因此，为了更好地反映土地利用和生态环境协调的水平，引入协调发展度模型：

$$K = \sqrt{C \times P}$$

式中，K 为协调发展度；C 为协调度；P 为土地利用和生态环境综合评价指数。$P = \alpha L(x) + \beta E(y)$，$\alpha$ 为土地利用发展水平权重，β 为生态环境发展水平权重。对于本章的研究区域来说，土地利用和生态环境同等重要，故在此处 $\alpha = \beta = 0.5$。

协调发展度模型综合了土地利用和生态环境协调状况 C，以及二者所处的发展层次 P，与协调度模型相比，具有更高的稳定性以及更广的使用范围，可用于不同城市（或区域）之间、同一城市（或区域）不同时期土地利用和生态环境发展状况的定量评价和比较，具有很强的操作性。

根据土地利用综合评价指数和生态环境综合评价指数，带入以上计算公式，可得出武汉城市圈各市土地利用和生态环境综合评价指数（P）、协调度（C）与协调发展度（K），具体结果详见表 5-10。

表 5-10 武汉城市圈各市土地利用与生态环境协调度及协调发展度

城　市	$L(x)$	$E(y)$	P	C	K
武汉市	0.765	0.323	0.544	0.697	0.616
黄石市	0.493	0.312	0.403	0.901	0.602
鄂州市	0.433	0.204	0.319	0.758	0.491
孝感市	0.304	0.375	0.340	0.978	0.576
黄冈市	0.246	0.474	0.360	0.810	0.540
咸宁市	0.296	0.505	0.401	0.868	0.590
仙桃市	0.294	0.657	0.476	0.730	0.589
潜江市	0.394	0.329	0.362	0.984	0.596
天门市	0.272	0.531	0.402	0.803	0.568

5.3.3 武汉城市圈各市土地利用与生态环境协调发展类型

为了能够综合反映武汉城市圈土地利用和生态环境的协调程度，以及协调发展水平，本章用协调发展类型来衡量土地利用和生态环境的协调发展状况。按照协调发展度 K 的大小，以及土地利用和生态环境综合评价指数，在综合取舍已有研究分类的基础上将协调发展类型划分为 7 类 21 个基本类型（表 5-11）。

表 5-11 土地利用与生态环境协调发展类型分类标准

协调发展度	协调发展类型	综合评价指数对比	基本类型
0.8~1	优质协调发展类	$E-L>0.1$	优质协调发展土地利用滞后
		$0\leqslant\lvert L-E\rvert\leqslant0.1$	优质协调发展土地利用与生态环境同步
		$L-E>0.1$	优质协调发展生态环境滞后
0.7~0.79	良好协调发展类	$E-L>0.1$	良好协调发展土地利用滞后
		$0\leqslant\lvert L-E\rvert\leqslant0.1$	良好协调发展土地利用与生态环境同步
		$L-E>0.1$	良好协调发展生态环境滞后
0.6~0.69	中级协调发展类	$E-L>0.1$	中级协调发展土地利用滞后
		$0\leqslant\lvert L-E\rvert\leqslant0.1$	中级协调发展土地利用与生态环境同步
		$L-E>0.1$	中级协调发展生态环境滞后
0.5~0.59	初级协调发展类	$E-L>0.1$	初级协调发展土地利用滞后
		$0\leqslant\lvert L-E\rvert\leqslant0.1$	初级协调发展土地利用与生态环境同步
		$L-E>0.1$	初级协调发展生态环境滞后
0.4~0.49	勉强协调发展类	$E-L>0.1$	勉强协调发展土地利用滞后
		$0\leqslant\lvert L-E\rvert\leqslant0.1$	勉强协调发展土地利用与生态环境同步
		$L-E>0.1$	勉强协调发展生态环境滞后
0.3~0.39	濒临失调类	$E-L>0.1$	濒临失调类土地利用滞后
		$0\leqslant\lvert L-E\rvert\leqslant0.1$	濒临失调类土地利用与生态环境同步
		$L-E>0.1$	濒临失调类生态环境滞后
0.1~0.29	失调衰退类	$E-L>0.1$	失调衰退类土地利用滞后
		$0\leqslant\lvert L-E\rvert\leqslant0.1$	失调衰退类土地利用与生态环境同步
		$L-E>0.1$	失调衰退类生态环境滞后

根据上文计算的武汉城市圈土地利用协调度及协调发展度，结合协调发展分类标准，可以得出武汉城市圈各个城市土地利用和生态环境协调发展类型

（表 5-12）。

表 5-12　武汉城市圈各个城市土地利用和生态环境协调发展类型

城　市	L	E	K	协调发展类型
武汉市	0.77	0.32	0.62	中级协调发展生态环境滞后型
黄石市	0.49	0.31	0.60	中级协调发展生态环境滞后型
鄂州市	0.43	0.20	0.49	勉强协调发展生态环境滞后型
孝感市	0.30	0.38	0.58	初级协调发展土地利用与生态环境同步型
黄冈市	0.25	0.47	0.54	初级协调发展类土地利用滞后型
咸宁市	0.30	0.51	0.59	初级协调发展类土地利用滞后型
仙桃市	0.29	0.66	0.59	初级协调发展类土地利用滞后型
潜江市	0.39	0.33	0.60	中级协调发展土地利用与生态环境同步型
天门市	0.27	0.53	0.57	初级协调发展类土地利用滞后型

5.3.4　协调发展类型成因分析

　　土地作为最重要的生产要素之一，对经济发展起着至关重要的作用，其中之一就是土地利用能够影响产业结构的调整。土地利用结构的调整是产业结构调整的基础。目前土地利用水平的高低主要体现在土地利用社会经济效益的增长快慢上，而产业结构的调整又是影响土地利用社会经济效益的一个主要因素，因此本节主要从土地利用结构、利用方式、产业结构方面进行武汉城市圈各市土地利用与生态环境协调发展类型的成因分析。

5.3.4.1　中级协调发展生态环境滞后型

　　武汉市、黄石市属于中级协调发展环境滞后型的城市。武汉市作为湖北省政治、经济、文化、信息中心，交通区位优势明显，产业集群程度较高，而且近年来武汉市为突破土地资源对经济发展造成的瓶颈，不断探索土地集约、节约利用的新途径。基于这些原因，武汉市土地利用综合指数为 0.77，远远高于武汉城市圈其他城市。黄石市是湖北省的第二大城市，是中国中部地区重要的原材料工业基地。黄石市在冶金、建材、矿产等产业方面占有重要的地位，这些产业对黄石经济发展起到了很大的推动作用，因此其土地利用综合指数处于城市圈上游水平。但是作为传统的老工业基地，武汉市、黄石市产业结构偏重型化，经济增长方式较粗放，能耗较高，排污量较大。2007 年武汉市重轻工业比为 3.59∶1，黄石市为 6.60∶1。黄石市大量矿山遭到过度开采，致使其矿山植被严重破坏。目前黄石市需要治理的矿山植被面积约 7km²，大量的尾矿、尾砂堆积造成了严重的安全隐患。据不完全统计，2003～2008 年，黄石矿山塌陷面积 59.1 万 m²，滑坡 335.7 万 m²，泥石流、地裂等地质灾害也有不同程度的发生。粗放的经济增长方式破坏了人口、资源、经济与环境之间的协调性，造成了自然生态环境质量的下降。同时，由于人为的干预，城市内部的大量的自然景观被人为景观所取代，城市内部的生物循环遭到破坏，致使水体富营养化等现象频繁出现。虽然武汉市、黄石市生态环境保护工作已经展开且初见成效，但是由于起步较晚，并没有形成完善的生态环境保护机制，因此武汉市、黄石市生态环境水平仍处于滞后状态。

5.3.4.2　中级协调发展土地利用与生态环境同步型

潜江市属于中级协调发展土地利用与生态环境同步型的城市。潜江市"地上盛产粮棉油，地下富藏油气盐"。目前，已形成油气开采、冶金机械、医药化工、纺织服装、农副产品加工五大支柱产业。近年来，潜江市按照"一主三化"的方针，围绕工业兴市目标，优化经济结构、增创竞争优势、培植新的经济增长点，促进了市域经济的发展。2010 年，全市完成地区生产总值 290.67 亿元，同比增长 16.2%，在全省 17 个市州中位居第二。优越的自然资源，完善的基础设施使潜江市土地利用水平居城市圈中游水平。但是，由于潜江市以工业为主导产业，在工业为潜江经济发展做出贡献的同时也对生态环境造成了很大的破坏，"三废"的排放更是加重了生态环境的负担。据统计，潜江市每年钻采废水产生量为 402 万 t 以上，采油废水回注已对地下水、土壤、河流、植被等农业生态造成了严重的破坏，潜江市生态环境综合指数偏低。但相对于土地利用而言，二者基本上能保持同步。

5.3.4.3　初级协调发展类土地利用滞后型

黄冈市、咸宁市、仙桃市、天门市属于初级协调发展类土地利用滞后型的城市。黄冈市地处湖北省东部、鄂豫皖 3 省交界处，紧邻安徽皖江经济带、江西昌九工业走廊和武汉市，在武汉市城市圈中面积最大，是湖北省最先受到"长三角"辐射的地区。但由于受自身条件的限制，黄冈市经济发展较慢，产业集聚迟缓，土地利用效率偏低。咸宁市、仙桃市、天门市从产业结构来看属于劳动密集型城市，主要从事制造业、纺织业等对设备技术要求较低的轻工业，整体效益偏低。生态环境方面，黄冈市、咸宁市生物资源多种多样，森林覆盖率超过 40%，仙桃市、天门市地处江汉平原腹地，四季分明、雨量充沛、阳光充足、气候温和，再加上境内产业侧重于轻工业，污染较小，因此黄冈市、咸宁市、仙桃市和天门市整体生态环境质量相对较高。从整体上来看，4个城市的土地利用水平要滞后于生态环境的发展水平。

5.3.4.4 初级协调发展土地利用与生态环境同步型

孝感市属于初级协调发展土地利用与生态环境同步型的城市。孝感市农用地所占比重较高，同时又是一个以劳动密集型产业为主的城市，工业化水平处于初级发展阶段，因此，短时间内其经济发展水平会比较缓慢。近年来，孝感市实施退耕还林工程，有效地带动了产业结构调整，提高了土地利用的社会、经济和生态效益。但由于受到经济、社会等诸多因素的影响，孝感市生态环境也出现了恶化的情况。一是对河流水资源开发程度加大，生态用水被挤占，开发活动引起断流增加；二是森林覆盖率虽有所增长，但森林生态系统结构和功能总体质量不高；三是化肥、农药的使用，以及工业"三废"的排放致使环境恶化。总体而言，孝感市土地利用与生态环境比较协调，基本上处于同步发展阶段。

5.3.4.5 勉强协调发展生态环境滞后型

鄂州市属于勉强协调发展生态环境滞后型的城市。鄂州市是长江中游南岸的一座新兴工业城市，是鄂东"服装走廊"、"冶金走廊"、"建材走廊"的重要支撑，形成了以冶金、建材、医药、化工、机械、电子、服装、轻工为主体的门类齐全的工业体系，是湖北省重要的工业基地和鄂东的商品集散中心，经济发展较为迅速。作为传统的老工业基地，鄂州市经济发展的同时对环境造成了很大的破坏，再加上政府对环境关注力度不够，导致鄂州市，生态恶化的趋势日益严重。

5.4 武汉城市圈整体动态协调关系分析

5.4.1 武汉城市圈土地利用与生态环境因子分析

为了能够很好地了解武汉城市圈土地利用和生态环境的整体协调状况，此处选取了武汉城市圈2002～2008年的土地利用和生态环境指标数据，通过对指标数据进行因子分析来研究武汉城市圈土地利用和生态环境整体动态协调状况。数据处理结果如表5-13～表5-16所示。

表 5-13　武汉城市圈土地利用公因子特征值及旋转后的贡献率

公因子	初始特征值			旋转平方和载入		
	特征值	方差贡献率/%	累积贡献率/%	特征值	方差贡献率/%	累积贡献率/%
1	10.643	76.024	76.024	9.462	67.584	67.584
2	2.186	15.613	91.637	3.367	24.053	91.637
3	0.919	6.562	98.198			
4	0.209	1.494	99.693			
5	0.038	0.271	99.964			
6	0.005	0.036	100			
7	0	0	100			

注：提取方法为主成分分析法

资料来源：《中国城市统计年鉴》（2008 年）；《湖北省统计年鉴》（2008 年）

表 5-14　武汉城市圈土地利用旋转因子载荷矩阵

指标	公因子 1	公因子 2
土地利用程度综合指数	0.991	−0.031
地均工业总产值	0.969	0.132
地均财政收入	0.968	0.232
地均农业总产值	0.966	0.075
地均生活消费品零售总额	0.965	0.215
地均 GDP	0.959	0.194
交通水利用地比例	0.922	0.381
居民点及工矿用地比例	0.917	0.395
人均建设用地面积	0.895	0.397
人口密度	−0.748	−0.361
林地比例	0.445	0.871
复种指数	−0.324	0.848
耕地比例	−0.614	−0.777
地均就业人数	0.296	0.731

注：提取方法为主成分分析法；旋转法为具有 Kaiser 标准化的正交旋转法

资料来源：《中国城市统计年鉴》（2008 年）；《湖北省统计年鉴》（2008 年）

表 5-15　武汉城市圈生态环境公因子特征值及旋转后的贡献率

公因子	初始特征值			旋转平方和载入		
	特征值	方差贡献率/%	累积贡献率/%	特征值	方差贡献率/%	累积贡献率/%
1	11.731	73.321	73.321	11.727	73.294	73.294
2	1.984	12.403	85.724	1.989	12.43	85.724

公因子	初始特征值			旋转平方和载入		
	特征值	方差贡献率/%	累积贡献率/%	特征值	方差贡献率/%	累积贡献率/%
3	0.922	5.761	91.485			
4	0.598	3.737	95.222			
5	0.511	3.195	98.417			
6	0.253	1.583	100			
7	0	0	100			

表 5-16　武汉城市圈生态环境旋转因子载荷矩阵

指　标	公因子 1	公因子 2
生活污水处理率	0.983	0.082
三废综合利用产品产值	0.982	-0.026
环境污染治理投资	0.978	0.079
工业固体废弃物综合利用量	0.978	0.168
工业烟尘去除量	0.978	-0.072
工业二氧化硫去除量	0.972	0.102
地均工业废弃物产生量	0.965	0.015
地均工业废水排放量	-0.957	0.038
地均工业二氧化硫排放量	0.941	-0.203
工业废水排放达标量	-0.916	-0.004
绿化覆盖率	0.867	0.276
造林面积	-0.848	0.296
城市居民生活用水量	-0.836	-0.128
生活垃圾无害化处理率	-0.363	0.798
人均公共绿地面积	0.323	0.785
地均工业烟尘排放量	-0.048	-0.674

注：提取方法为主成分分析法；旋转法为具有 Kaiser 标准化的正交旋转法

由表 5-15 可以看出，前 3 个公因子方差累积贡献率达到了 97.87%，基本上包含了所有的原始信息，能够较好的解释武汉城市圈整体土地利用状况，因此选取前 3 个公因子作为武汉城市圈土地利用的公因子。

表 5-14 是旋转后的因子载荷矩阵，可以看出，第 1 个公因子对地均 GDP、地均工业总产值、地均农业总产值、地均社会消费品零售总额、地均财政收入

等指标的载荷较大，这些因子体现出了土地利用的经济发展水平，因此将第1个公因子命名为经济发展因子。第2个因子对耕地比例、林地比例的指标载荷绝对值较高，因此将其命名为生态发展因子。

由表5-15可以看出，前两个公因子方差累积贡献率达到了85.157%，包含了原有指标中大部分的原始信息，能够较好的说明武汉城市圈整体生态环境状况，因此选取前两个公因子作为武汉城市圈生态环境的公因子。

从表5-16可以看出，第1个公因子对"三废"综合利用产品产值、工业烟尘去除量、生活污水处理率、环境污染治理投资、工业固体废弃物综合利用量、单位面积二氧化硫排放量、单位面积、工业废弃物产生量等指标载荷较大，这些因子反映了"三废"的排放及治理效果，因此将第1个公因子命名为污染控制因子。第2个公因子对绿化覆盖率、人均公共绿地面积等的载荷较大，这些因子反映了生态环境的持续发展能力，因此将其命名为环境发展因子。

5.4.2 武汉城市圈协调发展度与协调发展类型

经过因子旋转，得出武汉城市圈土地利用和生态环境的公因子得分系数矩阵（表5-17、表5-18）。

表5-17 武汉城市圈土地利用公因子得分系数矩阵

指 标	经济发展因子1	生态发展因子2
耕地比例	0.009	−0.239
林地比例	−0.045	0.298
居民点及工矿用地比例	0.083	0.045
交通水利用地比例	0.085	0.039
土地利用程度综合指数	0.147	−0.137
人均建设用地面积	0.080	0.048
复种指数	−0.154	0.386
人口密度	−0.063	−0.053
地均工业总产值	0.124	−0.069
地均农业总产值	0.13	−0.091
地均GDP	0.114	−0.042
地均生活消费品零售总额	0.113	−0.034
地均财政收入	0.111	−0.028
地均就业人数	−0.049	0.260

表 5-18　武汉城市圈生态环境公因子得分系数矩阵

指　标	污染控制因子 1	环境发展因子 2
造林面积	− 0.075	0.157
绿化覆盖率	0.072	0.131
城市居民生活用水量	− 0.070	− 0.057
人均公共绿地面积	0.021	0.392
地均工业废水排放量	− 0.082	0.027
地均工业二氧化硫排放量	0.082	− 0.111
地均工业废弃物产生量	0.082	0.000
地均工业烟尘排放量	0.002	− 0.339
工业烟尘去除量	0.084	− 0.045
工业二氧化硫去除量	0.082	0.043
工业固体废弃物综合利用量	0.082	0.076
工业废水排放达标量	− 0.078	0.006
三废综合利用产品产值	0.084	− 0.022
环境污染治理投资	0.083	0.031
生活垃圾无害化处理率	− 0.038	0.405
生活污水处理率	0.083	0.032

　　根据武汉城市圈土地利用和生态环境得分系数矩阵，结合土地利用和生态环境综合指数计算公式、协调度与协调发展度模型以及武汉城市圈各市土地利用与生态环境协调发展分类标准，我们可以计算出 2002～2008 年武汉城市圈土地利用和生态环境综合指数、协调度及协调发展度，能够判别出武汉城市圈协调发展分类，详见表 5-19。

表 5-19　武汉城市圈土地利用和生态环境协调发展类型

年　份	L	E	C	K	协调类型
2002	0.448	0.485	0.997	0.466	勉强协调发展土地利用与生态环境同步
2003	0.471	0.492	0.999	0.482	勉强协调发展土地利用与生态环境同步
2004	0.489	0.507	0.999	0.498	勉强协调发展土地利用与生态环境同步
2005	0.507	0.530	0.999	0.518	勉强协调发展土地利用与生态环境同步
2006	0.550	0.547	1.000	0.549	初级协调发展土地利用与生态环境同步
2007	0.582	0.571	1.000	0.576	初级协调发展土地利用与生态环境同步
2008	0.632	0.598	0.998	0.615	中级协调发展土地利用与生态环境同步

5.4.3 武汉城市圈协调发展类型分析

由表5-19和图5-1我们可以看出武汉城市圈土地利用水平、生态环境水平以及二者协调发展度不断上升，土地利用与生态环境协调度有升有降，但总体呈上升趋势。城市圈协调发展类型由勉强协调发展土地利用与生态环境同步阶段经历初级协调发展生态环境同步发展阶段到中级协调发展土地利用与生态环境同步阶段。2002～2005年，武汉城市圈土地利用水平滞后于生态环境发展的水平；2006年，土地利用水平与生态环境水平基本相当，同步发展；2007～2008年土地利用水平发展速度相对较快，领先于生态环境发展水平。

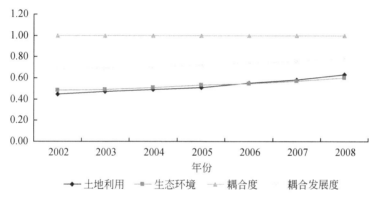

图5-1 武汉城市圈土地利用、生态环境、协调度及协调发展度曲线

武汉城市圈构建计划提出以来，伴随着城市化进程的加快，土地利用的社会经济效益日益攀升，土地利用结构、利用方式不断发生转变。武汉城市圈耕地面积不断减少，由2002年的1 907 489.2hm² 减少到2008年的1 835 172.8hm²，共减少了72 316.4hm²；建设用地面积不断增加，由2002年的564 931.7hm² 增加到607 976.0hm²，共增加了43 044.3hm²。城市圈地均GDP、地均固定资产投入、地均社会消费品零售总额不断上升，地均GDP由2002年的514.95亿元上升至2008年的1 205.78亿元。

土地利用的社会经济效益快速增长的同时，生态环境却承受了很大的压力。武汉城市圈土地利用方式的转变破坏了原有的生态平衡，加上生活垃圾、生活污水、工业"三废"等的任意排放，生态环境遭受到严峻的考验。近些年，武汉城市圈各市政府已经开始注重生态环境保护工作，并取得了一定的成效，各个市从环境保护、水生态修复、污染物减排等方面探索新的环保机制。例如，武汉市武钢等八家大型企业与保险公司签订环境污染责任保险；黄冈市建立总量减排联席会议制、目标责任制、考核评估制、问责制、检查制的"五制联动"制度等。2002 ~ 2008 年城市圈环境污染治理投资由 121 550.4 万元上升到 266 657.3 万元，生活垃圾无害化处理率、生活污水处理率、"三废"综合利用产品的产值呈逐年递增趋势。

虽然土地利用水平与生态环境水平都在不断提高，但是从表 5-19 中可以看出，二者的步调并不一致，2002 ~ 2008 年，土地利用水平的提高速度明显要高于生态环境的增长速度，也就是说，在土地利用社会经济效益迅速提高的同时，政府并没有投入相应的生态环境保护力度，从而致使生态环境水平增长速度落后于土地利用水平的增长速度，造成了武汉城市圈由土地利用滞后的状态过渡到了生态环境滞后的状态。

总体来说，武汉城市圈近些年注重集约、节约，充分、合理利用土地，使土地利用社会经济效益和人民生活质量逐年提高；政府逐年加大对生态环境保护的投资，生态环境逐年好转，土地利用和生态环境的关系越来越好。

5.5 武汉城市圈土地利用与生态环境协调趋势预测及分析

所谓预测，就是人们在观察和分析事物历史和现状发展的基础上，通过对事物发展的认识来推测其未来的发展状况。武汉城市圈土地利用和生态环境协调趋势发展预测就是在研究武汉城市圈土地利用与生态环境现状发展的基础上，对武汉城市圈土地利用和生态环境状况进行预测，进而分析二者的协调度及协调发展度。

综合考虑实际情况，本章采取灰色系统预测模型进行预测，具体原因有两个：一是由于协调度的预测取决于土地利用和生态环境复杂的交互影响机制，而二者的交互影响机制是灰色的，即有一定的认识，但又不是特别清楚。二是本书中城市圈数据是 2002 ~ 2008 年的数据，数据量相对较少，如果用其他方法的话，难免产生较大的误差。

5.5.1 灰色系统模型的构建

5.5.1.1 模型建立

设 $X^{(0)} = [x^{(0)}(1), x^{(0)}(2), \cdots, x^{(0)}(n)]$ 是非负原始序列，一次累加生产

序列为

$$X^{(1)} = [x^{(1)}(1), x^{(1)}(2), \cdots, x^{(1)}(n)]$$

式中，

$$x^{(1)}(t) = \sum_{i=1}^{t} x^{(0)}(i), t = 1, 2, \cdots, n$$

$X^{(1)}$ 的均值生产序列为

$$Z^{(1)} = [z^{(1)}(2), z^{(1)}(3), \cdots, z^{(1)}(n)]$$

式中，

$$z^{(1)}(t) = \frac{1}{2}[x^{(1)}(t-1) + x^{(1)}(t)], t = 2, \cdots, n$$

则

$$x^{(0)}(t) + az^{(1)}(t) = b$$

为 GM（1，1）的基本形式，a，b 为待定系数。其中 a 为发展系数，b 为灰色作用量，a 的有效区间为（-2，2）。

$$\frac{dx^{(1)}}{dt} + ax^{(1)} = b$$

为 GM（1，1）的白化方程。

设 GM（1，1）模型基本形式中 $x^{(0)}(t) + az^{(1)}(t) = b$ 参数为

$$A = \begin{pmatrix} a \\ b \end{pmatrix}, Y = \begin{pmatrix} x^{(0)}(2) \\ x^{(0)}(3) \\ \vdots \\ x^{(0)}(n) \end{pmatrix}, B = \begin{pmatrix} -z^{(1)}(2) & 1 \\ -z^{(1)}(3) & 1 \\ \vdots & \vdots \\ -z^{(1)}(n) & 1 \end{pmatrix}$$

则由最小二乘法有 $A = (B^T B)^{-1} B^T Y$，进而得出 a、b 的值。

则有 GM（1，1）模型 $x^{(0)}(t) + az^{(1)}(t) = b$ 的时间响应函数、还原值分别为

$$\hat{x}^{(1)}(t+1) = \left[x^{(0)}(1) - \frac{b}{a}\right]e^{-at} + \frac{b}{a}, \quad t = 1, 2, \cdots$$

$$\hat{x}^{(0)}(t+1) = \hat{x}^{(1)}(t+1) - \hat{x}^{(1)}(t), \quad t = 1, 2, \cdots$$

式中，$-a$ 为发展系数，主要反映系统发展态势的大小；b 为灰色作用量，反映了数据变化的关系。

非负原始数列 $X^{(0)} = [x^{(0)}(1), x^{(0)}(2), \cdots, x^{(0)}(n)]$ 级比为

$$\sigma^{(0)}(t) = \frac{x^{(0)}(t-1)}{x^{(0)}(t)}, t = 3, 4, \cdots, n$$

若 $t \geq 3$ 时，满足 $\sigma^{(0)}(t) \in (e^{-\frac{2}{n+1}}, e^{\frac{2}{n+1}})$，则该序列可以进行 GM（1，1）

模型预测。

5.5.1.2　模型检验

为了保证所建灰色系统模型有较高的精度用于预测，一般需要按以下步骤进行检验：

非负原始数列 $X^{(0)} = [x^{(0)}(1), x^{(0)}(2), \cdots, x^{(0)}(n)]$ 的预测序列为

$$\hat{X}^{(0)} = [\hat{x}^{(0)}(1), \hat{x}^{(0)}(2), \cdots, \hat{x}^{(0)}(n)]$$

残差序列为

$$e^{(0)} = [e^{(1)}, e^{(2)}, \cdots, e^{(n)}]$$
$$= [x^{(0)}(1) - \hat{x}^{(0)}(1), x^{(0)}(2) - \hat{x}^{(0)}(2), \cdots, x^{(0)}(n) - \hat{x}^{(0)}(n)]$$

相对误差序列为

$$\Delta_t = \left| \frac{e^{(t)}}{x^{(0)}(t)} \right|, t = 1, 2, \cdots, n$$

平均相对误差序列为

$$\overline{\Delta} = \frac{1}{n-1} \sum_{t=2}^{n} \Delta_t$$

给定 α，当 $\overline{\Delta} < \alpha$ 且 $\Delta_n < \alpha$ 成立时，模型为残差合格模型。

原始数据方差 $S_X^{(0)}$ 与残差方差 $S_e^{(0)}$ 为

$$S_X^{(0)} = \sqrt{\frac{1}{n} \sum_{t=1}^{n} [x^{(0)}(t) - \overline{x^{(0)}}]^2}$$

$$S_e^{(0)} = \sqrt{\frac{1}{n-1} \sum_{t=2}^{n} [e^{(0)}(t) - \overline{e^{(0)}}]^2}$$

那么我们称 $c = \dfrac{S_e^{(0)}}{S_X^{(0)}}$ 为后验差比值，对于给定的 $c_0 > 0$，当 $c < c_0$ 时，称模型为均方差比合格模型；$p = p\{|e^{(0)}(t) - \overline{e^{(0)}}| < 0.675 S_X^{(0)}\}$ 为小误差概率，对于给定的 $p_0 > 0$，当 $p > p_0$ 时，称模型为小误差概率合格模型。

上述 3 个模型给出了检验灰色系统模型精度的 3 种方法，这 3 种方法都是通过残差来判断模型精度的。其中，平均相对误差 $\overline{\Delta}$、均方差比值 C 越小越好，小误差概率 P 越大越好。根据给定的 a，c_0，p_0 的一组取值，就可以确定检验模型模拟精度的等级。按上述指标把预测等级划分为 4 个等级，如表 5-20 所示。

表 5-20 精度检验等级参照表

精度等级	$\overline{\Delta}$	c	p
一级	0.01	0.35	0.95
二级	0.05	0.50	0.80
三级	0.10	0.65	0.70
四级	0.20	0.80	0.60

5.5.2　武汉城市圈土地利用与生态环境协调预测

土地利用综合指数原始数据序列为

$$X^{(0)} = (0.448, 0.471, 0.489, 0.489, 0.507, 0.582, 0.632)$$

生态环境综合指数原始数据序列为

$$Y^{(0)} = (0.485, 0.492, 0.507, 0.530, 0.547, 0.571, 0.598)$$

其级比数列分别为

$$\sigma_x^{(0)} = (1.053, 1.037, 1.037, 1.084, 1.058, 1.086)$$

$$\sigma_y^{(0)} = (1.014, 1.031, 1.044, 1.033, 1.043, 1.047)$$

当 $n = 7$ 时，

$$\left(e^{-\frac{2}{n+1}}, e^{\frac{2}{n+1}}\right) = (0.779, 1.284)$$

当 $t \geq 3$ 时，满足 $\sigma^{(0)}(t) \in \left(e^{-\frac{2}{n+1}}, e^{\frac{2}{n+1}}\right)$，所以模型通过可行性检验。

通过最小二乘法得武汉城市圈土地利用和生态环境 GM（1，1）的参数为

$$\begin{pmatrix} a_x \\ b_x \end{pmatrix} = \begin{pmatrix} -0.061 \\ 0.419 \end{pmatrix}$$

$$\begin{pmatrix} a_y \\ b_y \end{pmatrix} = \begin{pmatrix} -0.039 \\ 0.461 \end{pmatrix}$$

进行模拟得出二者白化方程响应式

$$\hat{x}^{(1)}(t+1) = 7.3646e^{0.061t} - 6.9166, t = 1, 2, \cdots, n-1$$

$$\hat{y}^{(1)}(t+1) = 12.241e^{0.039t} - 11.756, t = 1, 2, \cdots, n-1$$

从而得到还原方程为

$$\hat{x}^{(0)}(t+1) = 0.433e^{0.061t}$$

$$\hat{y}^{(0)}(t+1) = 0.47e^{0.039t}$$

根据还原方程可以得出表 5-21、表 5-22：

表 5-21　土地利用灰色系统预测值与实际值比较

年　份	原始值	模拟值	残　差	相对误差/%
2002	0.448			
2003	0.471	0.460	0.011	2.39
2004	0.489	0.489	0.000	0.02
2005	0.507	0.520	−0.013	2.51
2006	0.550	0.553	−0.003	0.48
2007	0.582	0.587	−0.006	0.97
2008	0.632	0.624	0.008	1.22
平均值				1.26

表 5-22　生态环境灰色系统预测值与实际值比较

年　份	原始值	模拟值	残　差	相对误差/%
2002	0.485			
2003	0.492	0.489	0.003	0.70
2004	0.507	0.508	−0.001	0.14
2005	0.530	0.528	0.001	0.24
2006	0.547	0.549	−0.002	0.41
2007	0.571	0.571	0.000	0.05
2008	0.598	0.594	0.004	0.65
平均值				0.37

所以平均相对误差 $\overline{\Delta}_x = \dfrac{1}{n-1}\sum\limits_{t=2}^{n}\Delta_t = 1.26\%$ ，$\overline{\Delta}_y = \dfrac{1}{n-1}\sum\limits_{t=2}^{n}\Delta_t = 0.37\%$ ；

后验差比值 $c_x = \dfrac{S_e^{(0)}}{S_X^{(0)}} = \dfrac{0.009\ 964\ 3}{0.060\ 693} = 0.164\ 17$ ，$c_y = \dfrac{S_e^{(0)}}{S_Y^{(0)}} = \dfrac{0.004\ 125\ 1}{0.038\ 794} =$

$0.106\ 33$ ；小误差概率 $p_x = p\{|e^{(0)}(t) - \overline{e^{(0)}}| < 0.675 S_X^{(0)}\} = 1$ ，$p_y = p\{|$
$e^{(0)}(t) - \overline{e^{(0)}}| < 0.675 S_Y^{(0)}\} = 1$ 。

根据精度检验等级参照表，该预测模型平均相对误差属于二级标准，后验差比值和小误差概率属于一级标准，可用于外推预测。

根据预测公式，可以预测武汉城市圈未来 7 年内的土地利用和生态环境状况，然后根据土地利用和生态环境状况计算出协调度及协调发展度并判别其协调发展类型。详见表 5-23。

表 5-23 武汉城市圈土地利用与生态环境协调度及协调发展度预测表

年 份	L	E	C	K	协调类型
2009	0.664	0.618	0.997	0.641	中级协调发展土地利用与生态环境同步
2010	0.705	0.642	0.996	0.674	中级协调发展土地利用与生态环境同步
2011	0.750	0.668	0.993	0.709	良好协调发展土地利用与生态环境同步
2012	0.797	0.694	0.991	0.746	良好协调发展生态环境滞后
2013	0.847	0.722	0.987	0.784	良好协调发展生态环境滞后
2014	0.900	0.750	0.984	0.825	优质协调发展生态环境滞后
2015	0.957	0.780	0.979	0.869	优质协调发展生态环境滞后

5.5.3 预测结果分析

由表 5-23 可以看出 2009～2015 年武汉城市圈土地利用与生态环境水平会逐步提高，但二者之间的差距也会越来越大，从协调度数据可以看出，2009～2015 年城市圈协调度在逐渐降低。随着国家"中部崛起"战略的提出，以及湖北省建立"武汉城市圈"战略的实施，武汉城市圈经济得到了快速的发展，但是由于城市圈发展起点较低，其经济发展速度相对较缓。武汉城市圈先天生态环境条件较为优越，质量较高，因此在城市圈经济发展速度不高的时期，较少的生态环境投入就能够使生态环境水平同步于土地利用水平。但是，随着城市圈城市化进程的加快，土地利用的变化增速，土地利用社会经济效益得到了迅速提升。而政府对于生态环境的投入虽说也在逐年增长，但是相对土地利用投入水平的增长速度而言，生态环境的投入是相对滞后的，因此二者之间的差距越来越大，协调水平也越来越低。但从总体上而言，武汉城市圈土地利用与生态环境水平都处于一个提升阶段，二者的协调发展水平也在不断提升。

第6章

"两型社会"目标下武汉城市圈土地资源数量结构优化配置

6.1 基于"两型社会"目标土地资源优化配置内涵研究

土地资源优化配置是为了达到社会、经济和生态目标的最优化，根据土地的特性，利用一定的管理手段和科学技术，对指定区域的土地资源进行利用方式、数量结构、空间布局和综合效益等的优化，保持人地系统的协调运行和可持续发展，不断完善土地生态经济系统功能。

构建"两型社会"旨在具体贯彻落实科学发展观，反映在经济建设中，即要求经济发展必须由过去"高投入、高能耗、高污染、低产出"的模式向"低投入、低能耗、低污染、高产出"的模式转变，经济增长方式由粗放型向集约型转变。而土地，作为一种稀缺性资源，同时又是支撑经济增长的重要因素，应当最大化地发挥土地资源的承载和生产能力，最大限度地支持经济发展。土地资源的合理配置必将够带动和促进"两型社会"的建设和发展，"两型社会"的建设目标也将成为推动土地资源优化配置的总体指导方针。

因此，基于"两型社会"的目标城市圈土地资源的优化配置，即对土地资源的各种利用类型进行合理的数量安排和空间布局，从而既实现土地利用系统的经济效益、社会效益和生态效益的最大化，又符合按照"两型社会"建设的要求，实现土地资源的节约利用（资源节约）和土地利用的环保效益（环境友好）。

6.1.1 土地资源优化配置目标

土地利用优化配置目标最终要通过土地利用的经济效益、社会效益和生态环境效益3个方面来体现。"优化"是一种过程和手段，其目的在于把一定的土地利用方式与土地适宜性、社会经济性进行适合比配，形成合理的土地利用结构和布局，以最大限度地提高土地利用的综合效益。它既是相对于不合理的土地利用问题而存在的人类期望和目标，也是科学决策操作与及时反馈调节相结合的双向行为过程。土地资源经济供给具有稀缺性，因此土地资源优化配置的目标，是在时空上把有限的土地资源分配于不同的用途，并在微观层次与其他经济资源（人力、资金、技术）形成合理组合，以使这些资源能够生产出更多的为社会所需要的产品、提供更多的服务，同时又不导致生态环境质量下降。

根据以上分析，武汉城市圈在资源环境的约束下，要取得尽可能大的综合效益，寻求土地资源在产业间、地区间的合理结构和布局，同时保持区域内的生态平衡，土地资源优化配置的模型设计应该追求以下的目标。

6.1.1.1 经济效益目标

不管效益目标函数如何复杂，土地利用优化配置的主要标准就是使有限的土地尽可能生产出较多的产品和提供较多的服务。这个经济效益的概念，讲的是生产过程的效益，是指有限的投入生产出尽可能多的符合需要的产品及提供人民需要的各种服务。就目前的认识水平来说，反映一个国家或者一个地区在一年内创造的产品和服务价值的指标为国民生产总值（GNP）、国内生产总值（GDP）和净产值。按照经济效益原则，要求国民生产总值或国内生产总值或净产值尽可能大的增长。

6.1.1.2 社会效益目标

符合上述经济效益的原则，并不代表土地合理利用的全部内容。土地资源优化配置，还须考虑土地产出的产品和服务与社会需求如何最好适应的问题，不仅要求最有效地进行生产，同时也要求社会最有效地分配生产和服务，实现最有效的消费，不解决分配和消费过程中的效益问题，生产中的效益或经济效益就不能最终实现。除了上述因素以外，还有社会文化、社会保障和社会稳定等方面的效益。

6.1.1.3 生态效益目标

对生态环境的改善也是属于土地资源优化配置的合理性内容之一，在"两型社会"建设背景下，其重要地位尤为突出。对土地具有高效益的最大产出和公平的分配并不能保证对生态环境的充分保护，因而它们并不是土地资源合理配置的充分条件。只有在土地资源利用中注重经济效益、社会效益和生态效益的合理配合，才是土地资源合理配置的完整准则。

6.1.2 土地资源优化配置原则

为保证武汉城市圈土地利用结构优化与空间优化的科学性、可行性和可操作性，必须以邓小平关于建设有中国特色的社会主义理论和系统科学思想为指导，以国民经济与社会发展"十一五"规划和2020年远景目标为依据，依照社会主义市场经济规律，以及土地利用的自然与经济属性，科学地优化土地利用结构与布局。

6.1.2.1 整体性原则

系统的整体性是系统理论的核心，是系统、科学的考虑问题的出发点和归宿。土地资源优化配置工作方案的设计就是对土地利用的规划，它是有结构的，结构决定功能，而且要求整体功能大于各部分功能之总和。因此，土地资源优化配置必须坚持整体性的原则，必须从总体协调的需要出发，正确处理好每个子系统的技术要求；处理好每个子系统与整体之间、各子系统之间的矛盾，使系统处于最佳的运行状态、实现整体功能最优。

6.1.2.2 协调性原则

土地利用结构与布局优化必须要与土地利用总体规划相协调，只有这样，才能使土地利用系统的整体功能发挥最佳，保证区域内土地资源的高效、持续和协调利用，才能使土地资源配置在时空上实现效益最大化。

6.1.2.3 继承性原则

土地资源时空调整的过程就是土地利用结构对现状土地利用进行调整趋优的过程。因此土地资源优化配置必须以土地利用的现状为基础，在对土地利用现状的结构、空间布局和综合效益进行系统分析的基础上确定相对合理的优化方案，才能保持土地利用的稳定性，做到循序渐进。

6.1.2.4 持续性原则

上地利用既要考虑现在，也要着眼于未来，即要考虑其可持续性。土地资源可持续利用是在特定的时期和地区条件下，对土地资源进行合理的开发、使用、治理、保护，并通过合理利用组织、协调人地关系及人与资源、环境的关系，满足当代人与后代人生存发展的需要。土地资源优化配置必须以其为根本，以其为准则来制定配置方案。

6.1.2.5 动态性原则

土地的自然要素和经济要素是不断变化和发展的，社会因素的变化，导致土地利用配置方案也要不断进行调整和优化。土地利用配置方案的优化具有相对性，要根据区域经济发展变化的需要不断进行适时调整和修正，以保持相对优化的状态，从而在相对稳定的基础上表现区域土地利用的动态性。

6.1.2.6 综合效益最大化原则

土地利用结构优化的综合效益最大化原则，并不是经济效益、社会效益和生态效益等目标效益间的均衡或同时获得这几项效益的最大化，而是通过一种主导目标辅以其他目标的实现，还要视具体地区、系统层次而做出选择。因为这些效益在一个具体的项目上则既有可能相互依存，也有可能互相排斥。因此，对一个具体的土地利用结构优化方案，必须全面衡量各种效益并进行利弊的权衡，按综合效益原则实行资源分配，土地利用结构才能实现优化配置。

6.1.3 土地资源优化配置方法

土地资源优化配置是一项复杂的系统工程，是一个多目标、多层次的持续拟合与决策过程。构建土地资源优化配置模型需要采用多学科的多种方法论，包括动态模拟、数学规划、系统动态学、工程学等理论和方法。

6.1.3.1 线性规划方法

线性规划方法是土地资源优化配置建模中最为常用的一种方法，它具有求解很多问题的能力，除了解决一些线性问题之外，通过使用对数法等方法还可以解决一些非线性的问题。采用线性规划方法可以优化地块尺度和区域尺度上的土地资源。该方法虽然广泛应用于土地资源的优化配置研究中，但也存在一定的局限性，如它不能考虑到所有的优化目标及限制条件，也无法考虑一些难以量化的因子，因此计算出来的最优方案不一定完全符合实际情况。

6.1.3.2 系统动力学方法

系统动力学方法以反馈控制理论为基础，以计算机仿真技术为手段，对于模拟大型非线性动态多重反馈系统能力很强，具有不同于线性规划和其他方法的能力。目前，系统动力学方法已用于区域和国家尺度上的土地资源配置建模中，它采取定性和定量相结合的结构–功能模拟方法，强调系统结构分析，对数据的依赖性较小，具有操作灵活、可塑性强的特点，既可以对未来进行预测，也可以回顾系统历史行为，比较容易反映非线性和延期反应等用数学形式难以表达的过程。研究表明，应用系统动力学仿真模拟方法解决土地利用配置中的问题，是一种可行的方法。

6.1.3.3　多目标规划方法

在可持续发展的主题下，多目标规划方法在土地资源优化配置建模中，发挥了很重要的作用。多目标规划方法应用系统方法的多目标决策理论优化用地系统，具有多目标性、多方案的特点，决策者可以根据不同标准选择比较满意的优化配置方案，提高土地资源优化配置和决策的科学性。其最大的优势在于可以充分反映决策者的愿望，给决策者提供期望的最佳目标。在"两型社会"建设目标下，要实现土地可持续利用，需要综合考虑土地利用的生态、经济和社会效益，因此多目标规划模型在土地资源优化配置中具有重要意义。

6.1.3.4　灰色预测方法

线性规划模型是静态模型，无动态可言，而且还常常无解，不能适宜自然环境、技术条件和社会经济状况发展变化的要求，而其他的一些规划方法在解决实际困难时算法实现比较困难。在这方面，灰色预测方法提供了一条新的途径。

6.1.3.5　与 GIS 结合方法

土地资源的优化配置问题既不仅包含数量分配，还包含空间布局的问题。土地资源优化配置的数学模型解决了土地资源数量上的优化，但是规划人员和土地管理者无法实现土地资源的空间优化配置，计算机技术和地理信息系统的发展，为土地资源利用和决策过程中分析空间数据提供了重要的技术支撑，将数学方法和 GIS 功能相结合，实现土地资源数量上和空间上的合理配置，成为相关人员的研究热点，推动了土地资源优化配置科学研究的发展。

本章着眼于"两型社会"建设目标，从土地利用的结构优化和空间优化两个角度考虑，研究武汉城市圈土地资源优化配置问题。其中，结构优化即进行土地利用数量结构调整，对各类用地数量、指标进行综合平衡，以达到土地资源合理分配的效果；空间优化主要采取宏观土地利用分区模式，根据城市圈区域内自然环境、社会经济条件及"两型社会"建设要素等的差异，确定各区域内的土地利用方向。

6.2 武汉城市圈土地利用结构优化模型构建

6.2.1 优化方法选择

土地利用结构优化是土地资源优化配置的核心，是在同时保证"吃饭"与"建设"的前提下，合理安排各行各业的用地，兼顾社会效益、经济效益和生态效益，实现土地资源的合理配置和可持续利用。

土地利用结构优化的方法有很多，目前，国内外土地利用结构优化常用的方法有定性分析法、多级参数平衡法、土宜法、综合法和模型法。常用的优化数学模型有线性规划模型、模糊线性规划模型、灰色线性规划模型和多目标规划模型等，但各种方法都有其优缺点，有其最佳的适用范围。

土宜法建立在土地质量评价基础之上，依据土地质量评价成果资料，结合国民经济各部门发展对土地的需求和区域土地适宜性特点对各种用途土地加以合理的归并，在土地需求量和土宜阈值范围上加以比配，最终确定较为满意的土地利用结构。土宜法的优点在于各类用地面积和布局符合土地质量条件和土地适宜性条件，但前提条件是已经完成土地质量评价工作，否则，应用该方法必须从土地质量评价开始，工作量较大。另外，这种基本上以土地的自然条件来确定的土地利用结构，缺乏对土地利用系统的系统分析和优化。

综合平衡法是在单项用地计算的基础上采取逐项逼近，借以达到土地面积综合平衡，即达到面积数量平衡和空间布局平衡。综合平衡法从总体上反映了一个区域内土地的需求趋势。但是，由于目前行业之间对用地分类系统的认识存在分歧，加之某些部门在预测过程中对自身利益考虑过多，致使一个区域内需求的土地总面积大于区域的土地资源总量。因此，预测结果常带有一定的局限性，需反复调整逼近，工作量大。

模型法就是依据调查提供的基础资料，建立数学模型，反映土地利用活动与其他经济因素之间的相互关系，借助计算机技术求解，获得多个可供选择的解式，揭示土地利用活动对各项政策措施的反应，从而得到数个供选方案。在土地利用系统中许多因素的发展既受客观因素的制约，又受决策者主观因素的影响，确定科学的土地利用结构，就是具体确定土地利用结构系统中最优的主观控制变量，使总体目标优化。模型法目前比较常用，它通过建立各种数学模型，进行定量计算，从而得到多种可供选择的优化方案，体现了土地利用规划的科学性。

土地利用结构优化系统是一个具有复杂性、动态性、多目标性和灰色性等特征的抽象系统。土地利用结构优化中的变量很多，并且变量与变量之间往往成高度的非线性关系，很多都不能用确定的函数关系来表达，因此，我们建立的土地利用结构优化模型应是能融定量与定性于一体的动态模型。多目标规划的模型结构具有较大的灵活性，特别适用于解决具有不同度量单位和相互冲突目标的多目标决策问题。其要点是各个目标分级加以逐级优化，这符合人们处理问题要分轻重缓急、保证重点的思考方式。利用多目标决策分析方法建立目标函数和约束方程而获得的土地利用结构优化方案不但能够较好地协调利益相互竞争的多种目标，而且由于优化算法具有可靠的数学基础和简便的软件实现，在土地利用结构优化中受到了越来越多的重视，成为区域土地利用优化配置研究中的主要研究方法。

　　鉴于此，在"两型社会"目标下，根据武汉城市圈的实际，在综合考虑了其适用条件、可操作性、数据的可获得性、分析结果的可靠性等多个方面的因素后。本章选定了多目标规划模型作为武汉城市圈土地利用结构优化的数学模型，在对"资源节约型，环境友好型"的武汉城市圈土地资源优化配置内涵、目标及原则进行研究的基础上，进行变量设置，构建多目标规划模型，经过运算得到几个可选的优化方案。

6.2.2　变量设置

　　变量设置是构建模型的关键，变量的选择要能体现土地资源利用的特点和土地利用现状的分类体系，符合规划的要求及今后的发展趋势。变量设置应满足3个原则：①土地利用类型的设置要符合全国《土地利用现状分类规程》和土地利用总体规划的要求，充分体现耕地总量动态平衡和土地用途管制的要求，同时应尽量反映研究区的实际；②各变量要在地域上独立，不能重叠，并具有综合性与典型性、粗细得当的特点；③各变量的效益资料容易取得，以便于确定各类用地的效益系数。

　　据此，决策变量的选择以武汉城市圈土地利用现状为基础，从其土地资源特点、社会经济发展要求和经营习惯，以及今后的发展方向出发，综合考虑相关数据的可操作性和目标函数效益系数的易确定性，设置了10个变量，见表6-1。

表6-1　武汉城市圈土地利用结构优化变量设置表

项　目	耕地	园地	林地	牧草地	其他农用地	城镇工矿用地	农村居民点	交通用地	水利设施用地	未利用地
变量	x_1	x_2	x_3	x_4	x_5	x_6	x_7	x_8	x_9	x_{10}

6.2.3 约束方程设立

确定约束条件是实现目标函数的限制因素，主要限于与土地利用结构关系特别密切的土地资源、社会需求和生态环境要求 3 个方面。因此确定城市圈的 13 个约束值并建立 9 组约束方程以及约束目标 2020 年。约束系数和约束常数采用趋势预测、回归分析预测和灰色预测等多种方法综合求得。

6.2.3.1 土地总面积约束

各类用地面积之和应等于城市圈土地总面积，即

$$\sum_{i=1}^{10} x_i = S,$$

$$x_1 + x_2 + x_3 + x_4 + x_5 + x_6 + x_7 + x_8 + x_9 + x_{10} = 5\,782\,236$$

式中，x_i 为各类土地面积；S 为土地总面积；n 为土地利用类型数（变量个数此处 $n=10$）。

6.2.3.2 人口总量约束

按照农村、城市平均人口密度回归预测，城市圈土地承载人口不低于规划期（2020 年）预测人口数量，即农用地和城镇用地承载的人口应控制在 2020 年规划人口之内，即

$$a_{21} \sum x_j + a_{22} \sum x_k \leq b_2$$

式中，a_{21} 为农用地的平均人口预测密度；a_{22} 为城镇用地的平均人口预测密度；b_2 为目标年预测总人口；x_j 为农用地类型；x_k 为城镇用地类型。

本书采用经验增长率预测法、Logistic 模型预测法、回归模型预测法和灰色模型预测法，分别对武汉城市圈总人口进行预测，然后取其平均值作为武汉城市圈人口预测结果值。预测期内武汉城市圈总人口的综合增长率（包括自然增长率和机械增长率）控制在 3‰ ~ 5‰，总体呈现出逐渐下降的趋势。目标年预测总人口 b_2 为 3300 万人。

根据武汉市 2002 ~ 2008 年的农村、城镇人口数据及土地利用结构数据，选取了灰色 GM（1，1）模型进行预测。求得 2020 年武汉城市圈的农用地和城镇用地的平均人口密度分别为 4 人/hm² 和 27 人/hm²。因此，

$$4 \times (x_1 + x_2 + x_3 + x_4 + x_5 + x_7) + 27 \times (x_6 + x_8) \leq 3.3 \times 10^7$$

6.2.3.3 粮食安全约束

粮食安全约束即城市圈内保有的耕地总面积必须保障城市圈基本口粮的安

全，即满足

$$x_1 \geqslant c$$

式中，c 为达到粮食安全要求的耕地面积数量。

到 2020 年，武汉城市圈一级保障的耕地不得少于 93 万 hm^2，二级保障以上的耕地不得少于 141 万 hm^2，三级保障以上的耕地不得少于 176 万 hm^2，本书经过综合考虑，以二级保障以上为粮食安全保障级别来确定耕地保护面积约束，因此，达到粮食安全要求的耕地面积数量 c 为 140.93 万 hm^2。因此，

$$x_1 \geqslant 1\,409\,300$$

6.2.3.4　耕地动态平衡约束

按照上级规划和基本农田保护指标要求，城市圈规划目标年耕地保有量应在 176 万 hm^2 以上，基本农田保护面积为 141 万 hm^2，基本农田保护率为 80.1%。

$$x_1 \geqslant 1.76 \times 10^6, \quad x_1 \times t \geqslant 1.41 \times 10^6$$

式中，t 为基本农田保护率，$t = 80.1\%$。

6.2.3.5　人均耕地约束

目前武汉城市圈人均耕地 $0.058 hm^2$，低于全国平均水平（$0.092 hm^2$），耕地相对较紧张。争取 2020 年人均耕地不少于目前水平，2020 年的预测人口为 3300 万人，即

$$\frac{x_1}{33\,000\,000} \geqslant 0.058$$

6.2.3.6　建设用地控制约束

各主要建设用地应以宏观计划的上限量为控制，即

$$607\,976 \leqslant x_6 + x_7 + x_8 + x_9 \leqslant 806\,200$$

农村居民点建设发展要以搞好村镇规划为前提，实现集约、节约利用。因此，农村居民点总规模要逐步缩小，即

$$x_7 \leqslant 290\,179.11$$

实施区域交通一体化，是推进武汉城市圈建设的迫切需要，因此交通的发展必不可少，即

$$x_8 \geqslant 44\,809$$

6.2.3.7　生态环境条件约束

生态环境的约束主要通过森林覆盖率来表达。

$$\frac{x_3}{5\ 782\ 236} \times 100\% \geqslant t$$

式中，t 为森林覆盖率。

最佳森林覆盖率是指一个国家或地区所拥有的森林，既能满足人们对木材和林副产品的需要，又能达到人们对生态效益和社会效益的要求，使之形成一个较为稳定的生态环境。经测算，要满足基本生态安全，城市圈需生态林地约200 万～240 万 hm^2。从竞争需求角度来看，要构建生态型城市圈，武汉城市圈的森林覆盖率的增长必须不低于全省的平均增速。据此，预测到 2010 年城市圈最佳森林覆盖率将达 35%。

$$x_3 \geqslant 35\% \times 5\ 782\ 236$$

6.2.3.8 绿当量约束

绿当量是衡量单位面积森林和其他绿色植被生态环境功能强弱的量化值。衡量某区域生态是否达标，主要是看绿当量的大小。当绿当量 ≥1 时达标，否则，需对林地、耕地及草地等的结构进行调整，即

$$\left(\frac{\sum\limits_{i=1}^{6} g_i x_i}{S_{林}}\right) \times 100\% \geqslant 1$$

式中，$S_{林}$ 为森林覆盖率要求下，城市圈的林地面积；x_i 为 i 类用地的面积；g_i 为各类用地的平均绿当量。因此得到的绿当量约束函数为

$$\frac{0.477 \times x_1 + 0.493 \times x_2 + 1 \times x_3 + 0.482 \times x_4 + 0.5 \times x_5}{5\ 782\ 236 \times 35\%} \times 100\% \geqslant 1$$

6.2.3.9 决策变量非负约束

$$x_i \geqslant 0, i = 1,2,3,\cdots,10$$

6.2.4 目标函数建立

构建一个土地利用结构优化模型，并综合考虑"两型社会"建设的目标，模型设计应当追求经济效益、社会效益、生态效益的最大化，因此必须全面衡量各种效益并进行利弊权衡，按实现综合效益的原则实行资源的分配，只有这样土地利用结构才能实现最优化。故试图建立以下 3 个目标函数。

6.2.4.1 经济效益目标函数

武汉城市圈土地利用结构优化以实现经济效益最大化为主要目标之一，并

以此确定决策的目标函数。

（1）确定各类用地的效益相对权益系数

应用 GM（1，1）、综合平衡法和多层次交互式方法，计算各类用地类型的效益权重，构成效益权重集 w_i（$i=1$，2，…，9），其中 i 代表各种土地利用类型，未利用地的用地效益可视为 0，综合参与评判，得出各类土地用地效益相对权重集 w_i（0.0248，0.0307，0.011，0.0021，0.0161，0.7003，0.0323，0.0025，0.1801）。

（2）确定经济效益系数

选用耕地效益，即每公顷耕地产出效益的发展预测值来确定常数 p，p 是根据 2002～2008 年以来武汉城市圈的耕地单位面积产出效益按 1990 年不变价预测出的。然后乘以各地类的相对权益系数 w_i，求得相应地类的单位面积上的产出效益 p_i，即 $p_i = w_i \times p$（$i=1$，2，…，9）。以灰色模块理论为基础，灰色系统五步建模思想为核心，进行微分拟合和单段函数残差辨识，综合获得武汉城市圈经济效益决策变量利益系数预测模型。根据 GM（1，1）预测到 2020 年的各类用地产出效益预测值 p_i（1.9502，2.4124，0.865，0.1625，1.2662，55.0304，2.5438，0.2007，14.1547）。

（3）构建经济效益目标函数

$$f(x) = \sum_{i=1}^{10} p_i x_i \longrightarrow \max$$

式中，x_i 为决策变量；p_i 为经济效益系数；$f(x)$ 为经济效益（万元）。未利用地的用地效益可视为 0，因此，确定经济效益目标函数为

$$f(x) = 1.9502x_1 + 2.4124x_2 + 0.865x_3 + 0.1625x_4 + 1.2662x_5$$
$$+ 55.0304x_6 + 2.5438x_7 + 0.2007x_8 + 14.1547x_9$$

6.2.4.2 社会效益目标函数

由于社会效益的具体量化有一定的困难，所以本章试图从有关方面建立其目标函数。社会效益，主要是指土地利用结构优化目标，不但要能促进整个武汉城市圈的产业开发、农民脱贫致富、人民生活水平提高、加快经济发展，还要能促进社会的全面进步。

（1）确定社会效益系数

社会效益评价主要是指结构优化方案满足社会各部门对土地的需求程度。其评价指标主要包括城镇化水平、人均粮食占有量、人均建设用地、人均耕地面积等。本章结合 10 年来武汉城市圈各类土地资源的单位面积产出效益、土地利用总体规划的战略目标及有关宏观计划约束，得出各地类社会效益系数 q_i

（1，0.92，0.46，0.14，0.5，0.78，0.78，0.4，0.7）。

（2）构建社会效益目标函数

$$g(x) = \sum_{i=1}^{10} q_i x_i \longrightarrow \max$$

式中，x_i 为决策变量；q_i 为社会效益系数；$g(x)$ 为社会效益（万元）。由前文可知，未利用地的用地效益可视为 0，由此得到的社会效益目标函数为

$$g(x) = 1x_1 + 0.92x_2 + 0.46x_3 + 0.14x_4 + 0.5x_5$$
$$+ 0.78x_6 + 0.78x_7 + 0.4x_8 + 0.7x_9$$

6.2.4.3 生态效益目标函数

衡量生态标准的指标有很多，如森林覆盖率、人均绿地面积、水土流失量及大气环境质量等控制指标，由于森林覆盖率在一定程度上可以反映生态状况其他指标（如人均绿地面积、水土流失量、大气环境质量等）的水平。为了简化问题，此处只采用森林覆盖率作为一个衡量指标进行讨论，并建立关于绿当量的目标函数来描述生态目标函数模型。

（1）绿当量的计算

从植物学与生态学的角度讲，各种绿色植被都不同程度地发挥着类似森林的生态服务功能，根据绿当量的原理，传统土地利用可按如下方式划分：具备绿当量的用地，包括耕地、园地、林地、牧草地及部分未利用地，其生态服务功能可以量化；隐含绿当量的用地，其他农用地主要指水域，也具有景观、调节大气组成、净化空气等功能，因武汉城市圈水域面积较大，所以将其绿当量看成与水田相似；不具备绿当量的用地，包括城镇村及工矿用地、交通用地及部分未利用地，绿当量为零。

日本人曾通过专家调查法进行过各类生态系统环境功能的比较，就综合的环境功能而言，森林生态系统最高，其他依次为自然草地、水田、牧草地、树木园地、普通旱田。生态系统的各种环境保护功能的评价参考《生态环境影响评价概论》。

根据生态服务价值的计算，在全年满种的前提下，假定林地的绿当量为 1，则有

$$g_i = F_i / F_{\text{林}}$$

式中，g_i 为第 i 类地表绿色覆被生态系统的生态绿当量；F_i 为第 i 类地表绿色覆被生态系统的生态服务总分值；$F_{\text{林}}$ 为林地生态系统的生态服务总分值。由此得出，水田的绿当量为 0.754，普通旱地为 0.671，自然草地为 0.785，牧草地为 0.72，园地为 0.736。但实际上由于地区之间的气候差异，同一时间各地

区、各种用地的绿当量是不同的，同一地区不同时间的各种用地的绿当量也是不同的。考虑到各地区作物的不同生长期与熟制，以上绿当量结果还需要乘一个相对于全年满种的生长期系数，根据专家建议值，相对于全年满种的生长期系数取 0.67。所以，得出各地类的绿当量为 g_i（$i = 1, 2, \cdots, 10$）为（0.477, 0.493, 1, 0.482, 0.5, 0, 0, 0, 0, 0）。这里耕地绿当量 g_1 取水田和普通旱地的加权平均值。

（2）构建生态效益目标函数

$$h(x) = \left(\frac{\sum_{i=1}^{10} g_i x_i}{S_{林}} \right) \times 100\%$$

式中，x_i 为决策变量；g_i 为各类用地的平均绿当量；$S_{林}$ 为最佳森林覆盖率 35% 时，武汉城市圈应有的林地面积，即

$$S_{林} = 35\% \times \sum_{i=1}^{10} x_i$$

因此，所得到的生态效益目标函数为

$$h(x) = \frac{0.477x_1 + 0.493x_2 + x_3 + 0.482x_4 + 0.5x_5}{2\ 023\ 782.6} \times 100\%$$

6.2.5 模型求解

根据上述约束条件和目标函数，通过 Matlab 软件程序计算求解出多目标模型可行解，最终构造出 3 个可供选择的武汉城市圈土地利用结构调整优化方案，见表 6-2。

表 6-2 武汉城市圈土地利用结构优化供选方案 （单位：hm²）

土地利用类型	方案 1	方案 2	方案 3
耕地	1 970 000.00	1 928 000.00	1 915 000.00
园地	144 755.98	159 856.28	150 826.75
林地	2 496 122.49	2 073 522.30	2 023 782.60
牧草地	5 825.80	5 726.04	6 208.85
其他农用地	242 674.70	468 107.60	477 262.84
城镇工矿用地	184 620.77	205 700.72	228 639.56
农村居民点	189 900.00	249 500.50	263 871.20
交通用地	49 054.28	56 309.19	60 642.38
水利设施用地	102 638.94	132 800.64	125 896.29
未利用地	396 642.40	502 713.09	530 105.89

6.3　武汉城市圈土地利用结构优化方案的决策

从"两型社会"的建设目标出发，我们认为武汉城市圈土地利用结构优化应既包含实现土地利用系统的经济效益、社会效益和生态效益的最大化这3个目标，又符合"两型社会"建设的要求，即实现土地资源的节约利用（资源节约）和土地利用的环保效益（环境友好）。因此优化方案的选择应以"两型社会"建设目标为导向，设立优化指标体系，运用灰色关联法进行方案择优，最终得到符合"两型社会"建设目标的土地利用结构优化方案。

6.3.1　优化方案评价指标体系

根据当前国情及武汉城市圈的实际情况，笔者认为一个好的区域土地利用结构优化方案应该满足以下条件。

第一，符合"两型社会"建设目标的要求。在中共十六届五中全会上胡锦涛同志提出"建设资源节约型和环境友好型社会"，并正式将其确定为国民经济与社会发展中长期规划的一项战略任务。《中共中央关于制定国民经济与社会发展第十一个五年规划的建议》中，又将"建设资源节约型、环境友好型社会"作为基本国策，提到前所未有的高度。武汉城市圈作为"两型社会"（资源节约型社会和环境友好型社会）建设综合改革配套实验区，其土地利用结构优化必须首先考虑符合"两型社会"建设目标的原则。

第二，符合党中央提出的正确的"发展观"和"以人为本"的指导原则，着眼于提高大多数农民的收入，缩小城乡差别。提高城市圈总GDP的水平固然应该成为衡量一种土地资源配置方案好坏的标准，但还应该看在GDP的增长额中农民得到了多少实惠，因为农民增收与否、城乡差距缩小与否是决定社会效益大小的最重要的因素。因此，这是当今土地利用结构优化要考虑和必须遵循的原则之一。

第三，符合国土资源部所提出的"实行最严格的耕地保护制度"的方针。从全国来看，人口增长给粮食生产带来了巨大的压力，就某个区域来看，人均耕地面积偏少、人口密度大，粮食生产要基本实现自给自足也存在很大压力，城市圈土地配置一定要保持"耕地总量的动态平衡"。

第四，坚持土地可持续利用的发展方向。土地过度垦殖会给生态环境造成很大的伤害，经济效益的增长会以生态效益的负增长为代价，长此以往，生态效益负增长会完全抵消其他效益的增长，给我们及后代子孙的生存和发展造成隐患。

根据以上分析，我们进一步用资源节约与环境友好度来表征城市圈土地利用结构对城市圈"两型社会"的贡献。资源节约与环境友好度指标是用来反映土地利用资源节约与环境友好的若干属性。为此，其评价指标的选取需结合本区自然环境背景和社会经济发展状况，在理论分析、经验选取和专家咨询相结合的基础上，建立城市圈土地利用资源节约与环境友好度指标体系，见表6-3。

表6-3 武汉城市圈土地资源优化指标体系表

指标类别	指标名称	指标符号	指标含义
资源节约度指标	土地垦殖率/%	F_1	耕地面积/土地总面积
	土地利用率/%	F_2	已利用土地面积/土地总面积
	城镇人口密度/人/(hm^2)	F_3	城镇人口总量/城镇土地总面积
	人均建设用地面积/(hm^2)	F_4	建设用地面积/人口总量
环境友好度指标	森林覆盖率/%	F_5	林地面积/土地总面积
	人均耕地面积/(hm^2)	F_6	耕地面积/人口总量
	园地指数/%	F_7	园地面积/土地总面积
	牧草地指数/%	F_8	牧草地面积/土地总面积
土地利用效益度指标	交通用地指数/%	F_9	交通用地面积/土地总面积
	单位农业用地总产值/万元	F_{10}	农业用地总产值/农业用地面积
	单位建设用地总产值/万元	F_{11}	第二、第三产业GDP/建设用地面积

6.3.2 灰色关联择优

在上述优化标准下，本章利用灰色关联分析方法对优化结果进行择优。灰色关联分析（grey rlational analysis，GRA）是1954年由邓聚龙首次提出的。灰色关联分析的基本思想是根据序列曲线几何形状的相似程度来判断其联系是否紧密。曲线越接近，相应序列之间关联度就越大，反之就越小。它是针对那些行为机制信息不完备、行为数据很稀少、文本处置缺乏经验、固有内涵又不清楚的对象之间的关系分析而提出的。灰色关联分析事实上可看做一种有参考系的整体比较，其灰色关联空间是近距离空间与点集拓扑的结合。

灰色关联分析方法弥补了采用数理统计方法作系统分析所导致的缺憾。它对样本量多少和样本有无规律都同样适用，而且计算量小，十分方便，更不会出现量化结果与定性分析结果不符的情况。

6.3.2.1 各种供选方案下各指标原始数据的计算与整理

根据以上武汉城市圈土地利用结构优化评价指标体系，计算得出各个方案下各个评价指标的值，如表 6-4 所示。

表6-4　武汉城市圈土地利用结构优化供选方案评价指标的比较

指　标	方案1	方案2	方案3
F_1	34.069 9	33.343 5	33.118 7
F_2	93.140 3	91.305 9	90.832 2
F_3	32.220 7	26.314 9	24.968 7
F_4	0.015 9	0.019 5	0.020 6
F_5	43.168 8	35.860 2	35.000 0
F_6	0.059 7	0.058 4	0.058 0
F_7	2.503 5	2.764 6	2.608 5
F_8	0.100 8	0.099 0	0.107 4
F_9	0.848 4	0.973 8	1.048 8
F_{10}	1.772 2	1.858 0	1.883 2
F_{11}	35.863 7	29.290 2	27.791 8

6.3.2.2 原始数据的预处理与各方案子序列的生成

作关联度分析计算时，数据列的量纲要相同，量纲不同时，要化为无量纲。常用的方法有初值化、均值化和区间相对值化。对各指标原始数据序列均值化后的结果，即 $x(F_i), i=1,2,\cdots,11$，如表 6-5 所示。

表6-5　各数据列均值化结果

指　标	$x(1)$	$x(2)$	$x(3)$
F_1	1.0167	0.9950	0.9883
F_2	1.0150	0.9951	0.9899
F_3	1.1576	0.9454	0.8970
F_4	0.8535	1.0451	1.1014
F_5	1.1357	0.9434	0.9208
F_6	1.0167	0.9950	0.9883
F_7	0.9535	1.0530	0.9935
F_8	0.9840	0.9672	1.0488

指　标	x（1）	x（2）	x（3）
F_9	0.8865	1.0176	1.0959
F_{10}	0.9643	1.0110	1.0247
F_{11}	1.1576	0.9454	0.8970

基于各指标的极性与制高原理，可建立参考方案序列 x（0）：

x（0）＝｛1.0167，1.0150，0.8970，0.8535，1.1357，1.0167，1.0530，1.0488，1.0959，1.0247，1.1576｝。

6.3.2.3　灰色关联系数和灰色关联度的计算

按 $\Delta_i(k) = |\,x'_0(k) - x'_i(k)\,|$，建立差值序列，$\Delta_i = [\Delta_i(1), \Delta_i(2), \cdots, \Delta_i(11)]$，$i = 1, 2, \cdots, 11$，得出

$$M = \max_i \max_k \Delta_i(k) = 0.2606 ; m = \min_i \min_k \Delta_i(k) = 0$$

得到的差序列，如表6-6所示：

表6-6　差序列

指　标	$\Delta_i(1)$	$\Delta_i(2)$	$\Delta_i(3)$
F_1	0	0.0217	0.0284
F_2	0	0.0199	0.0251
F_3	0.2606	0.0484	0
F_4	0	0.1916	0.2479
F_5	0	0.1923	0.2149
F_6	0	0.0217	0.0284
F_7	0.0995	0	0.0595
F_8	0.0648	0.0816	0
F_9	0.2094	0.0783	0
F_{10}	0.0604	0.0137	0
F_{11}	0	0.2122	0.2606

求灰色关联系数：

$$L_{0i}(k) = \frac{m + \xi M}{\Delta_i(k) + \xi M} = \frac{0.1303}{\Delta_i(k) + 0.1303} ; i = 1, 2, \cdots, 11, \quad k = 1, 2, 3$$

式中，ξ 为分辨系数，一般按最少信息原理取为 0.5，即 $\xi = 0.5$。

求灰色关联度：

$$\gamma_{0i} = \frac{1}{N} \sum_{k=1}^{N} L_{0i}(k)$$

通过计算可得，$\gamma_{01} = 0.8037$，$\gamma_{02} = 0.9352$，$\gamma_{03} = 0.8029$。

因此，相应的关联排序为 $\gamma_{02} > \gamma_{01} > \gamma_{03}$，最佳选择方案排序为方案 2 > 方案 1 > 方案 3。

从结果来看，根据方案 1 对各类用地面积进行的调整，大大增加了经济效益低的林地面积，而其他农用地的面积则急剧减少。武汉城市圈适合林业发展的用地为 225.65 万 hm^2，从政策角度考虑，平原地区除发展农田林网外，不可能大面积营造生态林。该方案仅仅顾及了生态效益最大化，导致其他社会效益和经济效益较大的用地分配极少。方案 3 虽然满足了耕地保有量和基本的生态需要，并能取得较好的经济效益，但并没有满足在合理化前提下的森林覆盖率和生态绿当量总量的最大值，即未能达到"两型社会"目标下关于环境友好度的最佳响应状态。一般建制镇和农村居民点是城市圈建设用地潜力的两大来源，为了保障城市圈建设用地的供需平衡，需要加大农村居民点挖潜整理的力度，实现土地集约、节约利用，建设资源节约型社会。而方案 3 对于农村居民点，与现状相比，调整力度不大，未能充分挖掘土地利用潜力。方案 2 相对较合理，符合武汉城市圈未来的社会经济发展需求。能较好地兼顾社会效益、经济效益和生态效益，满足"两型社会"目标的发展要求，从而保证社会、经济和环境的可持续发展。

6.3.3 优化方案结果分析

将以上灰色关联分析得到的土地利用结构调整结果与现状比较（表 6-7），不难发现，面积减少相对显著的土地类型有其他农用地、农村居民点和未利用土地；面积增加幅度较大的土地类型有耕地、林地、城镇工矿用地和交通用地。

根据湖北省土地资源评价资料，城市圈宜耕地为 271 万 hm^2。除了现有耕地，城市圈还有可开发复垦整理的土地 15 万 hm^2。在严格保护基本农田、保障粮食安全和实现耕地总量动态平衡的前提下，为了实现综合效益的最大化，耕地面积增加了 92 827.17hm^2。这说明耕地在社会经济发展中的地位不可动摇。

一些国家的实践证明，森林若占国土面积的 30%，且分布均匀，就可以减少自然灾害，起到良好的环境保护作用，使农业高产稳产。林地面积增加了 529 581.80hm^2，森林覆盖率达到 35%，林地的增加是为了改善城市圈的生态环境，这对防止水土流失和污染等生态问题有很大作用，同时也与武汉城市圈建设"两型社会"的目标相一致。

城镇工矿用地增加了 45 380.18hm²，水利设施用地增加了 20 133.48hm²，交通用地增加了 11 500.00hm²，表明武汉城市圈要着眼于提高综合竞争力，构筑在国际竞争中有比较优势的产业体系和现代化基础设施框架，拓展和完善城市空间布局和功能分区，使交通更便利，充分发挥城市圈内各个产业的集聚效益。

农村居民点用地减少 40 678.61hm²，表明农村居民点用地分散，集约水平低。城镇化是实现土地利用宏观集约的重要途径，城市圈应顺应城镇化的要求，通过各种政策手段和投资促进农民向中心村和小集镇集中。对城乡建设用地统筹考虑，使城镇建设用地增加同农村居民点用地减少挂起钩来，实现集约与节约用地。

未利用地面积减少 476 645.70hm²，调整结果显示出大力开发未利用土地的可能性和必要性。开发利用未利用地是解决人地矛盾和土地资源稀缺的一种有效方法。城市圈应加大对未利用土地开发的经济技术投入力度，使有限的后备资源得以开发，使土地利用条件得以改善，提高土地利用率，扩大土地利用空间与利用深度，以满足城市圈社会经济发展对土地不断增加的需求。在开发未利用地的同时，也要着力保护作为生态用地的水域，以打造良好的生态本底，加强生态环境建设。

表 6-7　武汉城市圈土地利用结构现状和优化比较

土地利用类型	现状面积 /hm²	现状面积占总面积比重/%	优化面积 /hm²	优化面积占总面积比重/%	增减面积 /hm²	增减幅度 /%
耕地	1 835 172.83	31.74	1 928 000.00	33.34	92 827.17	1.61
园地	143 309.41	2.48	159 856.28	2.76	16 546.87	0.29
林地	1 543 940.50	26.70	2 073 522.30	35.86	529 581.80	9.16
牧草地	6 609.63	0.11	5 726.04	0.10	− 883.59	− 0.02
其他农用地	665 869.20	11.52	468 107.60	8.10	− 197 761.60	− 3.42
城镇工矿用地	160 320.54	2.77	205 700.72	3.56	45 380.18	0.78
农村居民点	290 179.11	5.02	249 500.50	4.31	− 40 678.61	− 0.70
交通用地	44 809.19	0.77	56 309.19	0.97	11 500.00	0.20
水利设施用地	112 667.16	1.95	132 800.64	2.30	20 133.48	0.35
未利用地	979 358.79	16.94	502 713.09	8.69	− 476 645.70	− 8.24

在进行武汉城市圈土地利用结构调整时，应该考虑该区域内各种土地类型的内部结构优化。例如，在耕地内部结构调整中，应注重提高土地质量，改良中低产田。土地开发整理要逐步把目前适合小农经营的农地建设成为地块规模适合机械化大生产的标准农田，鼓励耕地规模化经营。在建设用地结构调整中，应促进村庄集并整理，释放浪费土地；实现城市存量土地内部挖潜与集约利用；促进工业向园区集中，制定开发区节地技术标准，提高用地效益。

　　区域土地资源优化配置，不仅要求宏观土地利用数量结构的优化，也要保证土地利用空间布局趋于优化。土地利用分区揭示了土地利用结构客观发展的规律性，是土地利用空间布局的具体形式和基本方法。其实质是根据地域分异规律，以土地利用现状和土地适宜性为基础，根据土地利用条件、利用方式、利用方向和管理措施相似性和差异性，将区域内土地划分为不同的土地利用区域。分区的目的就是要根据各个区域土地利用特点的不同，分类指导土地利用，使各个区域的土地利用能够发挥各自的比较优势，做到扬长避短、趋利避害，创造出良好的生态效益、经济效益和社会效益，为土地利用的调控和管理提供依据。

　　本章选用 SOM 神经网络方法构建土地利用分区模型，得到土地利用分区优化方案，弄清不同的土地利用类型区的主要功能和利用方向，并提出相关的对策与建议，以此来探索武汉城市圈土地资源空间优化配置问题，为武汉城市圈"两型社会"建设中土地资源可持续利用提供参考依据。

7.1　"两型社会"与土地利用空间优化配置的内在联系研究

7.1.1　"两型社会"的内涵

　　"两型社会"是一个系统工程，具有丰富的内涵，概括起来就是两大领域、两条道路和三个着力点。

　　1) 两大领域即资源节约和环境友好。资源节约是指在社会生产、流通、消费的各个领域，通过节地、节水、节财和资源综合利用，提高资源利用效率，以最少的资源消耗获取最大的经济和社会效益，保证经济社会的可持续发展，它侧重的是资源利用的经济效益。环境友好是指以环境承载力为基础，大力推动环境治理和生态保护，从生产、生活、消费的源头预防污染的产生和生态的破坏，它侧重的是社会经济发展的生态效率。

2）两条道路即新型工业化和新型城市化。新型工业化就是坚持以循环经济为主导，以两型产业为支撑，着力推进生产性服务业、高新技术产业、先进装备制造业、文化产业等两型产业的发展，实现科技含量高、经济效益好、资源消耗低、环境污染少、人力资源得到充分发展的工业化。新型城市化就是以城乡统筹发展为核心，走资源节约、环境友好、经济高效、社会和谐、大中小城市和小城镇协调发展、城乡互促互进的城市化道路。新型工业化与新型城市化的互动是建设"两型社会"的重要推动力。

3）三个着力点即经济建设、社会建设和生态建设。要以两型产业发展和产业结构调整为核心推动经济建设，以改善民生、促进和谐为重点推动社会建设，以加强环境保护、营造良好生态为核心，推动生态建设。通过三个着力点的建设，形成空间布局合理、承载功能健全、两型产业强大、城乡统筹发展的全新格局。

7.1.2　土地利用空间优化配置的内涵

土地利用空间优化配置，也可称为土地利用空间优化布局，即根据特定的规划目标，依靠一定的技术手段，对区域内土地的利用结构、方向，在时空尺度上，系统地进行安排、设计、组合和布局，从而实现土地的持续利用的过程。着眼于"两型社会"的建设背景，土地利用空间优化配置主要包含以下三层含义：

1）符合生态规律，按照土地的生态适宜性进行各行业用地布局，实现"人类与自然共生"，保证土地的持续利用。土地的生态适宜性，是指土地（生态系统）本身所提供的光、热、水、地形等生态条件对其某种用途（如发展农业、牧业、种植业、林业等）是否适宜，以及如果适宜，其适宜的程度。按照土地适宜性布局各行业用地，也就是遵循土地利用研究中的"宜农则农"、"宜牧则牧"、"宜林则林"的原则。这种适宜性乃是基于土地可持续利用且不致引起环境退化或恶化，因而按照土地适宜性评价结果构建的土地利用布局是符合生态规律、满足"人类与自然共生"和土地持续利用要求的。

2）符合生态经济规律，实现生态效益、经济效益和社会效益有机统一的最佳综合效益。生态经济学原理表明，土地开发利用活动必须同时兼顾经济、社会和生态效益。优化土地利用空间布局不能仅仅考虑追求经济效益，还必须考虑土地产出的产品和服务与社会需求如何更好地适应的问题。对生态环境的改善也是属于土地利用空间优化配置的重要内容。对土地具有高效益的最大产出和公平的分配并不能保证对生态环境的充分保护，因而它们并不是土地资源优化配置的充分条件。只有在土地资源利用中注重经济效益、社会效益和生态效益的总和都达到最佳状态，才是土地利用空间优化配置的一组完整的准则。

3）符合景观生态学原理，维持和发展景观异质性与多样性。异质性和多样性是景观的基本特征。景观生态学中，景观多样性既是景观规划和设计中必须遵循的一个基本原则，又是景观保护的对象，同时也是景观管理的结果。从某种意义上来说，景观多样性就是土地利用中的多种经营原则，在进行土地利用空间布局优化时，必须注意维持和发展土地利用的景观异质性和多样性。土地利用空间合理布局可以使景观整体达到最佳状态，从而实现土地景观生态优化利用配置，达到一种最佳的生态系统或是土地利用空间构型。

7.1.3 土地利用空间优化配置与"两型社会"建设的内在联系

土地利用空间优化配置与"两型社会"建设是新时期人类追求区域经济可持续发展目标下的一种创新认识。从上述两者的内涵可以看出："两型社会"理念是推动土地利用空间优化配置的总体指导方针，土地利用空间优化配置是实现"两型社会"的必要手段，并在其基础上不断演化成为较完备的规划管理体系（图7-1）。

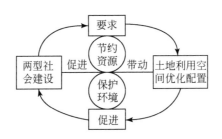

图7-1　土地利用空间优化配置与"两型社会"建设间关系示意图

1）土地利用空间优化配置是"两型社会"建设的空间体现。土地利用空间布局针对有限的国土空间资源进行合理划分与集约、有序开发，每一个土地利用类型区都明确赋予其最适应当地自然与经济条件的主要功能和利用方向，实现土地资源的优化配置和可持续利用，是"两型社会"建设在空间上的具体落实。

2）土地利用空间优化配置充分体现了"两型社会"建设的可持续发展思想。区域土地利用分区作为土地利用空间配置的具体形式，其不同土地利用类型区的划分充分考虑了各地的人口、资源和环境的承载力，将自然资源和环境因素纳入区域管理的评价体系中，其目的是从根本上避免资源的过度开发。土地利用空间优化配置有利于更好地解决资源环境和经济发展的冲突，是可持续发展战略在地域上的体现。

3）土地利用空间优化配置体现了"两型社会"建设的原则。首先，土地利用空间配置对各个区域的土地资源实施不同的功能定位，将不同区域的资源优势和经济技术优势有机结合起来，使有限的资源得到最大化利用，充分体现了"两型社会"建设的资源节约原则；其次，土地利用空间优化配置中注重生态、经济和社会三个方面的效益有机统一的原则，将土地资源提供生态产品的功能提高到非常重要的地位，充分强调了经济社会与自然的和谐发展，充分体现了"两型社会"建设的环境友好原则；最后，土地利用空间优化配置强调集约开发，力求在有限的空间内实现最大的正经济效益和最小的负环境效益，势必要坚持走"两型社会"的新型工业化道路。

7.2　基于 SOM 神经网络的土地资源空间优化配置模型构建

本节通过构建土地利用分区模型来实现土地资源空间优化配置。土地利用分区的主要的聚类方法有系统聚类法、分解法、动态聚类法、灰色多元聚类和模糊聚类等，但是传统的聚类方法往往都是监督学习，需要人为确定指标权重，易产生人为的主观性。运用神经网络在模式识别和聚类方面的优势，有望提高聚类判断的客观性，可以为武汉城市圈土地利用分区提供一种适宜的方法。因此，本章选用竞争型神经网络 SOM 网络构建武汉城市圈土地资源空间优化配置模型。

"两型社会"理念应在武汉城市圈土地资源空间优化配置中得到有力体现，在采用 SOM 神经网络建立土地利用分区模型的过程中，通过构建具有"两型社会"理念的土地利用分区指标体系、明确土地利用划分区的定位与发展、实施土地利用分区分类政策措施作为其实现途径。

7.2.1　土地利用分区原则

7.2.1.1　相对一致性原则

土地利用分区是对土地利用的结构类型和利用方向的划分。土地利用现状是人类长期实践的结果，在自然和社会经济条件的影响下，土地利用方式、利用特点、结构类型和利用方向等客观存在着空间上的相似性与差异性，也正是这种差异性才形成了土地区域之间的差异，因此，在分区研究时，一定要保持区域内土地利用结构和方向的相对一致性。

7.2.1.2 土地集约、节约利用原则

由当前武汉城市圈"两型社会"建设中的种种限制因素可知，社会经济发展与土地资源紧缺之间的矛盾已成为关键因子。城市圈大多数的土地均以粗放的利用方式为主，因此，由粗放向集约转变是武汉城市圈土地利用效益提高最有效的途径。在分区过程中，必须把握集约、节约的利用原则，做到每个区域内主导用途明确，促使土地利用由非主导用途向主导用途转变。

7.2.1.3 界线完整性原则

土地利用分区的目的在于在今后的土地利用中引导土地朝合理的方向发展，保证分区的可操作性以及实用性。行政区具有较强的监督管理机制，在土地利用分区中，不打破行政区划，有利于土地统一管理，有利于针对区域制定统一的土地规划以及土地整治、保护措施，避免各个行政区之间的用地矛盾冲突，促进城市圈的协调发展。

7.2.1.4 符合"两型社会"建设目标原则

武汉城市圈土地利用分区建立在认真分析和研究 9 个城市区域的土地利用现状、社会经济发展概况及土地利用经济、生态效益等的基础上，紧密结合城市圈"两型社会"建设战略目标，将"资源节约"和"环境友好"的理念充分考虑到分区过程中，同时将无法量化的因素也考虑到其中，提高分区成果的应用性和战略性。

7.2.2 建立具有"两型社会"理念的土地利用分区指标体系

为了从经济、社会、生态等复杂的关系中比较全面而准确地反映武汉城市圈的土地利用状况，使土地利用分区更加合理、可行，必须首先建立起土地利用分区的指标体系。指标体系的建立最能反映分区的原则和目的，指标因子选择的合理与否，直接关系到土地利用分区方案的客观性和实用性能否实现。

为了较好地体现上地利用分区对土地利用、产业发展及生态环境建设等方面的要求，以"两型社会"理念为指导思想，并遵循指标选取的可比性、可操作性、数据可获得性原则，武汉城市圈土地利用分区可从"资源节约"和"环境友好"两个方面构建分区指标体系。从 2008 年土地变更调查数据以及武汉城市圈 9 个城市的国民经济综合统计中选取了 24 个指标项，组成了武汉

城市圈土地利用分区评价指标体系（表7-1）：其中土地垦殖率、人均耕地面积、人均粮食占有量、交通用地指数、后备土地资源比例、人均水资源量、土地利用率、人均建设用地面积、建设用地地均收入、农用地地均收入、建设用地地均固定资产投资、人口密度、人口城镇化水平等评价指标体现了土地利用分区中的资源节约因素；森林覆盖率、草地指数、园地指数、相对生态价值、水域用地指数、人均公共绿地面积、城市污水集中处理率、工业废水排放达标率、工业固体废弃物综合利用率、工业废气排放达标率、水土流失治理面积等评价指标相应体现了环境友好的因素。

表 7-1　武汉城市圈土地利用分区指标体系

目标层	因素层	指标层	
资源节约	资源开发	土地垦殖率/%	X_1
		人均耕地面积/hm^2	X_2
		人均粮食占有量/kg	X_3
		交通用地指数/%	X_4
		后备土地资源比例/%	X_5
		人均水资源量/m^3	X_6
	资源集约	土地利用率/%	X_7
		人均建设用地面积/hm^2	X_8
		建设用地地均收入/（万元/hm^2）	X_9
		农用地地均收入/（万元/hm^2）	X_{10}
		建设用地地均固定资产投资/（万元/hm^2）	X_{11}
		人口密度/（人/km^2）	X_{12}
		人口城镇化水平/%	X_{13}
环境友好	生态保护	森林覆盖率/%	X_{14}
		草地指数/%	X_{15}
		园地指数/%	X_{16}
		相对生态价值	X_{17}
		水域用地指数/%	X_{18}
		人均公共绿地面积/（hm^2/人）	X_{19}
	环境容量	城市污水集中处理率/%	X_{20}
		工业废水排放达标率/%	X_{21}
		工业固体废弃物综合利用率/%	X_{22}
		工业废气排放达标率/%	X_{23}
		水土流失治理面积/$\times 10^3 hm^2$	X_{24}

7.2.3　构建土地利用分区的人工神经网络模型

7.2.2.1　SOM 网络方法原理

SOM（self-organizing feature map）网络称为自组织特征映射网络，也称为 Kohonen 网络，是由芬兰赫尔辛基大学教授 Kohonen 于 1982 年首次提出的。SOM 网络是由输入层和输出层（也称竞争层）构成的两层网络。输入层是由 N 个神经元组成的一维序列，用于接收输入模式，各神经元通过权向量将外界信息汇集到输出层的各神经元。输出层神经元的排列有多种形式，如一维线阵、二维平面阵和三维栅格阵，其原理可推广到"n"维处理单元阵列中去。其中，最常用的是二维平面阵列。在输入层与竞争层的各神经元之间实现相互连接，在二维竞争层上的输出节点相互间也可能是局部连接的。SOM 网络通过寻找最优权值矢量对输入模式集合进行分类。

SOM 网络的工作原理是：对于每一个网络的输入，只调整一部分权值矢量，使权值矢量更接近或更偏离输入矢量，即竞争学习。通过侧反馈邻域约束，即各神经元联结权值的调整过程中，最邻近的神经元相互刺激，较远的神经元则相互抑制，使所有权值矢量都在输入矢量空间相互分离，在每个获胜神经元附近形成一个"聚类区"，各自代表输入空间的一类模式，这就是 SOM 网络的特征自动识别的聚类功能。与传统的分类方法相比，SOM 网络所形成的分类中心能映射到一个曲面或平面上，并且保持拓扑结构不变。

SOM 算法的基本步骤：

1）初始化。将网络的连接权值 $\{w_{ij}\}$ 赋予区间 $[0，1]$ 内的随机值，$i = 1，2，\cdots，N；j = 1，2，\cdots，M$。确定学习率 $\eta(t)$ 的初始值 $\eta(0) = [0 < \eta(0) < 1]$；确定邻域 $N_g(t)$ 的初始值 $N_g(0)$。邻域 $N_g(t)$ 是指以获胜神经元 g 为中心，且包含若干神经元的区域范围。这个区域一般是均匀对称的，最典型的是正方形或圆形区域。$N_g(t)$ 的值表示在第 t 次学习过程中领域中所包含的神经元的个数；确定总的学习次数 T。

2）任选一学习模式 P_k 提供给网络的输入层，并进行归一化处理。

$$\overline{P_k} = \frac{P_k}{\|P_k\|} = \frac{(p_1^k, p_2^k, \cdots, p_n^k)}{[(p_1^k)^2 + (p_2^k)^2 + \cdots + (p_n^k)^2]^{\frac{1}{2}}}$$

3）对连接权值 $W_j = (w_{j1}, w_{j2}, \cdots, w_{jn})$ 进行归一化处理，计算 $\overline{W_j}$ 与 P_k 之间的欧氏距离。

$$\overline{w_j} = \frac{w_j}{\|w_j\|} = \frac{(w_{j1}, w_{j2}, \cdots, w_{jn})}{\left[(w_{j1})^2 + (w_{j2})^2 + \cdots + (w_{jn})^2\right]^{\frac{1}{2}}}$$

$$d_j = \left[\sum_{i=1}^{N}(\overline{p_i^k} - \overline{w_{ji}})^2\right]^{\frac{1}{2}}, \quad j = 1, 2, \cdots, M$$

4）找出最小距离 d_g，确定神经元 g。

$$d_g = \min(d_j), \quad j = 1, 2, \cdots, M$$

5）调整连接权值。对竞争层领域内所有神经元与输入层神经元之间的连接权进行修正。

$$\overline{w_{ji}(t+1)} = \overline{w_{ji}(t)} + \eta(t)\left[\overline{p_i^k} - \overline{w_{ji}(t)}\right]$$

$$j \in N_g(t), \quad j = 1, 2, \cdots, M, 0 < \eta(t) < 1$$

6）选取另一学习模式提供给网络输入层，返回步骤2），直至将学习模式全部提供给网络。

7）新学习率 $\eta(t)$ 及邻域 $N_g(t)$。

$$\eta(t) = \eta(0)\left(1 - \frac{t}{T}\right)$$

式中，$\eta(0)$ 为初始学习率；t 为学习次数；T 为总的学习次数。

设竞争层某神经元 g 在二维阵列中的坐标为 $g(x_g, y_g)$，则邻域范围是以点 $\left[x_g + N_g(t), y_g + N_g(t)\right]$ 和点 $\left[x_g - N_g(t), y_g - N_g(t)\right]$ 为右上角和左下角的正方形。其修正公式为

$$N_g(t) = \text{INT}\left[N_g(0)\left(1 - \frac{t}{T}\right)\right]$$

8）令 $t = t + 1$，返回2），直至 $t = T$ 为止。

$$\overline{w_j} = \frac{w_j}{\|w_j\|} = \frac{(w_{j1}, w_{j2}, \cdots, w_{jn})}{\left[(w_{j1})^2 + (w_{j2})^2 + \cdots + (w_{jn})^2\right]^{\frac{1}{2}}}$$

网络学习结束后，即转入工作状态，连接权值 $\{w_{ij}\}$ 不再进行调整。

7.2.2.2 指标数据的处理

选取具有"两型社会"理念的24项指标作为输入矢量，初始权值 W 为 $[0, 1]$ 之间的随机数。由于各项指标数据具有不同的量纲和单位，造成其数值的差异较大，这必然会对分区结果产生影响。因此在指标体系确定后，必须对指标数据进行标准化处理。通常使用的方法有极差标准化、总和标准化、极大值标准化，以及标准差标准化等。本模型采用标准差标准化方法，即将原始数据

$$X_i = (x_{i1}, x_{i2}, \cdots, x_{ij}, \cdots, x_{in}), \quad i = 1, 2, \cdots, m$$

转换为

$$X_i' = (x_{i1}', x_{i2}', \cdots, x_{ij}', \cdots, x_{in}'), \quad i = 1, 2, \cdots, m$$

式中，

$$x_{ij}' = \frac{x_{ij} - \overline{x_j}}{s_j}, \quad i = 1, 2, \cdots, m, \quad j = 1, 2, \cdots, n$$

$$\overline{x_j} = \frac{1}{m} \sum_{i=1}^{m} x_{ij}, \quad s_j = \sqrt{\frac{1}{m} \sum_{i=1}^{m} (x_{ij} - \overline{x_j})^2}$$

标准化后的数据见附表1。

7.2.2.3 SOM 网络模型设计与建立

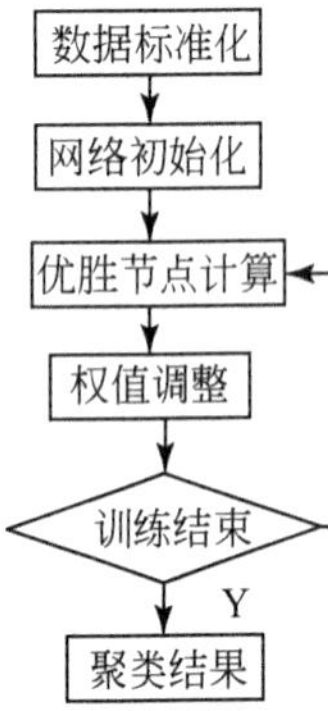

（1）算法流程

本章设计的 SOM 神经网络分6步运行，具体算法流程见图7-2。

（2）网络结构

如前文所述，网络共有两层，输入数据有24维，故输入层神经元个数 $m = 24$；竞争层神经元呈二维阵列分布（S 行，S 列，共 S^2 个），其个数代表输入数据潜在的分类类别，由于分类数未知，且竞争层神经元个数一般大大多于分类数，此处取竞争层神经元个数 $S^2 = 9, 16, 25$，分别进行网络学习，这样既给予同类获胜神经元充裕的响应域，也使得各类神经元分离明显，聚类结果具有更佳的可视化效果。竞争层神经元拓扑结构，如图7-3所示。

图 7-2 SOM 神经网络算法流程

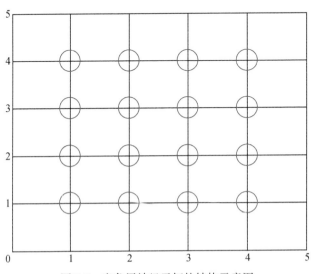

图 7-3 竞争层神经元拓扑结构示意图

（3）网络参数初始化

A. 初始权值

网络初始权值的赋值规则一般是将 $W = w_{ij}$（$i = 1$，2，$\cdots$，m；$j = 1$，2，$\cdots$，S^2）赋予 $[0, 1]$ 区间内的随机数，但这种初始化方法易使权值调整振荡较剧烈，造成竞争层神经元激发规律不显著，网络学习时间过长，难于收敛。由于权值向量最理想的初始状态是其分布规律及响应方向与各输入模式相近或相似，因此在初始化网络权值时，应尽可能使其初始状态与各输入模式处于一种相互容易接近的状态。常用的方法是赋所有权值以相同的初值，这样既可以减少输入模式在初始阶段对权值向量的选择余地，使竞争层每个神经元均有响应的机会，又能够较快地修正权值向量与输入模式之间的方向偏差。本章中网络初始权值 $W = 0.50$。

B. 迭代次数

迭代次数，即网络训练次数。网络训练次数会影响分类的精度，次数过少，则分类不精；过多，则造成时间冗余浪费。由于输入样本较少，网络训练次数需要相应增加，故分别进行 8000、10 000、15 000 及 20 000 次试验。发现网络训练 8000 次后，聚类效果不显著，说明网络尚未学习充分；而训练次数达到 10 000 次及以上时，聚类效果显著且结果相近，网络最大训练次数 maxgen = 10 000，即网络经 10 000 次学习调整后，训练结束。

C. 学习速率

学习速率（η）取值一般在 $[0, 1]$ 之间，学习速率越大，对权值的修改越大，网络学习速度越快。但过大的学习速率（接近 1）将使权值在网络学习过程中产生振荡，不利于网络的稳定，而过小的学习速率（接近 0）会使网络收敛过慢，权值难以趋于稳定。本章采用变学习速率方法，并赋予学习速率两个阈值（η_{max}，η_{min}），在 SOM 神经网络进化初期令 $\eta = \eta_{max}$，使网络迅速收敛，随着学习过程的进行，令学习速率不断减小，最终降至最小学习速率，网络从而趋于稳定。变学习速率计算公式如下：

$$\eta(t) = \eta_{max} - \frac{t}{t_{max}}(\eta_{max} - \eta_{min})$$

式中，η_{max} 为最大学习速率；η_{min} 为最小学习速率；t_{max} 为最大迭代次数；t 为当前迭代次数。这里取 $\eta_{max} = 0.4$，$\eta_{min} = 0.05$。

D. 邻域半径

权值调整邻域可分为正方形或圆形，本章采用圆形邻域进行研究。邻域 $N_c(t)$ 的范围是随网络学习次数的增加而变化的，网络开始迭代时可设定较大的 N_g 范围，一般为网络宽度的一半以上，从而在竞争层神经元分布的二维平面上划分出各类样本对应的响应空间；随着训练次数的增加，$N_c(t)$ 以获胜神经元为中心逐渐收缩，至网络训练结束时，终结于以获胜神经元为中心的小范围处。邻域半径变化计算公式如下：

$$r(t) = r1_{\max} - \frac{t}{t_{\max}}(r1_{\max} - r1_{\min})$$

式中，$r1_{\max}$ 为最大邻域半径；$r1_{\min}$ 为最小邻域半径；$t_{\max}$ 为最大迭代次数；t 为当前迭代次数。本章输入样本数目较少，竞争层神经元个数又大大多于类别数，故需设定相对较大的邻域半径，便于样本的有效聚类，取网络开始迭代时邻域半径 $r1_{\max}=4$，网络训练结束时邻域半径 $r1_{\min}=1.5$。

（4）网络训练

本章设计的 SOM 神经网络训练步骤如下：

步骤 1：网络初始化。初始化网络权值 W，设定网络学习次数（maxgen）、学习速率（$\eta_{\max}$，$\eta_{\min}$）及邻域半径（$r1_{\max}$，$r1_{\min}$）。

步骤 2：距离计算。根据式（4-3），计算输入向量 $X = (x_1, x_2, \cdots, x_m)$ 与竞争层神经元 j 之间的距离，公式如下：

$$d_j = \| \sum_{i=1}^{m}(x_i - w_{ij})^2 \|, \quad j = 1, 2, \cdots, S^2$$

步骤 3：神经元选择。把与输入向量 X 距离最小的竞争层神经元 c 作为最优匹配输出神经元。

步骤 4：权值调整。调整神经元 c 及在其邻域 $N_c(t)$ 内包含的神经元权值，使获胜神经元及其邻域内神经元权值靠近该输入样本。计算公式如下：

$$N_c(t) = l \,|\, \text{find}(\text{norm}(\text{pos}_l, \text{pos}_c) < r(t)\,|), \quad l = 1, 2, \cdots, S^2$$
$$w_{ij} = w_{ij} + \eta(t)(X_i - w_{ij})$$

式中，c 为训练第 t 次时的获胜神经元，$N_c(t)$ 为其邻域；pos_c、pos_l 分别为神经元 c 及 l 的位置；norm 计算两神经元之间欧几里得距离；X_i 为此时的输入样本；$r(t)$、$\eta(t)$ 分别为此时的邻域半径和学习速率。网络权值调整具体过程由图7-4示意。

如图 7-4，网络经 t 次网络训练后，确定神经元 c 与 d 为获胜神经元，分别由属于不同类别的样本 p、q 所激发，$N(t)$ 为此时 c 与 d 的邻域，其内部包含的神经元权值均相应开始调整，分别为不同类输入样本指明其对应的响应方向与区域。通过反复训练，最终使各神经元连接权值呈现一定的分布规律，该规律将输入样本数据的相似性组织到代表各类的神经元上，使同类的神经元具有相近的网络权值，不同类神经元的权值差异明显，在网络学习过程中，权值调整学习速率与邻域半径均在不断减小，使同类神经元逐渐集中，从而实现通过竞

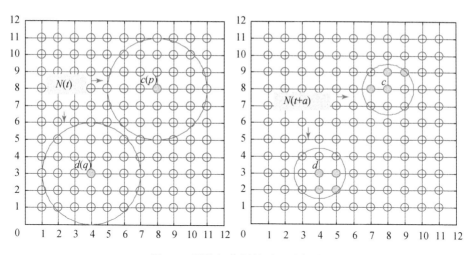

图 7-4　网络权值调整过程示意图

争层神经元的"块状响应"将输入样本聚类。网络再经 a 次训练至训练结束时，邻域收缩至 $N(t + a)$ ，权值调整结束，获胜神经元 c 、 d 及邻域内神经元权值经调整后分别靠近样本 p 、 q ，并分别被各类样本激发，呈现显著的聚集形态。

步骤 5：判断算法是否结束，若未结束，返回步骤 2。

7.2.2.4　基于 SOM 网络的土地利用分区结果

当 $S^2 = 9$ 时，竞争层神经元分布空间较小，由于邻域半径较大，此时网络学习空间不充足，聚类较破碎，故采用 $S^2 = 16$ ，25 时的聚类结果，如图 7-5、图 7-6 所示。

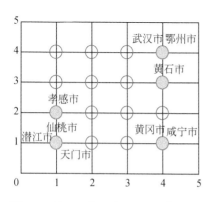

图 7-5　神经网络聚类结果（ $S^2 = 16$ ）

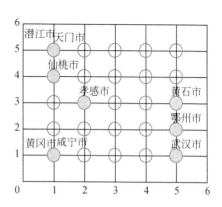

图 7-6　神经网络聚类结果（ $S^2 = 25$ ）

图 7-5、图 7-6 中各获胜神经元聚类显著，SOM 神经网络竞争层各类别获胜神经元权值分布情况如图 7-7 及图 7-8 所示。

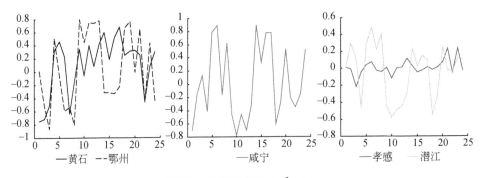

图 7-7　权值矩阵图（$S^2 = 16$）

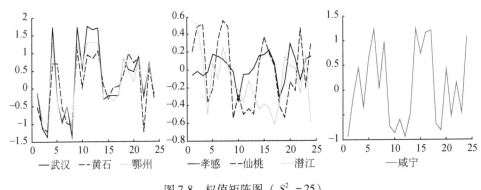

图 7-8　权值矩阵图（$S^2 = 25$）

从结果来看，SOM 网络的聚类结果与武汉城市圈的现实情况比较接近。考虑到武汉城市圈的城市数目，过粗或过细的划分均不适宜，如果分区类型过少，则难以体现各个区域的土地利用经济、社会和生态效益的差异性，分区类型过多，会使分区方案过于破碎，缺乏可操作性。显然，当竞争层神经元个数 $S = 4$ 或 $S = 5$ 时，网络的聚类结果较为合适。

7.3　土地资源空间优化配置方案

根据上文利用 SOM 神经网络聚类结果显示的分类，结合研究区域的现实情况进行定性判断，得到武汉城市圈土地利用空间优化配置方案，即可将武汉城市圈划分为 3 个土地利用类型区（表 7-2、图 7-9）：

表 7-2　武汉城市圈土地利用分区表

类型区	面积/km²	城市
中东部沿江城镇集中发展用地区	14 725.48	武汉市、黄石市、鄂州市
西北部平原集约土地利用区	15 900.41	孝感市、仙桃市、潜江市、天门市
东、南部山区生态保护与生态经济发展区	27 196.47	黄冈市、咸宁市

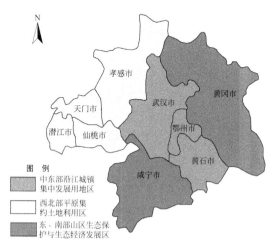

图 7-9　武汉城市圈土地利用分区图

7.3.1　中东部沿江城镇集中发展用地区

7.3.1.1　区域概况

本区主要位于长江沿岸的东部平原地区，包括武汉市、黄石市、鄂州市 3 个城市，土地总面积 14 725.48km²，占城市圈总面积的 25.47%，总人口 1242.50 万人，占城市圈总人口的 41.49%。人均耕地面积 0.040hm²/人，人均建设用地面积 0.018hm²/人。本区为武汉市城市圈，也是湖北省的政治、经济、文化和商业中心，区位优势极为突出。社会经济发展迅速、人才密集、科技水平高、交通便利，工业基础雄厚，钢铁、机械、冶金、建材等占有重要地位。本区是武汉城市圈社会经济发展最快的地区，其中心城市武汉市作为武汉城市圈最大的优势城市，除经济总量最大之外，科教实力、区位优势都十分明显。

7.3.1.2　区域土地利用特点

从土地利用特点来看，本区城市土地扩展速度较快，土地利用率高，已利用土地占 78.33%，其中，耕地所占比重最高，为 33.79%，是棉花和双季稻高产区。水域面积大，占武汉城市圈水域面积的 38.83%，林地面积较小，森林覆盖率低。从产业结构布局上看，产业结构较为合理，农业产值在国民经济中比例逐步下降，第三产业发展较快，第二、第三产业发挥主导作用。但是，武汉市、黄石市、鄂州市 3 个城市在冶金、建材等方面存在产业结构趋同问题，重工业产业档次没有拉开，不利于比较优势的发挥。该区产业空间布局比较分散，如武汉市的工业园就呈"小积聚、大分散"的局面，中心城区和远城区共 13 个辖区均有工业开发区，而且开发区的加工制造业的门类不同，导致武汉的产业集群发育水平较低。

在"两型社会"建设上，该区人均耕地只有 0.040hm^2，为城市圈最低，农业用地和建设用地矛盾突出，并且后备资源较少，各项建设用地需求量却很大。本区重化工业较集中，环境污染较为严重，大气、水体、土壤都遭受重金属和有机物污染，其中黄石市作为老工业城市，能耗和电耗都比较高，"两型社会"建设的任务比其他城市要重。本区生态用地较少，生态空间不断被城市建设行为挤占，资源环境压力日益突出。

7.3.1.3 区域协调发展的土地利用方向

该区土地利用的主导方向，首先，必须坚持土地集约节约利用原则，挖掘土地资源深度开发潜力，充分提高土地质量和产出效率。同时，加大公共建筑地下空间的开发，构建立体化城市建设格局，在有限的土地资源上挖掘未利用的空间资源，推动国土空间集约式发展。其次，走新型城市化道路和新型工业化道路。一要控制城市"摊大饼"式的无序发展，引导土地利用空间轴线式发展。今后的城市土地扩展应沿江沿岸，依托主要交通干道，构成区域用地扩展和建设总体布局的基本框架。二要组建组团式的城市产业布局，引导老城区零星分布的企业向工业园区或远郊搬迁重组，使其形成规模效益。这一区域应该建设成为武汉城市圈包括信息、生物医药、新材料的高技术产业和包括冶金、装备制造、石化及深加工的重化工业的主要集聚区。最后，应调整土地利用结构，合理安排生态用地，改善生态环境，切实保护好耕地、林地、水面等绿色空间，减少城市化和工业化建设对生态环境的影响，加快推进"两型社会"建设。

7.3.2 西北部平原集约土地利用区

7.3.2.1 区域概况

本区地处江汉平原地区，地势低平，水分、热量、光照充足，土地富饶，主要包括仙桃市、潜江市、天门市、孝感市 4 个城市，土地总面积 15 900.41km²，占武汉城市圈总面积的 27.50%，总人口 833.40 万人，占武汉城市圈总人口的 27.83%。本区耕地面积比重大，占全区土地面积的将近一半，土壤肥沃，土层深厚，适宜多种作物生长，盛产粮、棉、油、猪、鸭、鱼、藕等多种农副产品，是国家重要的粮、棉、鱼生产基地，有"鱼米之乡"的誉称。地理位置优越，陆路、水路交通便利，汉江贯穿而过，水运条件优越。本区受武汉市的影响与辐射较强，社会经济发展较平衡，人口增长迅速，城市化水平也在不断提高。

7.3.2.2　区域土地利用特点

从土地利用结构来看，该区的耕地、其他农用地、林地、比重较大，牧草地、交通用地、园地相对偏小，整个区域土地利用率为 85.71%。人均耕地面积 0.091hm²，人均建设用地面积 0.021hm²。本区土地利用特点表现为耕地利用水平高，耕地复种水平、单产水平在城市圈位居前列；农业内部结构不尽合理，包括农业产业结构和农田用地结构的不合理，出现粗放经营、利用不合理现象；城镇用地重外延扩张，忽略了内涵挖潜，表现为城镇占地年增速过快。本区的产业结构中，第一产业比重较高，第二产业整体不强，第三产业比重偏低，主要依靠第二产业带动经济发展。产业特色鲜明，以轻纺、食品、汽车零配件、医药等轻工业为主导产业，与中心城市武汉市的产业关联较为密切。但该区域第一产业用地相对于第二、第三产业用地来说具有生产效率优势，即第二、第三产业用地集约利用效率低；同时在第一产业内存在趋同现象，在粮、棉、油、鱼、蛋等方面大同小异，无法推动产业优化升级。

在"两型社会"建设方面，本区域在传统的经济增长模式指导下，经济增长以资源消耗为代价，大量耕地转为非农建设用地。随着人口的急剧增加，耕地的数量和质量都在不断下降。大量土地开发，农地过度利用，必然引起生态和环境问题，工业"三废"的排放，生活污水以及农药、化肥的使用，使土地污染日益严重，生态环境遭到破坏。另外，低效、粗放的土地利用方式以及城市建设用地的外延扩张，造成了资源的极大浪费。本区域中，仙桃市和天门市虽然经济发展程度远不如中东部沿江地区，但是在单位能耗、电耗、工业废水排放达标率、环境污染等方面，却表现出了优势。

7.3.2.3　区域协调发展的土地利用方向

在建设"两型社会"的框架体系下，本区的土地利用主导方向首先在于通过各种手段提高存量土地的投入和产出效率，提高集约利用水平，既满足经济发展对土地资源的大量需求，同时促进集约型社会的建设。同时，要控制人口增长，大力保护耕地，规范非农建设用地，加强基本农田保护，可优先考虑农业用地布局，稳定本区的粮食生产能力。其次，应发展节约型、环保型产业，实现经济增长方式的转变和产业结构优化升级。该区城市主要以中小企业为主，应根据本地的比较优势和区位优势，促进产业集群的发展，重点建设成为粮、棉、油、畜牧、水产品生产以及加工基地，服装纺织工业、食品工业、以盐矿、磷矿、石油开发为基础的化学工业，以及具有自己特色的汽车及零部件、专用机械等生产基地。依托现有的企业集群，引导相关产业向这一地区流动、积聚。最后，充分开发利用生态用地，注重绿色空间的相互融通，注意生态环境的维持和建设。严禁建设占用永久绿地，鼓励零散的农村居民点向规划的新农村集中，充分发挥土地资源的生态作用，形成良好的人居环境。

7.3.3 东、南部山区生态保护与生态经济发展区

7.3.3.1 区域概况

本区主要位于东部的大别山区和南部的幕阜山区，主要包括黄冈市和咸宁市两个城市，土地总面积 27 196.47km²，占城市圈总面积的 47.03%，区内总人口 918.70 万人，占城市圈总人口的 30.68%。区域气候条件优越，两大山脉的屏障作用和坡向效应，为农业生产提供了有利条件。本区是武汉城市圈社会经济发展较为落后的地区，这与其所处的地理环境有很大关系，区域内主要以山地为主，生产力水平较低，从而导致社会经济未能得到长足发展，造成区域资源外流、资金短缺、人才不足等尴尬局面。本区发展相对落后但空间很大，地域宽广，土地开发利用的空间很大，资源较丰富，产业基础薄弱但成长空间显著，开始初步形成一些产业聚集区。

7.3.3.2 区域土地利用特点

本区农用地占整个区域用地的 76.22%，农用地中以林地为主，占区域土地总面积的 42.08%。人均耕地 0.063hm²，人均建设用地 0.023hm²。区域土地利用特点表现为，土地资源类型多，易于农林牧渔业综合发展；人均土地和耕地都超过了城市圈平均水平，但土地利用效益较低，在平均水平以下；未利用土地面积占 15.92%，具有较大的开发潜力；森林覆盖率大，生态资源丰富，发展林、竹及特产等多种经营在本区具有明显的生产优势；水土流失较为严重，坡度大于 25°的坡地和梯田占耕地总面积的比重很大，耕地质量较差，

导致本区低产田面积较大。从产业结构上看，该区域第一产业的专业化程度较高，高于武汉城市圈平均水平，明显具有比较优势，但第一产业比重过大（＞20%），仍处于工业化初期发展阶段。

本区域主要是以农业为主的城市，在建设"两型社会"过程中，黄冈市和咸宁市在环境友好方面比以工业为主的城市（如黄石市、鄂州市等）具有先天优势，森林覆盖率达到42.08%，是武汉城市圈生态环境建设的主体，也是城市圈的绿色屏障和生态经济区。但是，在经济发展、科技创新等方面，该区域还处于相对落后的位置，产业基础薄弱，传统的农业生产方式使得土地产出效益较低，亟待探索出一条有别于传统发展模式的工业化和城市化发展道路。

7.3.3.3 区域协调发展的土地利用方向

该区定位为以生态保护为主导、积极发展生态农业和生态经济的综合性生态功能区。土地利用主导方向首先应以耕地保护为重点，坚持土地和资源可持续利用的原则，积极开展土地整理，引导农村居民点的集并，转变经营方式，集约利用土地；加强水土流失治理，将山地中的陡坡耕地进行退耕还林、还草，植树造林，严禁水面、林地等生态用地改变用途，包括水土流失防治在内的土地生态建设是该区域土地利用中的重中之重。其次，应突出农业的主体地位，发挥区域比较优势，大力发展生态农业和绿色产业基地，建立绿色农、林、水产品及特色农副产品生产及加工基地，轻纺、中医药、机电等生产基地，以及面向武汉城市圈其他区域城市的生态旅游、休闲度假基地。最后，应保护大别山和幕阜山区的生态环境，治理土壤侵蚀，维护生物多样性。把生态修复和环境保护作为首要任务，有序发展绿色农业和生态旅游，从而保障武汉城市圈的生态平衡，改善区域生态环境质量，将武汉城市圈营造成生态城市圈。

立足于武汉城市圈"两型社会"建设的目标，根据土地利用分区的结果、各个区域土地利用特点，以及今后土地利用的主导方向，结合城市圈的自然环境状况兼顾区域协调发展，武汉城市圈的土地资源空间优化配置方案进一步体现在土地资源、产业资源以及生态资源的整合上。从土地资源整合的要求出发，城市发展向中东部集中，并沿交通干线及武汉市、鄂州市、黄冈市等产业轴发展；西北部集约发展，东部、南部控制，适度发展，在保护生态环境的基础上，城镇建设用地适度扩大，提高规模效益和集聚效益。基于产业资源整合考虑，东南部发展生态旅游及绿色产业带；中东部由北向南分别构建高新技术产业带、第三产业带及现代制造业产业带；西北部为优势农产品产业带和特色农产品基地。基于武汉城市圈的生态格局，以及城镇发展状况，城市圈主要以山脉和水系为骨干，以山、林、江、湖为基本要素构成依山沿河、水网绿楔的生态网络布局。保护好东、南部以大别山、幕阜山为主体的自然山体及低山丘陵区，使其成为武汉城市圈的生态屏障；整治和保护区域内的河道水系，高效利用水资源，建设完善水系连通网络，沿江沿湖的城市建设区与非城市建设区建设绿化带，以此构建市域内线型绿地系统；在沿主导风向和水网伸入城市的方向楔入大面积的森林绿地，形成城市生态廊道；避免城市连片发展，影响生态、景观和整体环境水平，而应采用组团式城镇发展，在各城市组团之间，利用自然水体、农田绿地、大型基础设施用地以及交通生态走廊等，构建绿色开敞空间。

第8章
城市圈土地资源优化配置政策建议

8.1 加强土地规划控制，完善相关法律法规

8.1.1 制定科学合理的土地利用规划

土地利用规划是实现土地合理利用的重要手段。只有通过合理的土地利用规划，才能保证武汉城市圈内各城市各部门的发展对土地的需求，解决在需求中出现的各种矛盾和冲突，各城市也能在规划的指导下，实现土地的合理利用。因而要做好武汉城市圈的土地利用工作，要从以下两个方面着手：

1）对各城市进行科学定位，保证充分发展。要科学合理地确定城市圈的支柱产业、主要产业链，以及各城市在规划中的优势。例如，黄冈市、孝感市、咸宁市经济发展水平较低，但土地资源丰富，其产业发展重点应该放在土地流转体制、规模化经营、商品农业基地建设等方面，并以此形成农副产品的深加工等；而对于武汉市、黄石市这样工业比较发达、土地成本高、环境污染严重的城市，则要将资源消耗大、污染严重的项目尽量布局在城市周边。

2）土地利用规划的制定要遵循几项原则。第一，必须符合国家的土地宏观调控政策，把严格保护耕地、转变土地利用方式作为规划的宗旨；第二，要打破城市圈行政区划的界限进行整体规划，综合考虑城市圈整体的社会、经济、生态效益的统一；第三，在圈内坚持和实行耕地"占补平衡"的原则，建立圈内土地的"统筹优化使用"新机制。

8.1.2 完善土地利用的相关法律法规

土地利用规划的实施是一项庞大而复杂的工程，涉及土地管理的方方面面，在遵守国家有关法律法规的基础上，必须完善和深化城市圈及相关地方性

法规制度，建立各项配套政策，以保证土地利用规划的顺利实施。

1）完善规划的领导责任制、规划公示制度、土地利用年度计划管理制度、建设项目预审制度、土地用途管制制度、农用地和土地征用审批会审制度等，并要保证各项制度的科学性、公平性和可操作性。

2）针对各地方政府规划实施中出现的新问题及时出台相应的配套政策，并以统一的标准在城市圈内其他地方政府实施，为规划实施创造优良的社会环境，同时保证规划实施的公平性。

3）要积极推行现代行政程序和行政执法责任制，依法行政，确保土地利用规划的编制与实施在法制的轨道上运行。

8.1.3 提高土地集约利用水平

城市化进程是人口和产业占用土地的过程，是农用地转化为非农用地进而改变原有的土地利用结构与布局的过程。城市化和工业化是武汉城市圈发展的必然趋势，历史潮流不可阻挡，为了解决用地紧张的问题，走土地集约、节约利用的道路是最好的选择。

工业是武汉城市圈的主导产业，工业用地的过度外延式扩张和粗放利用，必然造成武汉城市圈快速发展时期土地资源要素对经济增长的制约，因此，根据武汉城市圈工业用地粗放利用的现实，有必要探讨其工业用地高效集约利用的措施和途径。一方面，要充分发挥市场机制配置工业土地资源集约利用的基础性作用，营造武汉城市圈公平有序的市场环境，供给引导需求，公平竞争工业用地使用权，使工业用地在价格机制和供求机制的共同作用下实现合理布局、高效利用。另一方面，要加强政府干预机制在武汉城市圈工业用地集约利用中的宏观调控作用，通过科学编制并严格实施规划、政府出面干预盘活存量工业用地等手段来加强工业用地的监督和使用。

通过结合武汉城市圈土地利用总体规划的编制，确立集约用地的原则，加强规划的整体控制作用。不仅要结合城市圈土地利用功能分区的划分，制定不同的土地利用政策，合理确定不同区域的用地强度，加强土地用途管制，而且要从严控制城市的用地规模，在城乡建设用地上，以内涵挖潜改造为主，严格控制外延，按照集约节约用地的要求，合理确定各项建设的容积率、建筑密度、绿化率等。在村庄建设上，实行村庄集并和空心村整治改造、调整宅基地、统一规划基础设施，通过城镇规划建设以及对已利用土地挖潜改造，可进一步提高集约利用水平，最后要加强重大基础设施和基础产业的科学规划。按照合理布局的原则，统筹各类交通、能源、水利等基础设施和基础产业建设规划，避免盲目投资和低水平重复建设，造成土地资源的极大浪费。

8.2 加大土地利用的监督力度，构建科学合理的奖惩机制

8.2.1 加大土地利用的监督力度

从武汉城市圈的发展来看，在土地利用过程中，省政府在尽量提供足够的建设用地供给的同时，会从全局利益出发，把保护耕地作为最基本的政策来抓，并以土地利用规划作为地方用地的指导。而作为上级政府政策的具体实施者，地方政府可以采取进行耕地保护和过度开发建设用地两种决策。但实际上，地方政府往往由于地方经济发展的需要，违背上级政府的意愿，过度占用耕地来进行开发建设。而省政府也知道地方政府可能会存在违法占用耕地的行为，就会对地方政府的这种违规行为进行监督，以此来保护耕地资源，保证整体利益的实现。

目前城市圈内土地资源利用的不合理情况，在某种程度上与监督失效是分不开的。在有些土地利用问题上，地方政府具有一部分自主权，又是具体行为的决策者，而省政府只是对土地利用行为进行指导和控制。在这个过程中，往往由于信息不对称、地方政府制造虚假信息等原因，省政府对地方政府的土地利用过程的反馈周期长、效果差。特别是在占用耕地、违法建设的问题上，地方政府出于地方经济的考虑往往虚报瞒报。

国家土地督察武汉局作为国务院授权国土资源部向地方派驻的国家土地督察机构，主要负责湖北、湖南和贵州三省的国土督察工作，督察范围主要包括三省耕地保护责任目标的落实、建设用地总量的控制情况等。因此，省政府要实现对城市圈各地方政府的监督，在自身建立监督机构、监督队伍的同时，要联合武汉督察局来开展督察工作，通过学习武汉督察局在相关督察工作中的经验来管理武汉城市圈各地方政府的土地利用行为。

首先，构建合理督察队伍，强化督察职能。由省政府、省国土部门的相关成员联合武汉督察局组成一支机构成熟、职能明确的督察队伍，并通过建立相应的制度和政策来保障土地督察机构和职能的法律地位，提高督察的法律强制力。

其次，实现信息化督察。督察队伍在对各地方政府进行土地利用监督工作时，要充分利用湖北省第二次土地调查、土地利用总体规划修编等重要资料，采用卫星遥感和土地信息系统的先进技术，通过内业审核和外业核实的手段，

对各地中土地利用可能存在的违法行为进行准确定位和重点督察，确保督察效果。此外，还可以建立在线督察系统，在网上对用地审批、地籍变更等进行督察，提高督察效率。

最后，突出重点督察。在土地督察过程中，应根据实际需要，对补充耕地、土地征收、土地供应、新增建设用地等敏感性的区域站看重点督察，这样既能减少工作量、提高工作效率，又能增强针对性、加大监督可能，杜绝了地方政府的投机心理，才能取得督察实效。

8.2.2 构建科学合理的奖惩机制

奖惩机制一般是与监督机制共同存在的。在城市圈内，违法用地频繁发生的主要原因首先在于违法用地成本低，巨大的利益与过低的惩罚成本之间的驱动关系导致违法用地屡禁不止。其次，执法手段与执法力度的不足，使得执法工作缺乏强制性，造成违法用地也得不到应有的处理。最后，对于能够实现控制违法用地、进行耕地保护的政府，又没有激励政策给予奖励，长久之后就会缺乏保护耕地的动力，也就会加大进行违法用地的可能性。

在武汉城市圈的发展中，由于社会经济发展状况的不平衡，有些地区存在用地指标用不完（如咸宁），而有些地区指标不够用（如武汉），这就需要开展城市间用地的合作，来实现土地资源的合理配置。同时，对于积极配合城市圈内"异地补偿"的地方政府，省政府应当给予一定激励措施，促进该地方政府在其他方面的发展。同时，对于城市圈中有效实现耕地保护目标的地方政府，也可以通过拨款、适当增加下一年建设用地指标等方式来调动积极性。

对于"占补平衡"的监督工作，要具有灵活性，要求既能圈内"异地补偿"也能地方内"跨年度补偿"。而对于无法实现补偿的地区，要以不激化矛盾、维护城市圈稳定为原则来划分惩罚等级，结合受罚对象行为动机及行为后果的影响程度，来灵活处置。而对于大面积违法用地情况，则需严肃处理，并追求行政首长责任，树立监督工作的权威性与法律强制性。

8.3 科学处理经济发展与土地资源利用的关系

8.3.1 正确地处理经济发展和土地资源利用的关系

工业化和城市化进程中，经济发展对土地的需求与土地自然供给不足之间的矛盾将长期存在，虽然近年来武汉城市圈各级政府采取了一系列措施来控制建设用地的扩张，但居民点和建设用地面积扩张速度依然居高不下，因此有必要引导经济合理发展，科学地处理经济发展和土地资源利用的关系。

一方面，制定并完善保护土地资源的政策和制度，借助法律坚决制止以牺牲资源和环境来促进经济发展的行为，另一方面，在经济快速发展期，也不能为了保护耕地而严格制止经济发展对建设用地的需求，要通过优化调整产业结构配置土地资源，积极推进产业置换，实现工业用地的集约节约利用。例如，可以使武汉市的产业逐步向周边中小城市转移，使工业、仓库等向各个城市郊区集中，引导商业、金融、信息和技术等服务业向城市中心集中。

土地的自然供给是不变的，要想缓解经济发展对耕地造成的压力，还可以通过发展高新技术产业，推进节地型经济增长技术对耕地的替代，如加快发展高新技术、技术密集型工业和信息产业园区，以此来提高土地的经济供给水平。另外，武汉市在充分挖掘存量土地以后，由于未利用土地比较少，耕地占补平衡面临困难，可以从整个城市圈范围来考虑耕地占补平衡，这样不仅可以充分带动周边城市的发展，使城市圈土地资源利用一体化，还能实现城市圈土地资源和经济协调发展。

8.3.2 大力发展循环经济，着力推进资源综合利用

循环经济是一种经济发展模式，发展的关键在于能够加速经济转型。从传统的资源依赖过量消耗型、粗放经营的经济增长方式转变到经济、社会与生态协调发展的模式上来，并且进入到经济结构调整之中，以"协调"、"减量"和"循环"为主要手段，落实到各个环节，从而达到节约资源和保护环境的目的（谭秋成，2009）。武汉城市圈要借鉴其他国家和地区循环经济的发展经验，加大自身循环经济的科研投入，实现技术创新，着力解决制约圈内循环经济发展的共性技术难题，为发展循环经济提供技术支撑；要调整产业空间结构，优化产业布局，培育发展产业集群，加快开发和推进节能减排技术，资源综合利用技术和生态修复重建技术等，培育转达环保产业；调整产业部门结构，加快发展第三产业和高新技术产业，淘汰高污染、低效益的产业和企业。

武汉城市圈要开展循环经济试点，探索适合自身发展的循环经济模式，进而推动整个城市圈循环经济的发展。武汉城市圈中，武汉市的核心地位突出，由于目前城市圈扩散效应已经较为显著，武汉市的创新发展对城市圈总体水平提高起到重要的作用；在突出武汉市龙头地位的同时，各城市应结合自身优势

以及政策支持提高产业与人口承载力，加强城市聚集能力和产业集群规模；城市圈发展中应注重推进城市圈市场一体化，改变目前各城市严重不平衡的状况，周边城市应尽可能提高武汉辐射本地的效果，吸引武汉的要素资源更多更快地流向本地，通过发展本地产业，相互承接形成多层次生产结构。

8.3.3 合理配置土地资源，促进产业结构优化组合

武汉城市圈成为国家"两型社会"综合配套改革实验区，是城市圈产业发展的重大机遇，但同时也对其提出了更高更新的要求，必须要在实践中探索产业与资源环境协调发展的新型道路。为此，应鼓励各城市大力发展最具优势产业的集聚区，鼓励优势产业向优势区域流动聚集，最大限度地实现土地资源的集约利用；加强产业园区集中治污设施建设，积极发展循环经济，不断提高节能减排水平；加强产业园区生态建设和环境保护，实现产业发展和生态建设的统一；努力实现产业流动聚集与土地利用功能分区的协调统一，从整体上形成武汉城市圈产业发展与生态环境更友好的局面，努力走出一条产业集聚、经济集约、资源节约、环境友好的新型产业发展道路。

结合"两型社会"建设目标，为实现土地利用经济效益、社会效益和生态效益三者统一和最大化，在城市圈范围内调整土地利用结构，优化用地布局。对于农用地内部结构，可通过发挥各地区自然条件优势和区位优势，合理布局，作物布局调整由低产田向高产田集中，积极发展多种经营，推广特色种植，以提高土地生产率；尽量减少占用耕地，提高土地利用率，实现耕地总量动态平衡，加强生态用地保护，禁止征用具有生态功能的草地、林地和湿地；针对重用轻养造成耕地质量下降和土地退化的现象，可通过改善农业生产条件、提高农业机械化和现代化水平，以提高耕地质量和可持续利用水平。在建设用地中，对于那些区位条件好、级差收益高的土地上布局的低效益产业，尤其是污染重的工业企业，要实行退二进三，以腾出土地发展集约利用水平高和经济效益好的产业；尽量减少工业用地的比重，增加交通、绿地的数量，以满足生态环境需要；通过用地功能分区，实现空间布局的优化，工业向边缘开发区及工业园区集中，用地少、科技含量高的第三产业集中于中心城区，住宅小区集中建设，改善分散杂居的局面。通过各类用地的集中，实现集聚规模效应，提高土地利用综合效益。因此，武汉城市圈必须加快产业合作和升级，积极推动产业结构调整。

各种产业产值和各土地利用类型之间存在着很强的相关关系，产业结构的调整和变动必然会带来土地利用类型间的相互转换，因此，可以通过调整优化

产业结构来推动土地资源的合理利用。

要发挥武汉市的辐射能力和扩散效应，使其他城市围绕武汉市配套和发挥优势特色，通过各城市的分工协作，在城市经济圈中形成生产要素互补、各城市合理分工的产业布局。通过配套产业和特色经济，剔除产业中的趋同，挖掘城市内部的存量土地，提高产业用地的集约化水平，使地尽其能、地尽其用。另外，第一产业在武汉城市圈中占有重要的地位，要继续加强第一产业发展，推进农业产业化，重点培育地方特色鲜明的主导产业，形成生产、加工、销售有机结合和相互促进的机制，推进农业向专业化和现代化的转变，促进农业用地的集约利用，同时加强发展第一产业也是对农用地保护的重要措施。

8.3.4 综合布局城市圈交通，加强交通一体化建设

交通是经济发展的基础，交通便利度决定了一个地区的区位优势度，而区位优势度大小会对经济发展产生重要影响，交通通过改变区位进而决定土地利用的结构及形态布局，区位优势越明显的地区经济发展状况越好，因此，可以通过改善交通来推动区域土地利用朝更加合理有序的方向发展。

目前，武汉城市圈交通网络布局不合理，城市圈交通仍以武汉市为中心，武汉市交通用地在总土地面积中的比重高于其他城市，天门市、仙桃市和潜江市因距离武汉市比较远，交通便利度不高，故经济发展比较落后，经济发展仍以第一产业为主。公路密度是衡量一个地区交通便捷程度的重要指标，2006年武汉城市圈内公路密度最高的是鄂州市，达到 119km/100km²，比密度最低的天门市高出 1.7 倍。另外，铁路纵深不足，铁路网覆盖面窄，仙桃市和潜江市截至 2006 年还没有通铁路。这表明交通建设已成为经济发展和土地利用结构优化调整的重要制约因素。为此，武汉城市圈要加快交通建设速度，促进交通一体化建设，用交通来带动每个城市的经济发展和土地合理利用。

加强武汉城市圈交通一体化建设，需要对城市圈内交通设施进行综合布局，完善已有的交通体系，强化各种运输方式的衔接配套能力，加强公路、铁路、水路和航空运输枢纽及客货集散中心建设。同时，建立周边城市之间水平的快速交通，只有通过高效的交通网络实现资源的优化配置，才能提高各城市的专业化水平。在交通设施建设过程中，应结合投入、产出状况，优先建设效率较高、需求水平较大的地区间的交通线路，促进城市圈渐进式的发展，逐步形成"辐射周边、畅达全国、资源共享、集约高效"的现代化综合网络运输体系。

武汉城市圈推动交通一体化建议可采取以下措施：首先，要整体规划交通网络，必须以整个区域为对象，从区域经济和社会发展的实际需要出发，整合区位内的交通资源，对区域内的各种交通资源进行统一规划，实现有序建设。其次，建立政府协商机制，打破由于行政区划造成的地方保护主义和交通限制，为交通一体化建设提供制度保障。最后，实现交通运输发展和土地利用规划协调发展，在保持各地政府制定的交通运输发展规划独立性基础上，充分考虑武汉城市圈整体的区域交通合作规划，使各地规划与区域合作规划相互依存、相互衔接，这样有利于整个城市圈和各个城市间综合交通运输体系的形成和发展，还有利于带动经济落后地区的发展，同时还能促进土地的集约利用，切实提高土地利用效率。

8.3.5　控制人口数量，切实保护耕地资源

人口是最具活力的土地利用结构变化的驱动因素之一，对于中部地区人口密度大的武汉城市圈来讲，人口驱动因素所起的作用十分明显。根据《武汉城市圈总体规划》中的人口预测：武汉城市圈2020年总人口规模将达到3300万人，人口年均增长3‰~5‰。城市化水平将从2006年的42.72%增至2020年的61.6%。人口的增长和城市化水平的提高对耕地和建设用地的需求不断增加，根据预测，2020年对耕地的需求为176万 hm^2，对建设用地的需求将达到80.6万 hm^2，2010~2020年建设用地增加9.1万 hm^2，需占耕地3.3万 hm^2。然而，目前武汉城市圈人均耕地仅0.9亩，低于湖北省和全国平均水平（分别为人均1.2亩和1.4亩）。

武汉城市圈土地总面积是固定的，耕地的自然供给是有限的，因而短时期内，不断增长的人口和不断提高的城市化水平对耕地和建设用地需求与耕地和建设用地供给不足之间的矛盾日益突出。为了减轻人口增长对土地资源的压力，武汉城市圈要坚定不移的继续贯彻并执行计划生育政策，严格控制人口数量，切实保护有限的耕地资源。

8.4　保护生态环境，实现资源可持续利用

8.4.1　推进土地利用空间布局优化，保护生态环境

武汉城市圈在推进土地利用空间布局优化时，要加大生态建设和环境保护

力度。一方面，建立科学的区域生态安全框架，推进森林资源可持续利用。明确城市圈不同区域生态系统类型、生态问题、主导生态服务功能，以山脉和水系为主体，构建区域生态网络框架，维护并实现城市圈生态安全；依托重点生态林业工程项目建设，优化林地及林种结构，保护天然林，增加森林生物产量，构建城市圈绿色生态屏障。另一方面，建立水环境安全格局，实现水资源可持续利用。统筹调整城市圈的水资源利用与水资源保护，发展节水农业和节水工业，合理调配生产、生活和生态用水；加快实施退田湖、恢复湿地、移民建镇工程，化解灾害对经济可持续发展的负面作用；搞好水土流失治理，提高水资源利用效率和效益。

8.4.2 充分发挥土地利用总体规划对生态环境的保护作用

土地利用总体规划是在一定区域内，根据国家社会经济可持续发展的要求以及当地的社会、经济、自然条件，对土地的开发、利用、治理、保护在空间上、时间上所作的总体安排和布局。它是对土地利用方式进行空间、结构方面的总体布局，其目的是在保护土地资源的同时满足社会发展的需要。在土地利用规划的编制过程中改变以往的片面追求经济效益的做法，要以人口、资源、环境和经济等多方面的综合要素为核心制定土地规划的模式，将生态效益纳入土地利用规划体系中。制定的土地利用规划要能够促进各类用地的协调发展，要把挖掘建设用地内部潜力作为新增建设用地缺口的有效途径，尽量不占用或少占用耕地，起到保护生态的作用。

8.4.3 加大生态环境综合治理力度，建立生态环境补偿机制

生态环境的好坏对区域经济的发展有着深远的影响，鉴于武汉城市圈土地利用与生态环境的耦合发展趋势，必须加大生态环境综合治理力度。要通过加强植树造林、荒山绿化的力度，严格控制工业"三废"排放，控制化肥、农药的使用量，减少农村污染源，对废弃工矿用地进行复垦等多种措施改善环境。要坚持"谁开发谁保护，谁破坏谁治理"的原则，建立生态环境补偿机制。生态环境补偿机制的建立既能为保护生态环境筹措资金，同时也能树立公民的生态意识，解决经济发展与生态环境的矛盾。实际操作中，要开展区域生态环境补偿机制的试点，鼓励发展生态经济，逐步积累经验，形成可操作的生态补偿机制，促进区域协调发展。

8.4.4　构建环境友好型土地利用模式，促进土地利用与生态环境协调发展

8.4.4.1　生态农业土地利用模式

所谓生态农业，就是在农业生产中按照生态规律、经济规律的要求，利用现代科学技术，把整个农业生态经济系统的全部要素进行合理配置和系统调整，使之形成良性循环的广义农业。鉴于武汉城市圈农业生产现状以及生态环境保护和建设的要求，武汉城市圈农业要充分利用自身的气候、资源、区位等优势，积极发展多种经营；以市场为导向，以科技为手段，走生态建设与农业发展相结合的道路。在制定土地资源开发规划时要立足于本地自然气候条件，因地制宜，开阔思路，农林牧渔业并举，坚决摒弃单一化种植模式，要突出本地特色，加强科技投入，提高产品效益。今后城市圈农业发展应紧紧围绕市场，发展一些既有比较优势、地方特色，又利于生态环境的保护、恢复、重建与优化的特色产业；根据不同区域农业和农村生态环境和生产条件，利用环境资源优势进行生态农业建设，形成多个生态农业示范县，实现生态、经济、社会三大效益的协调统一。

8.4.4.2　生态城市土地利用模式

生态城市是指社会、经济、自然协调发展，物质、能量、信息高效利用，基础设施完善，布局合理，生态良性循环的人类聚居地。其科学内涵就是倡导社会的文明安全、经济的高效和生态环境的和谐。简而言之，生态城市是一类生态健康的城市，是人与自然系统整体协调，满足人们的物质和精神需求，而且能实现自身的发展的可持续发展的城市模式。生态城市是以循环经济模式来进行建设，以"协调"、"减量"和"循环"为主要手段，从而达到节约资源和保护环境的目的。建立生态城市要着重从以下几个方面入手：优化土地利用结构，促进土地节约集约利用；加大产业结构调整，加快转变经济发展方式；加强城市生态建设，保护生物多样性；综合治理环境污染，改善生态环境。

8.4.4.3　承接产业转移型土地利用模式

纵观武汉城市圈历年来的发展状况，"一市独大，一强众弱"的区域差异发展格局突出，要打破这种格局，就必须加强各个弱市的建设，使他们扩大对外开放力度，大力承接中心城市的产业转移。武汉市已经进入工业化中期，而周边城市正处于步入工业化中期的发展阶段，城市间需要加强产业整合，尤其

是周边城市应积极承接武汉市产业的梯度转移。这样有利于周边城市吸收更多的劳动力进入非农业，以"承接产业转移"带动"农村劳动力转移"，从而不断弱化城市圈的二元经济结构，提高劳动生产率，缩小其余 8 市与武汉市之间的差距，改变"一市独大，一强众弱"的格局。

8.5 协调土地市场与政府的作用，保证土地市场的平稳与利益合理分配

8.5.1 发挥土地市场的调节作用，保证土地市场的平稳发展

市场机制是指通过市场竞争配置资源的方式，即资源在市场上通过自由竞争与自由交换来实现配置的机制，也是价值规律的实现形式。具体来说，它是指市场机制体内的供求、价格、竞争、风险等要素之间相互联系及作用机理。市场是资源配置的基础方式和有效手段，而实现资源高效配置的前提条件是市场的发育是完善的。只有在完善的土地市场上，市场机制才能够发挥其资源配置的基础性功能。

1）完善土地一级市场。严格界定土地市场中均衡价格的内涵，以基准地价作为区域土地均衡价格的判断标准，以效用最大化作为资源配置效率的判断标准，同时，要加大国有土地的"招拍挂"，尽量减少协议出让的部分，保证圈内土地一级市场的公平与公正，实现土地资源收益。

2）大力发展二、三级土地市场。充分发挥市场的供应机制、竞争机制和价格机制，建立统一的土地市场体系，促进土地资源流动，完善相关地籍管理工作，提升土地市场的配置效率，为城市圈土地市场提供明晰的产权界定与产权保护服务。

3）规范中介市场。严格审查土地中介机构服务资质，整顿土地中介市场，规范管理中介服务行为，理顺土地价格形成机制，促进城市圈土地市场的健康发展。

8.5.2 加强地方政府间的沟通合作，实现各城市间利益共享

由于市场机制是通过调节人们的经济利益关系来指导土地利用，实现管理目标的，而不是直接干预、控制人们的行为。因此，对于具有非竞争性和非排他性的产品，市场机制是无法起到调节作用的。而由于市场外部性的存在，也

容易导致资源配置的不合理，并且形成污染和浪费等现象。在这种情况下，市场机制是无效率的。此外，人们除了物质利益外还有精神和社会的需要，而且对于管理中许多需要严格规定或采取立即措施的问题通过市场机制也是无法实现的。所以，在土地资源的配置过程中，不能单纯依靠市场来调节，同时要辅以政府的宏观调控。

为了加强对武汉城市圈"两型社会"建设的组织领导，湖北省委、省政府成立了推进武汉城市圈"两型社会"建设领导小组办公室（简称"武汉城市圈综改办"），具体协调城市圈内各城市的发展。在武汉城市圈综改办进行城市圈内具体的协调工作时，省政府应赋予其更多的实权，从根本上解决权利发挥的束缚问题。同时，要充分利用武汉城市圈综改办的相关职能，对城市圈的具体合作事务进行直接的管理，通过拟定的共同的合作规则和相关制度，来实现城市圈内的合作协议。

此外，应设定各城市政府高层之间的定期会晤机制，通过及时高效的对话磋商，加强各地方政府之间的信息交流与沟通合作。通过会议，各地方政府高层之间可以就产业发展、土地利用、环境保护、贸易往来等各方面出现的问题进行及时而有效的探讨，并对下一步可能产生合作的领域进行磋商，制订详细计划，从而使地方政府彼此之间的政策更具透明度，增加了彼此信任，减少了因信息不对称、沟通不畅而产生的矛盾与误解，也有利于实现城市圈的整体利益。

利益关系是政府间关系中最根本、最实质的关系，而地方政府间合作的目的最终是实现自身或整体的利益。在武汉城市圈中，由于各个地方政府经济发展状况不一致，地方经济实力各异，各成员利用土地的预期收益也就互不相同。因此，预期收益较少的地方政府如果得不到合理的利益分配，就会缺乏与其他地方政府间进行合作的动力，合作也难以形成。

因此，在武汉城市圈的土地利用过程中，要打破行政区划的限制，站在城市圈的高度来促进合作。对各个城市进行功能定位，确定各个城市的产业优势，并结合其自身土地利用特点来合理组织土地利用。通过制定相应的金融、税收制度来调节各地方政府的土地利用行为，实现城市圈整体利益的最大化。并且应该实现有效的利益转移，实现城市圈利益在地区间的合理分配。充分发挥武汉与咸宁"异地补偿"成功合作的影响力，通过对部分地区在利益和机会上的损失予以补偿，来减少地方政府之间合作和城市圈一体化发展遇到的阻力。

8.6 对武汉城市圈进行整体协调，构建均衡发展的空间布局

在整体上，将武汉城市圈土地利用空间结构概括为一核两轴两翼两组团的空间布局。一核即武汉都市发展区，作为武汉城市圈的发展极核，辐射和带动周边城市的发展；两轴即依托京广铁路、京珠高速公路和汉丹铁路线以及长江、汉沪蓉高速公路构成城镇产业发展轴，横轴自西起，由潜江市区，沿长江延伸，向东连接仙桃市、武汉市、黄冈市、鄂州市、黄石市形成东西向市域用地发展轴，纵轴自北起，由孝感市的安陆市起，沿武汉市、咸宁市的赤壁，形成贯穿南北的市域用地发展轴，以此推动武汉城市圈呈"十"字形城市——交通复合走廊发育，从而控制城市用地的无序扩张；两翼即以大别山和幕阜山为基础的生态区域，作为武汉城市圈"两型社会"建设的生态保障，对于水土涵养、气候调节、资源保护、维护区域生态稳定具有不可替代的作用；两组团即由中东部武汉市、鄂州市、黄冈市，西北部孝仙市和潜天市两个城镇与产业集聚形成的组团，成为武汉城市圈的重要支撑。

附　录

附表　武汉城市圈土地利用分区指标标准化结果

地　区	土地垦殖率/%	人均耕地面积	人均粮食占有量	交通用地指数	后备土地资源比例/%	人均水资源量	土地利用率/%	人均建设用地面积	建设用地地均收入	农用地地均收入	建设用地地均固定资产投资	人口密度
武汉市	0.0295	-1.3415	-1.7428	2.7423	-0.6577	-1.1664	-0.0436	-1.6326	2.5381	0.3931	2.5541	2.4341
黄石市	-1.0537	-1.0983	-1.0877	-0.5210	2.1163	0.0084	-1.5432	-0.6769	0.3449	-0.8494	-0.0343	-0.1070
鄂州市	-0.3352	-0.8085	-0.7761	0.1186	-0.6215	-1.0346	-1.6708	-1.0751	0.5098	2.2251	0.7559	0.4774
孝感市	0.1188	0.0894	0.3131	-0.2979	0.3574	-0.2533	0.0231	-0.2787	-0.6089	-0.2152	-0.6034	-0.1286
黄冈市	-1.1511	-0.6260	0.9827	-0.0199	0.2533	0.5978	0.4915	0.4380	-0.9333	-0.8723	-0.6948	-0.8189
咸宁市	-1.2915	0.0859	0.1099	-0.6066	1.1334	2.4376	-0.3209	1.9512	-0.7008	-1.1804	-0.5402	-1.4286
仙桃市	0.8563	0.7441	0.6833	-0.3038	-0.8057	-0.3406	0.5376	0.3584	-0.3747	0.1490	-0.5965	-0.0658

地区	土地垦殖率/%	人均耕地面积	人均粮食占有量	交通用地指数	后备土地资源比例/%	人均水资源量	土地利用率/%	人均建设用地面积	建设用地地均收入	农用地均收入	建设用地均固定资产投资	人口密度
天门市	1.2721	1.5598	1.6199	-0.4395	-0.8797	-0.2960	1.2672	0.6769	-0.3361	0.8418	-0.2534	-0.3187
潜江市	1.5550	1.3952	-0.1022	-0.6721	-0.8959	0.0472	1.2591	0.2389	-0.4390	-0.4916	-0.5876	-0.0437

地区	人口城镇化水平	森林覆盖率/%	节地指数	网地指数	相对生态价值	水域用地比例/%	人均公共绿地面积	城市污水集中处理率/%	工业废水排放达标率/%	工业固体废弃物综合利用率/%	工业废气排放达标率/%	水土流失治理面积
武汉市	2.4684	-0.4812	-0.1115	-0.1253	-0.4178	0.7127	0.0147	0.9260	0.9377	0.1572	0.8858	-0.0114
黄石市	0.3089	0.6893	-0.4071	0.4087	0.3480	-0.3928	1.4719	1.2627	0.8719	-2.6246	0.5389	-0.4109
鄂州市	0.4600	-0.4047	-0.3802	-0.7185	0.2728	2.5132	2.0017	-1.6205	0.8472	-0.3344	0.1082	-0.6443
孝感市	-0.2605	-0.0806	-0.4071	-0.5575	-0.2733	-0.3866	-0.3827	0.3788	0.4853	-0.0047	0.7571	0.2951
黄冈市	-0.7418	1.5042	2.8175	2.2310	1.5889	-0.8104	-1.1775	0.1052	-0.0247	0.3371	-1.0331	2.5670
咸宁市	-0.4039	1.7201	-0.3891	1.0868	1.6375	-0.7811	-0.7801	0.8629	-1.1515	0.1152	-0.2667	0.3861
仙桃市	-0.4025	-0.9993	-0.3623	-0.6846	-0.9483	0.2059	-0.5152	-1.6836	-2.2290	0.7927	-2.3086	-0.6785
天门市	-1.2784	-0.9181	-0.3533	-0.7270	-1.0243	-0.5269	0.0147	0.1684	-0.0658	0.7687	0.6956	-0.7546
潜江市	-0.1503	-1.0297	-0.4071	-0.9135	-1.1835	-0.5340	-0.6476	-0.3999	0.3290	0.7927	0.6228	-0.7485

附录

参 考 文 献

摆万奇. 2000. 深圳市土地利用动态趋势分析. 自然资源学报, 15（2）：112-116.

毕宝德. 2001. 土地经济学. 第四版. 北京：中国人民大学出版社.

毕宝德. 2006. 土地经济学. 第五版. 北京：中国人民大学出版社.

薄贵利. 2001. 集权分权与国家兴衰. 北京：经济科学出版社.

蔡宁. 1998. 国外环境与经济协调发展理论研究. 环境科学进展, （2）：66-72.

柴磊. 2007. 人工神经网络在汉江上游环境承载力中的应用研究. 西安理工大学.

陈百明. 1996. 土地资源学概论. 北京：中国环境科学出版社.

陈百明, 刘新卫, 杨红. 2003. LUCC 研究的最新进展评述. 地理科学进展, 22（1）：22-30.

陈怀亮, 徐祥德, 刘玉洁. 2005. 土地利用与土地搜盖变化的遥感监测及环境影响研究综述. 气象科技, 33（4）：289-294.

陈江龙, 曲福田. 2003. 经济发达地区土地利用结构变化预测——以江苏省江阴市为例. 长江流域资源与环境, 12（4）：317-321.

陈溶萍. 2010. 基于"两型社会"目标的武汉城市圈土地利用结构优化研究. 武汉：华中农业大学.

陈文科, 林后春. 2000. 农业基础设施与可持续发展. 中国农村观察, （1）：9-22.

陈晓军, 张宏业, 任国柱. 2003. 北京城市边缘区建设用地空间格局与区域生态环境效应——以房山区平原地区为例. 城市环境与城市生态, 16（6）：292-294.

陈燕莉. 2008. 基于生态优先的潍坊市域空间发展战略研究. 北京：中国农业大学.

陈秧分. 2007. 长沙市区土地利用结构变化及其优化研究. 长沙：湖南大学.

陈益宜. 1983. 都市区域定义之研究. 台湾：永大书局.

陈勇. 2003. 区域土地利用变化机制与调控研究——以湖北省大冶市为例. 武汉：华中农业大学.

陈佑启, 杨鹏. 2001. 国际上土地利用/土地覆被变化研究的新进展. 经济地理, 21（1）：95-100.

陈佑启, 刘新卫, 杨红. 2002. LUCC 研究的最新进展评述. 地理科学进展, 22（1）：22-29.

陈志凡, 耿文才, 罗元开. 2005. 土地利用总体规划中的战略环境评价初探. 河南科学, 23（5）：757-760.

陈竹, 张安录. 2009. "两型社会"建设背景下土地开发外部性及其政策创新——以武汉城市圈为例．理论月刊，（8）：29-31．

崔功豪．1992．城市地理学．南京：江苏教育出版社．

崔功豪．1999．区域分析与规划．北京：高教出版社．

崔婷婷．2008．基于灰色线性规划的土地利用结构优化研究．郑州：河南大学．

代合治．1998．中国城市群界定及其分布研究．地域研究与开发，6：21-25．

但承龙，王万茂．2003．海门市土地利用结构优化研究．国土与自然资源研究，（1）：44-46．

但承龙．2001．县域土地资源可持续利用研究．长江流域资源与环境，3：223-229．

党安荣，史慧珍，何新东．2003．基于3S技术的土地利用动态变化研究．清华大学学报
（自然科学版），43（10）：30-37．

邓环，杨怀中．2007．构建资源节约型与环境友好型社会的伦理思考．科技管理研究，（2）：
18-20．

邓秀萍，刘俊．2007．从竞争走向竞合——中国地方政府竞争问题研究．人文杂志，（4）：
76-80．

丁洪建．2002．耕地保护理念的创新研究．中国土地科学，（4）：14-19．

丁洪俊，宁越敏．1983．城市地理概论．合肥：安徽科学技术出版社．

丁泉．2008．临海市土地利用结构分析及其演化趋势研究．杭州：浙江大学．

董杰等．2006．山东省土地利用结构动态变化及宏观驱动力研究．安徽农业科学，34（20）：
5335-5339．

董捷，杜林燕，吴春彭等．2011．"两型社会"目标下的武汉城市圈土地资源优化配置研
究．中国土地科学，25（2）：41-46．

董黎明．1994．加强宏观调控机制、提高土地使用效率．城市规划汇刊，（2）：21-26．

杜能．1986．孤立国同农业和国民经济的关系．北京：商务印书馆．

樊杰，许豫东，邵阳．2003．土地利用变化研究的人文地理视角与新命题．地理科学进展，
22（1）：1-10．

方创琳．2002．区域发展战略论．北京：科学出版社．

方创琳，蔺雪芹．2008．武汉城市群的空间整合与产业化合理组织．地理研究，27（2）：
397-407．

方先知．2004．土地利用效率测度的指标体系与方法研究．系统工程，（12）：22-26．

冯达，黄华明等．2007．湖南省城市土地利用效率DEA分析．国土资源科技管理，24（1）：
51-54．

冯兴元．2001．论辖区政府间的制度竞争．国家行政学院学报，（6）：27-32．

傅伯杰，陈利项，马诚．1997．土地可持续利用评价的指标体系与方法．自然资源学报，
（12）：112-118．

高向军，罗明．2001．土地利用和覆被变化（LUCC）研究与土地整理．农业工程学报，
17（4）：151-155．

格日乐，孙保平，刘军．2004．农牧交错带土地退化类型区的划分及其防治研究．干旱区资
源与环境，18（6）：101-107．

龚长兰. 2008. 基于 DEA 方法的四川城市土地利用效率研究. 成都：四川农业大学.

龚曙明，朱海玲. 2009. "两型社会"综合监测评价体系与方法研究. 统计与决策，（3）：14-16.

顾朝林，俞滨洋，薛俊菲. 2007. 都市圈规划——理论·方法·实践. 北京：中国建筑工业出版社.

顾湘，曲福田，付光辉. 2009. 中国土地利用比较优势与区域产业结构调整. 中国土地科学，23（7）：61-62.

郭焕成. 1987. 中国土地利用区划//全国农业区划委员会. 中国农业资源与区划要览. 北京：中国农业出版社.

郭培章. 2004. 中国城市可持续发展研究. 北京：经济科学出版社.

郭熙保. 2003. 发展经济学理论与应用问题研究. 太原：山西经济出版社.

郭忠升. 1998. 最佳森林覆盖率的初步研究. 西北林学院学报，13（3）：23-27.

国务院发展研究中心课题组. 1994. 中国区域协调发展战略. 北京：中国经济出版社.

韩少卿，杨兴礼. 2007. 土地生态适宜性分区及土地生态开发——以重庆市忠县为例. 安徽农业科学，35（3）：815-816.

何春阳等. 2005. 基于系统动力学模型和元胞自动机模型的土地利用情景模型研究. 中国科学（D辑：地球科学），35（5）：464-473.

何春阳，陈晋，史培军等. 2007. 大都市市城市扩展模型：以北京城市扩展模型为例. 中国土地科学，21（6）：16-22.

何春阳，史培军等. 2001. 北京地区土地利用/覆被变化研究. 地理研究，（6）：679-687.

何旭开. 2009. 土地利用转换研究：地理与政策因素——武汉城市圈的初步验证. 武汉：华中农业大学.

宏安，蒋建军，张海龙等. 2006. 西安地区城镇扩展及其生态环境效应研究. 自然资源学报，21（2）：311-318.

侯文阁. 2006. 落实科学发展观加快推进经济社会可持续发展. 理论导刊，（6）：86，87.

后立胜，蔡运龙. 2004. 土地利用/覆被变化研究的实质分析与进展评述. 地理科学进展，23（6）：96-140.

湖北省统计局. 2009. 2009 湖北统计年鉴. 北京：中国统计出版社.

湖北省委办公厅. 2008. 武汉城市圈综合改革实验方案. 武汉：中共湖北省委办公厅.

黄秉维. 1965. 论中国综合自然区划. 新建设，（3）：65-74.

黄贤金，张安录. 2008. 土地经济学. 北京：中国农业大学出版社.

黄以柱. 1996. 黄河故道区域土地利用的合理结构. 地理学报，51（2）：172-181.

黄裕峰，徐昌明，黄裕婕. 2003. 洛伦茨曲线在江西省土地利用分析中的应用. 江西师范大学学报（自然科学版），27（2）：177-180.

江景波，华南. 1997. 城市土地利用总体规划——方法、模型、应用. 上海：同济大学出版社.

姜开宏，陈江龙，陈雯. 2004. 比较优势理论与区域土地资源配置. 中国农村经济，12：

16-18.

康慕谊，姚华荣，刘硕．1999．陕西关中地区土地资源的优化配置．自然资源学报，（4）：
    364-367．

克里斯塔勒．1998．德国南部中心地原理．北京：商务应书馆．

孔令国，孔彦，胡振琪等．2005．采煤沉陷土地利用分区研究．煤矿开采，10（4）：74-
    77，88．

孔伟．2006．区域土地利用结构变化及预测研究——以江苏省扬州市为例．广东土地科学，
    5（5）：20-24．

孔伟．2007．区域土地利用结构预测及优化研究——以扬州市为例．技术方法研究，
    24（2）：87-91．

赖红松．2003．智能优化算法在土地利用结构优化中的应用研究．武汉：武汉大学．

兰肇华．2005．我国非均衡区域协调发展战略的理论选择．理论月刊，（11）：143-145．

黎夏，叶嘉安，刘小平等．2008．地理模拟系统：元胞自动机与多智能体．北京：科学出版
    社．

李超，张凤荣，宋乃平．2003．土地利用结构优化的若干问题研究．地理与地理信息科学，
    （3）：52-54．

李国柱．2007．经济增长与环境协调发展的计量分析．北京：中国经济出版社．

李红礼．2009．中原城市群地区城市土地协调利用评价研究．郑州：郑州大学．

李娟文，姚华松．2004．全球化背景下武汉城市圈经济发展的思考．世界地理研究，（4）：
    25-32．

李廉水．2006．都市圈发展——理论演化、国际经验、中国特色．北京：科学出版社．

李倩，刁承泰．2006．江津市土地利用分区研究．国土资源科技管理，23（3）：42-46．

李仁东，李劲峰．1998．湖北省土地资源的遥感宏观分析．资源科学，20（3）：48-53．

李团胜．2004．陕西省土地利用动态变化分析．地理研究，23（2）：157-164．

李巍，李贞，李天威．2006．战略环境评价发展、经验与应用实践．北京：化学工业出版
    社．

李秀彬．2002．土地利用变化的解释．地理科学进展，21（3）：193-205．

李旭峰．2008．武汉城市圈"两型社会"的水土资源整合治理研究．特区经济，9：
    188，189．

李扬萩．2005．城市空间结构形成、演变与优化的经济分析——以成都市为例．成都：四川
    大学．

林耿，许学强．2005．大珠三角区域经济一体化研究．经济地理，（5）：677-681．

林英彦．1995．土地利用概要．台北：台湾文笙书局．

刘承良．2006．武汉都市圈经济联系时空演变特征分析．人文地理，（6）：108-114．

刘传江，冯碧梅．2009．从前三批新试验区的探索看武汉城市圈"两型社会"试验区的改革
    方向．武汉大学学报（哲学社会科学版），62（1）：85-92．

刘东峰．2007-08-27．中国构思国土新格局．科技日报．1．

刘杰，杨志峰，崔保山等．2005. 人为干扰下的生态负效应研究综述．生态学杂志，24（11）：1317-1322.

刘黎明等．2001. 土地资源学．北京：中国农业大学出版社．

刘茂松．2008. 长株潭城市群"两型社会"建设的几点思考．湖湘论坛，（2）：35-37.

刘平辉，郝晋民．2004. 土地利用分类系统的新模式——依据土地利用的产业结构而进行划分的探讨．中国土地科学，17（1）：16-26.

刘盛和，何书金．2002. 土地利用动态变化的空间分析测算模型．自然资源学报，17（5）：533-540.

刘书楷．1993. 土地经济学．北京：中国矿业大学出版社．

刘卫东．1999. 大城市郊区土地非农开发及其合理利用模式．城市规划，23（4）：8-14.

刘小平，黎夏．2006. 基于多智能体的土地利用模拟与规划模型．地理学报，61（10）：1101-1112.

刘小平等．2006. 基于多智能体系统的空间决策行为及土地利用格局演变的模拟．中国科学（D辑：地球科学），36（11）：1027-1036.

刘新华．2009. 关于武汉城市圈建设"两型社会"的几点思考．系统科学学报，17（1）：93-96.

刘彦随．1999. 区域土地利用优化配置．北京：学苑出版社．

刘彦随，倪邵祥．1999. 区域土地资源优化配置与可持续利用．农业生态环境，15（2）：112-116.

刘艳芳，明冬萍，杨建宇．2002. 基于生态绿当量的土地利用结构优化．武汉大学学报，27（5）：493-498.

刘一苏，刘朝晖．2007. 新建县土地利用结构信息嫡分异规律研究．资源与产业，9（4）：105-108.

刘英，赵荣钦．2004. 土地利用/土地覆盖变化研究的现状与趋势．河北师范大学学报（自然科学版），28（3）：310-315.

刘勇，刘秀华，周佳松．2005. 土地利用规划环境影响层次分析和嫡技术评价．中国土地科学，19（2）：11-52.

龙花楼，蔡运龙．2000. 开发区土地利用的可持续性评价——以江苏昆山经济技术开发区为例．地理学报，55（6）：719-728.

龙花楼，李秀彬．2002. 土地利用变化的解释．地理科学进展，21（3）：195-203.

陆大道．2002. 关于地理学"人地系统"理论研究．地理研究，21（2）：135-144.

陆锋，陈洁．2008. 武汉城市圈城市区位与可达性分析．地理科学进展，4（27）：69，70.

陆红生．2002. 土地管理学总论．北京：中国农业出版社．

陆效平．2003. 博弈论与地方政府间土地政策的竞争性选择．江苏国土资源，（6）：107-111.

吕春艳，王静，何挺等．2006. 土地资源优化配置模型研究现状及发展趋势．水土保持通报，（2）：11-13.

吕益民．1992. 论我国土地产权制度的改革．经济研究，（12）：60-65.

吕永成，宋嗣迪．1999．县级土地利用总体规划的理论与方法研究．广西农业生物科学，（3）：56-61．

吕永霞．2006．土地利用结构优化灰色多目标规划建模与实证研究．南宁：广西大学．

罗鼎，许月卿，邵晓梅等．2009．土地利用空间优化配置的研究进展与展望．地理科学进展，28（5）：791-797．

罗罡辉，叶艳妹．2004．土地监察的博弈分析．农业经济问题，（4）：50-53．

罗格平，陈小钢，王涛等．2005．典型绿洲土地利用／土地覆被变化的可视化模拟初步分析．干旱区地理，28（1）：45-50．

罗昀，黄贤金．2003．区域土地利用结构变化与土地可持续利用研究——以江苏省原锡山市为例．土壤，35（4）：286-291．

马婳．2007．武汉城市圈结构与功能的生态学解析．武汉：华中科技大学．

马歇尔．2005．经济学原理．廉运杰译．北京：华夏出版社．

马耘秀．2005．太原市土地利用结构分析与预测．太原：山西农业大学．

曼德尔 R B．1987．土地利用理论和实践．丁荣晃译．西安：陕西人民出版社．

毛文永．2003．生态环境影响评价概论．北京：中国环境科学出版社．

孟庆民，杨开忠．2001．一体化条件下的空间经济集聚．人文地理，（12）：7-11．

苗长虹，王海江．2006．中国城市群发育现状分析．地域研究与开发，25（2）：24-29．

明泓，廖和平，彭征等．2006．重庆市巫山县土地利用功能分区研究．安徽农业科学，34（20）：5342，5343．

倪绍祥．1992．土地类型与土地评价．北京：高等教育出版社．

倪绍祥．1999．土地利用类型与土地评价概论．北京：高等教育出版社．

聂华林，王成勇．2006．区域经济学通论．北京：中国社会科学出版社．

牛振国，李保国．2002．基于区域土壤水分供给量的土地利用优化模式．农业工程学报，18（3）：173-177．

欧阳志云，王效科，苗鸿．1999．中国陆地生态系统服务功能及其生态经济价值的初步研究．生态学报，19（5）：607-613．

潘安娥，杨青．2005．基于主成分分析的武汉市经济社会发展综合评价研究．中国软科学，（7）：118-121．

潘竟虎，刘菊玲．2004．基于遥感与 GIS 的江河源区土地利用动态变化研究．干旱区地理，（3）：419-425．

潘科，朱玉碧，陈启华．2005．探析耕地保护中的政府行为．重庆国土资源，（2）：10-14．

彭蝶飞．2008．南岳衡山生态旅游构建及其运筹策略研究．长沙：湖南农业大学．

彭建，王军．2006．基于 Kohonen 神经网络的中国土地资源综合分区．资源科学，28（1）：43-50．

彭建，王仰麟，张源等．2004．滇西北生态脆弱区土地利用变化及其生态效应——以云南永胜县为例．地理学报，59（4）：629-638．

彭文甫．2005．成都市土地利用变化及驱动力分析．成都：四川师范大学．

彭育威，徐小湛，吴守宪．2002. MATLAB 在数据包络分析中的应用．西南民族学院学报（自然科学版），28（05）：139-143.

彭震伟．1998. 区域研究与区域规划．上海：同济大学出版社．

秦晶晶．2005. 郑州市城市土地资源优化配置机制研究．郑州：河南大学．

秦明周．1996. 农用地土地配置系统分析与持续发展策略．经济地理，16（1）：102-105.

秦兴龙，章波，黄贤金等．2005. 长江三角洲工业地价形成的内在机理与博弈分析．中国土地科学，（6）：44-48.

秦尊文．2005. 武汉城市圈各城市间经济联系测度及其核心圈建设．系统工程，23（12）：91-94.

秦尊文．2010. 武汉城市圈的形成机制与发展趋势．武汉：中国地质大学出版社．

曲福田．2001. 经济发展和土地可持续利用．北京：人民出版社．

饶映雪，胡宝清．2008. 喀斯特地区土地功能区划及可持续利用策略．广西师范学院学报（自然科学版），25（1）：53-57.

任奎，周生路，张红富等．2008. 基于精明增长理念的区域土地利用结构优化配置——以江苏宜兴市为例．资源科学，30（6）：914-915.

沈佩瑜．2005. 公路建设对生态系统的影响．西部探矿工程，（4）：24，25.

施源，邹兵．2004. 体制创新：珠江三角洲区域协调发展的出路．城市规划，（5）：31-36.

史培军，宫鹏，李晓兵等．2000. 土地利用/土地覆盖变化研究的方法和实践．北京：科学出版社．

史培军，江源等．2004. 土地利用/覆盖变化与生态安全响应机制．北京：科学出版社．

史培军，宋长青，景贵飞．2002. 加强我国土地利用/履盖变化及其对生态环境安全影响的研究——从荷兰"全球变化开放科学会议"看人地系统动力学研究的发展趋势．地球科学进展，17（2）：160-168.

史育龙，周一星．2009. 关于大都市带（都市连绵区）研究的论争及近今进展述评．国际城市圈规划，（S1）：160-166.

宋国军，彭艳坤．2005. 基于成都市小城镇土地利用效率的实证分析．决策参考，(20)：40-41.

宋鸿，龙丹，柯尊礼．2009. 武汉城市圈土地资源利用：现状、问题及对策．当代经济，（11）：102，103.

宋吉涛，宋吉强，宋敦江．2006. 城市土地利用结构相对效率的判别性分析．中国土地科学，20（6）：9-15.

宋磊．2007. 湖北省城市化与生态环境耦合关系研究．武汉：华中农业大学．

宋小青，陈建宇．2007. 长株潭城市群区域土地利用变化研究．国土资源科技管理，24（5）：12-17.

隋晓丽，李仁东，朱超洪．2005. 湖北省土地利用变化格局的区域分异研究．长江流域资源与环境，14（1）：55-59.

孙静．2007. 论促进城市土地资源节约利用的经济激励制度．现代商业，(7)：109.

塔西甫拉提·特依拜，丁建丽．2006．土地利用/土地覆盖变化研究进展综述．新疆大学学报（自然科学版），23（1）：5-15．

谈建军．2009．西安市土地利用结构信息熵变化及驱动力分析．西安：长安大学．

谭秋成．2009．关于生态补偿标准和机制．中国人口·资源与环境，6：1-6．

谭少华，倪绍祥．2006．20世纪以来土地利用研究综述．地域研究与开发，25（5）：84-89．

谭术魁，游永和．2006．基于BP神经网络的湖北省城市土地可持续利用评价．评价与预测，（10）：146-149．

谭永忠，吴次芳．2001．区域土地利用结构的信息熵分异规律研究．自然资源学报，18（1）：112-117．

汤尚颖．2008．武汉城市圈"两型社会"体制机制建设初探．湖南社会科学，（5）：118-121．

唐晓平．2008．聚焦都市圈——来自珠江三角洲的启示．北京：科学出版社．

唐在富．2007．中央政府与地方政府在土地调控中的博弈分析．当代财经，（8）：24-29．

佟香宁，杨钢桥，李美艳．2006．城市土地利用效益综合评价指标体系与评价方法——以武汉市为例．华中农业大学学报（社会科学版），（4）：53-57．

童绍玉．2003．浅析现代农业对生态环境的影响．楚雄师范学院学报，18（3）：75-83．

涂建军，廖和平．2003．三峡库区县土地开发整理分区方法研究——以重庆市开县为例．西南农业大学学报，25（1）：84-87．

屠帆．2008．政府行为和城市土地资源配置——以浙江省为例．杭州：浙江大学．

汪乐勤，孙佑海．2007．经营性土地出让中的博弈分析——以南京市土地市场为例．中国土地科学，（4）：11-17．

汪利娜．2006．中国城市土地产权制度研究．北京：社会科学文献出版社．

汪雪格等．2007．基于洛伦茨曲线的吉林西部土地利用结构变化分析．农业现代化研究，28（3）：310-314．

王彩霞．2005．试论土地利用规划的理论基础（二）——持续利用理论和生态经济理论．甘肃林业职业技术学院学报，（6）：78-80．

王长征，刘毅．2002．经济与环境协调研究综述．中国人口·资源与环境，12（3）：32-36．

王恩涌等．2000．人文地理学．北京：高等教育出版社．

王公山．2008．中央与地方的博弈分析——基于地方出让土地的博弈分析．安徽农业科学，（11）：4596，4597．

王汉花，刘艳芳．2008．基于生态位与约束CA的土地资源优化配置模型研究．中国人口·资源与环境，18（2）：97-102．

王宏志，李任东，母河海．2002．基于空间分析的土地利用垂直分异研究．长江流域资源与环境，11（6）：531-535．

王华春．2006．土地资源优化配置与构建节约社会研究．北京：中国环境科学出版社．

王建．1996．九大都市圈区域经济发展模式的构想．宏观经济管理，（10）：21-24．

王珺．2009．武汉城市圈空间结构优化研究．武汉：华中科技大学．

王庆琨. 2007. 城市化进程中的城市土地利用效率及其评价研究——理论框架及其对山东半岛城市群的实证分析. 济南：山东农业大学.

王思远，刘纪远，张增祥等. 2001. 中国土地利用时空特征分析. 地理学报，56（6）：631-639.

王涛. 2009. 武汉城市圈房地产发展报告（2008-2009）. 北京：社会科学文献出版社.

王万茂. 1993. 论土地生态经济学与土地生态经济系统. 地域研究与开发，12（3）：5-10.

王万茂. 1995. 市场经济条件下土地资源配置的目标、原则和评价标准. 自然资源，（1）：24-28.

王万茂. 1996. 土地利用规划学. 北京：中国大地出版社.

王万茂，但承龙. 2003. 海门市土地利用结构优化研究. 国土与自然资源研究，（1）：44-46.

王万茂，韩桐魁. 2002. 土地利用规划学. 北京：中国农业出版社.

王万茂，潘文珠. 1989. 土地资源管理学. 合肥：安徽科学技术出版社.

王万茂，张颖. 2004. 土地整理与可持续发展. 中国人口·资源与环境，（01）：19-23.

王锡桐. 1992. 自然资源开发利用中的经济问题. 北京：科学技术文献出版社.

王喜红. 2007. 人工神经网络在资阳市小区域环境质量评价中的应用. 西南交通大学硕士学位论文.

王筱明，闫弘文. 2005. 城市土地利用效率的 DEA 评价. 山东农业大学学报（自然科学版），（4）：573-576

王新生，姜友华. 2004. 模拟退火算法用于产生城市土地空间布局方案. 地理研究，23（6）：727-734.

王秀兰，包玉海. 1999. 土地利用动态变化研究方法探讨. 地理科学进展，18（1）：81-87.

王雨晴. 2006. 城市土地利用综合效益评价与案例研究. 地理科学，（12）：743-748.

王拯等. 2002. 关于战略环境影响评价的思考. 兰州铁道学院学报（自然科学版），（4）：129-131.

王志强等. 2006. 吉林西部土地利用/覆被变化与湿地生态安全响应. 干旱区地理，23（3）：419-426.

闻新等. 2001. MATLAB 神经网络应用设计. 北京：科学出版社.

吴传钧，郭焕成. 1994. 中国土地利用. 北京：科学出版社.

吴克宁，史原轲，冯新伟等. 2007. 基于农用地分等的城区扩展用地空间布局优化研究. 中国土地科学，21（6）：16～22.

吴胜军，洪松，任宪友等. 2007. 湖北省土地利用综合分区研究. 华中师范大学学报（自然科学版），41（1）：138-141.

吴文江. 2002. 数据包络分析及其应用. 北京：中国统计出版社.

吴亚平. 2008. "两型社会"探究. 武汉工程职业技术学院学报，20（1）：72-75.

吴宇哲. 2007. 基于博弈论的区域工业地价均衡分析及管理策略研究. 浙江大学学报（人文社会科学版），（7）：124-133.

吴玉鸣，张燕. 2008. 中国区域经济增长与环境的耦合协调发展研究. 资源科学，30（1）：

25-30.

吴郁玲, 曲福田, 金晶. 2008. 中国开发区土地市场化发育程度研究——以江苏省为例. 中国土地科学, 22 (1): 48-54.

席一凡, 杨茂盛. 2001. 遗传算法在城市土地功能配置规划中的应用. 西北建筑工程学院学报, 18 (4): 190-194.

肖安民. 2009. 武汉城市圈经济社会发展报告 (2008-2009 年): "两型社会"建设与区域一体化. 北京: 社会科学文献出版社.

肖安民. 2010. 武汉城市圈经济社会发展报告 (2009-2010 年). 北京: 社会科学文献出版社.

肖利平. 2010. 后发优势、吸收能力与追赶型增长的区域差异. 中国软科学, (1): 60-66.

谢高地, 鲁春霞, 冷允法等. 2003. 青藏高原生态资产的价值评估. 自然资源学报, 18 (2): 189-196.

谢高地, 甄霖, 鲁春霞等. 2008. 生态系统服务的供给、消费和价值化. 资源科学, 30 (3): 93-99.

谢鸿光, 庄大方. 2000. 空间分析支持下的土地资源信息的空间采样方法研究. 中国统计, (11): 8-11.

谢经荣, 林培. 1996. 论土地持续利用. 中国人口·资源与环境, 6 (4): 13-17.

谢利人. 2008. 基于 BP 神经网络的国寿公司偿付能力评价. 财经理论与实践, 29 (152): 37.

谢叙伟. 2006. 上海经济增长的集聚效应研究. 上海: 复旦大学.

徐建华, 梅安新, 吴健平等. 2002. 20 世纪下半叶上海城市景观镶嵌结构演变的数量特征与分形结构模型研究. 生态科学, 21 (2): 131-137.

徐建华. 2002. 现代地理学中的数学方法. 北京: 高等教育出版社.

徐琳. 2007. 遂宁城市土地利用空间结构演化研究. 重庆: 重庆大学.

徐清梅等. 2002. 中国城市群几个基本问题的观点评述. 城市问题, 1: 18-22.

徐雅静, 汪远征. 2006. 主成分分析方法的改进. 数学的实践与认知, 36 (6): 68-75.

许联芳, 谭勇. 2009. 长株潭城市群"两型社会"试验区土地承载力评价. 经济地理, 29 (1): 69-73.

许学工, 陈晓璋, 郭洪海等. 2001. 黄河三角洲土地利用与土地覆被的质量变化. 地理学报, 56 (6): 640-648.

薛东前. 2002a. 城市群演化的空间过程及土地利用优化配置. 地理科学进展, 21 (2): 95-102.

薛东前. 2002b. 城市土地扩展规律和约束机制——以西安市为例. 自然资源学报, 17 (6): 729-731.

薛东前. 2003. 城市群体结构及其演进. 人文地理, 18 (4): 64-68.

薛东前, 王传胜. 2002. 城市群演化的空间过程及土地利用优化配置. 地理科学进展, 21 (2): 95-102.

薛东前, 姚士谋, 张红. 2000. 城市群形成演化的背景条件分析——以关中城市群为例. 城市地域与研究，19（4）：50-53.

薛凤旋，杨春.1995. 外资影响下的城市化——以珠江三角洲为例. 城市规划，（6）：21-27.

薛凤旋，杨春.1997. 外资：发展中国家城市化的新动力——珠江三角洲个案研究. 地理学报，52（3）：193-206.

薛亮，冯超，吴中虹等.2009. BP 神经网络在洞庭湖湿地生态系统健康评价中的应用. 林业调查规划，34（5）：48，49.

严金明.2001. 中国土地利用规划：理论、方法、战略. 北京：经济管理出版社.

严金明.2002. 简论土地利用结构优化与模型设计. 中国土地科学，16（4）：20-25.

阎金凤，陈曦.2003. 基于 GIS 的干旱区 LUCC 分析和模拟方法探讨. 干旱区地理，26（2）：185-191.

杨锋，梁樑，毕功兵等.2008. 基于可变权重的 DEA 效率评价模型. 中国管理科学，16（10）：84-87.

杨开忠，谢燮.2002. 中国城市投入产出有效性的数据包络分析明. 地理学与国土研究，（2）45-47.

杨励雅.2007. 城市交通与土地利用相互关系的基础理论与方法研究. 北京：北京交通大学.

杨庆朋.2007. 土地利用结构布局与优化研究——以龙泸县为例. 河北农业大学.

杨吾扬，梁进社.1997. 高等经济地理学. 北京：北京大学出版社.

杨肖丽.2003. GIS 支持的宝应县土地利用结构研究. 南京：南京师范大学.

杨云彦.2007. 武汉城市圈发展战略与中部综合配套改革试验区建设. 学习与实践，（10）：155-161.

姚士谋，Chang W，朱振国.2001. 中国特色的城市化问题. 长江流域资源与环境，10（5）：402-404.

姚士谋，朱英明，陈振光.2001. 中国城市群. 第二版. 合肥：中国科学技术大学出版社.

姚士谋等.2006. 中国城市群. 北京：中国科技大学出版社.

姚晓军，马金辉，年雁云等.2005. 最小方差法在甘肃省土地利用分区中的应用. 甘肃科学报，17（1）：48-52.

伊得尔·沙里宁.1986. 城市——它的发展衰败与未来. 北京：中国建筑工业出版社.

尹奇，赵永楷，陈大宏.2007. 土地利用规划的博弈分析. 安徽农业科学，35（16）：4939-4992.

余斌，李星明，曾菊新.2010. 武汉城市圈产业发展的空间优化. 长江流域资源与环境，16（5）：560-564.

余海鹏.1998. 重庆市农业土地资源开发利用的可持续性评价. 数量经济技术经济研究，（3）：27-30.

袁浩翔.2008. 基于 BP 神经网络的品牌结构评价研究. 上海：上海交通大学.

曾钢，焦霄黎.2007. 信息嫡与分形理论在城市土地利用结构合理性分析中的应用. 学术研究，（4）：7、8.

曾翔昊 . 2008. 实施差异化战略推进武汉城市圈综合配套改革 . 江汉大学学报，（2）：12.

曾琢，马才学 . 2008. 城市土地利用结构效率分析——以枣阳市为例 . 河北农业科学，12（10）：101、102，135.

张波 . 2002. 济南市城区土地集约利用潜力评价 . 山东师范大学硕士学位论文 .

张贵军 . 2005. 河北省土地利用变化及其驱动机制研究 . 河北农业大学硕士学位论文 .

张换兆，王家庭 . 2007. 城市土地节约利用中的政府博弈行为分析 . 财经科学，（9）：61-68.

张建军，刘冰 . 2010. 武汉城市圈产业结构演变分析 . 特区经济，4：199、200.

张健，濮励杰，彭补拙 . 2007. 基于景观生态学的区域土地利用结构变化特征 . 长江流域资源与环境，16（5）：578-583.

张洁瑕，陈佑启，姚艳敏等 . 2008. 基于土地利用功能的土地利用分区研究——以吉林省为例 . 中国农业大学学报，13（3）：29-35.

张京详等 . 2001. 论都市圈地域空间的组织 . 城市规划，（5）：3-20.

张京祥，崔功豪 . 2000. 城市空间结构增长原理 . 人文地理，15（2）：15-18.

张京祥 . 2000. 城镇群体空间组合 . 南京：东南大学出版社 .

张军，吴桂英，张吉鹏 . 2004. 中国省际物质资本存量估算：1952-2000. 经济研究，（10）：35-44.

张绍敏 . 2008. 不同规模城市土地利用效率的比较研究——以长三角地区为例 . 上海：同济大学 .

张树文，张养贞，李颖等 . 2005. 东北地区土地利用/覆被时空特征分析 . 北京：科学出版社 .

张维迎 . 1996. 博弈论与信息经济学 . 上海：上海人民出版社 .

张文忠 . 2003. 新经济地理学的研究视角探析 . 地理科学进展，22（1）：94-102.

张显峰，崔伟宏 . 1999. 运用 RS、GPS 和 GIS 技术进行大比例尺土地利用动态监测的实验研究 . 地理科学进展，18（2）：137-146.

张小川 . 2007. 武汉城市圈产业结构研究 . 武汉：华中科技大学 .

张晓萍，李锐，杨勤科 . 2004. 基于 RS/GIS 的生态脆弱区土地利用适应性评价 . 中国水土保持科学，2（4）：30-36.

张新桥，张海涛 . 2007. 集体建设用地使用权流转存在的问题及对策 . 特区经济，（2）：235-236.

张新文，张文江 . 2005. 城市土地利用时空结构演变的驱动力研究 . 中山大学学报（自然科学版），44（1）：117-118.

张妍，尚金城 . 2002. 规划层次上的环境影响评价 . 上海环境科学，21（3）：153-159.

张裕凤，王凤玲 . 2004. 乡域土地利用结构变化分析 . 干旱区资源与环境，18（6）：90-94.

张占录，张正峰 . 2005. 土地利用规划学 . 北京：中国人民大学出版社 .

张振杰，杨山，孙敏 . 2007. 城乡耦合地域系统相互作用模型构建及应用——以南京为例 . 人文地理，22（4）：90-94.

章泽宾，陈银蓉 . 2008. 比较优势理论与武汉城市圈土地资源优化配置研究 . 土地经济，

11：46-49.

赵果庆.2004.中国西部国际直接投资吸收能力研究.北京：中国社会科学出版社.

赵晶等.2004.上海市土地利用结构和形态演变的信息熵与分形分析.地理研究,23（2）：138.

赵军.2009.山西省生态环境与经济协调发展研究.山西大学硕士学位论文.

赵其国.1989.中国土地资源及其利用区划.土壤,（3）：113-119.

赵淑玲,吴澎.2005.都市圈的构建与区域经济空间模式创新——以中原地区为例.规划师,21（5）：111-113.

赵伟.2005.中心城市功能与武汉城市圈发展.武汉大学学报（哲学社会科学版）,58（3）：300-305.

赵言文.2007.区域土地利用规划方法与实践.北京：中国农业科学技术出版社.

郑新奇,王筱明,王爱萍.2005.城市宗地集约利用潜力评价方法研究——以济南市城区为例.资源科学,27（6）：71-75.

郑新奇,王筱明.2004.城镇土地利用结构效率的数据包络分析.中国土地科学,18（2）：34-39.

郑新奇.2005.20世纪90年代以来《Science》关于全球气候变化研究述评.生态环境,14（3）：422-428.

周炳中,陈浮,包浩生等.2002.长江三角洲土地利用分类研究.资源科学,24（2）：88-92.

周诚.1986.土地经济学初编.北京：土地经济研究会.

周诚.1996.土地经济学.北京：中国大百科全书出版社.

周诚.1996.中国大陆经济、社会的可持续发展战略与土地资源的可持续利用.中国土地科学,10（6）：4,5.

周黎安,2007.中国地方官员的晋升竞标赛模式研究.经济研究,（7）：37-50.

周玲强.2000.长江三角洲城市群发展战略研究.浙江大学学报（理学版）,27（2）：201-204.

周牧之.2001.城市圈：中国21世纪城市化战略的引擎.现代城市研究.87（2）：4-6.

周生路,傅重林,王铁成等.2000.土地利用地域分区方法研究——以桂林市为例.土壤,（1）：6-10.

周伟林.1997.中国地方政府经济行为分析.上海：复旦大学出版社.

周晓林,吴次芳,刘婷婷.2009.基于DEA的区域农地生产效率差异研究.中国土地科学,23（3）：60-65.

周一星.1988.中国城镇的概念和城镇人口的统计口径.人口与经济,1：9-13.

周一星.1991.中国的城市地理学：评价和展望.人文地理,6（2）：54-58.

周志跃,刁承泰,陈菲等.2004.重庆市土地生态区划研究.地域研究与开发,23（4）：121-125.

朱会义,何书金,张明.2001.环渤海地区土地利用变化的驱动力分析.地理研究,20（6）：669-678.

朱会义等. 2001. 环渤海地区土地利用的时空变化分析. 地理学报, 56 (3): 253-255.

朱新华, 贾燕, 侯湖平. 2006. 土地利用变化对生态系统服务价值的影响——以徐州为例. 生态环境与旅游开发, 23: 97-99.

庄大方, 刘纪远. 1997. 中国土地利用程度的区域分异模型研究. 自然资源学报, 12 (2): 105-111.

宗跃光, 陈红春, 郭瑞华等. 2000. 地域生态系统服务功能的价值结构分析——以宁夏灵武市为例. 地理研究, 19 (2): 148-155.

Ackrman W V. 1999. Growth control versus the growth machine in redlands California: conflict in urban land use. Urban Gergraphy, (20): 146-167.

Bellman R E, Zadeh L A. 1970. Decision making in fuzzy environment. Management Science, (13): 141-164.

Bianciardi C, Tiezzi E, Ulgiati S. 1996. The recycle of matter debate. Physical Principles Verus Practical Impossibility, 19 (3): 96-195.

Brandenbarg. 1998. The concept of environmental sustainability. Annual review of ecological systems, 26 (1): 1-14.

Charnes A, Hornes K E, Hazleton J E, et al. 1975. A hierarchical goal programming approach to environmental land-use management. Geographical Analysis, (7): 121-130.

Choy Y K. 2000. Industrial structure, growth and income disparity. Buffalo: State University of New York.

Chuvieco E. 1993. Intergration of linear programming and GIS for land-use modeling. International Journal on Geographical Information System, 7: 71-83.

Coelli T J, Rao D S P, Battese G E. 1998. An introduction to efficiency and productivity analysis. Boston, MA: Kluwer Academic Publishers.

Dam K W. 2001. The rules of the global game, A new look at U. S. International Economic Policy-making. The University of Chicago Press.

David A C. 1997. The politics of policy marching in america. San Francisco: W H Freeman and Company.

Diamond J T, Wright J R. 1989. Efficient land allocation. Journal of Urban Planning and Development, 151 (2): 81-96.

Dokmeci V. 1974. Multiobjective model for regional planning of health facilities. Envir. and Plang. A, 11 (5): 517-525.

Eastman J R, et al. 1995. Raster procedures for multi-criteria/multi-objective decisions. Photogram metric Engineering & Remote Sensing, 61 (5): 539-547.

FAO. 1985. Land reform in developing countries: the role of the state and other actors. Rome.

Fels R. 1964. Capitalist process, abridged. New York and London: McGraw Hill.

Fischer T B. 1998. Towards an environmental macroeconomics: reply.

Fiseher G, Heiling G K. 1996. Population momentum and demand on land and water resources.

Anstria：Ihtemational Institute for Applied Systems Analysis.

Forman R T T，Godron M. 1986. Landscape ecology. New York：John Wiley & Sons.

Gilbert K C，Holmes D D，Rosenthal R E. 1985. A multiobjective discrete optimization model for land allocation. Mgmt Sci.，31（12）：1509-1522.

Harrison S. Campbell J. 2000. Urban land use：Theories and models.

Henneberry D M，Barrows R L. 1990. Capitalization of exclusive agricultural zoning into farmland prices. Land Economics，66（3）：249-258.

Lambin E F，Baulies X，Bockstael N，et al. 1999. Land-use and land-cover change：Implementation strategy. Sweden：IGBP Report No. 48 and IHDP Report No. 10. Stockholm.

Mandelbrot B B. 1975. The fractal geometry of nature. New York：W H Freeman.

Miller E et al. 1999. Integrated urbanmodels for simulation of transit and land-use policies. Washington DC：NationalAcademy Press.

Mills E S. 1967. An aggregative model of resource allocation in a Metropolitan Area. American Economic Review（Paper and Proceedings），（2）：197-210.

Nash J F. 1951. Non-coorperative Games. Annals of Mathematics，54：9-15.

Niskanen W. 1993. Bureaucrats and politics. the Journal of Law and Economics. Rawley C Public Choice.

Pijanowski. B C. 2002. Using neural networks and GIS to forecast land use changes：A land transformation model. Environment and Urban Systems，26（6）：553-575.

Stem P C，Young R，Druckman D. 1992. Global environmental change：Understanging the human dimensions. National Resear.

Steven N，Cheng S. 1969. The structure of a contract and the theory of a non-exclusive resource. JLaw Econ. April，（12）：49-70.

Tumer B L，Clark W C，Kates R W，et al. 1990. The earths transformed by human action-global and regional changes in the biosphere over the past 300 Years. Cambridge University Press with Clak University.

Turner B L，Moss RH，Skole D. 1993. Relating land use and global and cover change：A proposal for an IGBP-HDP core project. International Geosphere-Biosphere programme Report No. 24，Stockholm.

Verburg P H et al. 2002. Modeling the spatial dynamics of regional land use：The CLUE-S model. Environmental Management，30（3）：391-405.

Yeh A G . 2002. Sustainable land development model for rapid growth areas using GIS. Geogr，Info. SCI，12（1）：169-189.

Zhou Y S，Fischer G. 1999. Cultivated land-use change in the east region of china. 11ASA interim Report-9-055，Laxenburg.

Zhou Y X. 1988. Definitions of urban places and statistical standards of urban population in China：Problems and solutions. Asian Geographer，Hong Kong，7（1）：12-45.

后　记

　　随着武汉城市圈被国家批准为"两型社会"建设综合改革配套实验区，武汉城市圈将成为"两型社会"试验的突破口。土地利用是社会经济发展和生态环境保护在空间上的投影，城市圈的经济结构、社会结构和生态结构必定会通过相应的土地利用空间结构和布局得到反映。在"两型社会"建设的大背景下，武汉城市圈面临着发展社会经济和保护生态环境的双重任务。如何高效合理利用各类土地资源，优化土地利用空间结构和布局，从而协调各地区、各行业的用地要求，保证武汉城市圈社会经济的全面、协调、可持续发展，将成为"两型社会"建设目标的必然要求。因此，从"两型社会"的视角入手，探讨武汉城市圈土地资源优化配置的理论与方法，研究武汉城市圈土地利用结构优化和布局问题，是一个崭新的课题，意义重大。

　　近年来，我们对武汉城市圈土地利用问题进行了系列研究和探讨，先后主持了国家软科学课题、武汉市社科基金、国家社科基金等项目，撰写了相关学术论文及研究生学位论文。本书是在国家软科学课题、武汉市社科基金课题研究报告及相关论文的基础上，经过精心修改和提炼后形成的。

　　本书由笔者主持，组织研究生团队共同编写，具体分工如下。董捷提出大纲、思路，撰写部分章节，并对全书进行修改和总纂。吴春彭、杜林燕、安济文、朱博文、袁昭、雷征、陈溶萍等参与书稿写作、资料收集整理等全过程。另外，张丽汝、徐磊、方瑞欣、茆三芹、段小璐、李蕊伊、李国栋、张俊峰、程龙、桂海滨等参加了资料收集汇总，书稿整理及校对工作。何旭开、穆向丽、范辉、刘阳等也对本书的提纲和内容提出了宝贵意见。本书凝集了我们团队每个成员的思想和智慧，凝结了每位成员的辛劳和汗水。通过合作研究，团队成员的研究能力得到了很好的锻炼，凝聚力和战斗力也有了很大的提高。作为导师，我为这支优秀团队的出色工作而感到欣慰和自豪，在此我也深深地感谢学生们多年来对我的关心和帮助。

　　在本书写作过程中，参考了大量专家学者前期的研究成果，尽管在书后附有较详细的参考文献，但可能仍有遗漏，在此一并致谢，并请见谅。由于本书是由众多项目研究成果和相关论文集合而成，加之我们的研究水平有限，不足之处敬请读者谅解。

最后要感谢华中农业大学经济管理、土地管理学院领导的慷慨资助，感谢武汉城市圈相关城市的土地管理部门和相关行政部门提供的帮助和支持，感谢科学出版社的大力支持以及为本书出版所做的工作。

董　捷

2011 年 6 月